U0920527

2014年中国建材家居产业发展报告

中国建筑装饰协会材料分会　组织编写

王岳飞　主编　王建军　执行主编

中国建材工业出版社

图书在版编目（CIP）数据

2014年中国建材家居产业发展报告 / 中国建筑装饰协会材料分会组织编写 .—北京：中国建材工业出版社，2015.6

ISBN 978-7-5160-1244-4

Ⅰ. ①2… Ⅱ. ①中… Ⅲ. ①建筑材料工业—产业发展—研究报告—中国—2014 Ⅳ. ①F426.9

中国版本图书馆CIP数据核字（2015）第131534号

2014年中国建材家居产业发展报告

中国建筑装饰协会材料分会　组织编写

王岳飞　主编

王建军　执行主编

出版发行：中国建材工业出版社

地　　址：北京市海滨区三里河路1号

邮　　编：100044

经　　销：全国各地新华书店

印　　刷：河北省欣航测绘印刷厂

开　　本：787mm×1092mm　1/16

印　　张：17.5

字　　数：365千字

版　　次：2015年6月第1版

印　　次：2015年6月第1次

定　　价：120.00元

本社网址：www. jccbs. com. cn　　微信公众号：zgjcgycbs

研究行业发展趋势
推动企业转型升级

李秉仁

《2014年中国建材家居产业发展报告》编委会

王柏彰　北京建材行业联合会质量标准部部长
田德祥　中国环境科学学会室内环境与健康分会名誉理事长、北京大学教授
徐瑞芬　北京化工大学教授、纳米材料专家
周健儿　中国陶瓷工业协会常务理事、中国硅酸盐学会陶瓷分会副理事长
尹　虹　中国建筑卫生陶瓷协会副秘书长
鲍杰军　中国建筑卫生陶瓷协会副会长、佛山欧神诺陶瓷股份有限公司董事长
王志斌　辽宁省建筑装饰协会副会长兼秘书长、高工
秦　钢　四川省建材工业科学研究院院长、研究员
应再扬　上海市装饰装修行业协会副秘书长兼材料委秘书长
徐奉友　沈阳市建筑装饰协会会长
王建国　内蒙古自治区建筑业协会副会长兼秘书长
李　明　北京市场流通协会秘书长、北京建材经贸大厦总经理
李卫社　广田装饰集团股份有限公司副总、总工程师
董金狮　北京凯发环保技术咨询中心常务副会长兼秘书长
王有治　成都硅宝科技有限公司总裁、高工
张有卓　国际工商业精英联合会名誉主席、中国陶瓷工业协会营销分会高级顾问
黄希然　佛山市陶瓷行业协会副会长
梁占坤　吉林森工金桥地板集团总工程师
杨　冀　北京特普丽装饰装帧材料有限公司董事长、高工
王秀宝　临江市宝健木业有限责任公司董事长、高工
姚奇恒　淄博金狮王陶瓷科技有限公司总工程师
徐　伟　中山市伟莎卫浴有限公司董事长
（以上排名不分先后）

序
——传统制造企业转型升级是必然趋势

2014年，面对复杂多变的国际环境和艰巨繁重的国内发展改革稳定任务，党中央、国务院坚持稳中求进工作总基调，牢牢把握发展大势，全力深化改革开放，着力创新宏观调控，奋力激发市场活力，努力培育创新动力，国民经济在新常态下保持平稳运行，呈现出增长平稳、结构优化、质量提升、民生改善的良好态势。我国经济发展进入新常态，正从高速增长转向中高速增长，经济发展方式正从规模速度型粗放增长转向质量效率型集约增长，经济结构正从增量扩能为主转向调整存量、做优增量并存的深度调整，经济发展动力正从传统增长点转向新的增长点。同时，工业化、信息化、新型城镇化和农业现代化新“四化”的相互推进，“一带一路”、京津冀协同发展和长江经济带三大战略的实施将为中国经济平稳发展打下坚实基础，而这些也为我国建材家居行业带来难得的机遇和巨大的挑战。

我国建材家居业从20世纪80年代初起步，经过三十多年快速、稳定、持续的发展，伴随着中国经济快速发展和工业化、城镇化的不断推进，由初期的不足百亿元生产总值的小行业，发展到2014年逐步形成门类齐全、产业链条完整的大行业，遍布材料生产、加工、流通、设计和施工应用各环节。但从总体来看，2014年，无论是卖场、品牌，还是经销商，都经历着转型期的阵痛。规模过剩导致的同业竞争白热化、楼市低迷带来的消费需求下降、电商大潮下上线不易不上线也难的困惑与迷茫、精装房比例提高以及装饰公司全包服务导致的消费群体分流，经销商对终端市场难以纾解困局的迷茫，等等。诸多因素导致大家形成普遍共识：2014年，日子不好过。传统家居产业在高速增长时期曾经被掩盖的，一些行业性深层次矛盾和问题开始逐步暴露出来。目前，一些企业已经开始积极尝试转型的方案，希望能踏上转型升级的康庄大道。

如何转型，具有很强的现实意义，也是社会和企业发展的共同愿景。传统建材家居企业面临国家经济形势、地区市场环境、行业发展状态、新型商业模式的变化或冲击，转型升级是必然趋势。

首先，“一带一路”建设的实施是一个长期的系统工程，其涉及范围之大、地域跨度之广、建设周期之长是前所未有的。对于建材家居行业的发展壮大是一个千载难逢的机遇。只有在转型升级上下好功夫，通过技术支撑练好内功，将本行做到极致才能立于不败之地；其次，以人为核心的新型城镇化的发展对基础设施建设，房地产开发，居民住房等产生巨大的推动作用，同时也对建材家居产品和服务产生强劲的需求；第三是消费结构明显升级，社会消费品零售总额快速增长。个性化、多样化消费渐成主流，绿色消费、品牌消费、健康消费、教育文化旅游消费已成气候，消费潜力正在不断释放；第四是区域经济一体化发展战略实施，在更大范围内优化资源配置，促进产业有序转移衔接、优化升级和新型城镇集聚发展，形成强大发展新动力；第五纵观建材家居行业，运用信息化和互联网等手段推动行业的转型升级是一个有效的途径。目前，许多“局外”企业已通过“互联网+”模式进军建材家居市场，“互联网+”概念点燃传统建材家居市场转型升级之战，未来市场竞争将更加激烈。

建材家居企业要积极主动，把握机遇，迎接挑战，大力实施创新驱动战略，向创新要动力、要质量、要效益。尤其是在今天这样一个大众创业、万众创新的时代，更要牢牢把握历史机遇、政策机遇，掌握新常态下的生存和发展之道，走一条提质增效、创新发展的新路。一方面，着力提高自身创新能力，推动转型升级；另一方面，着力整合各种创新资源，把企业创新与大众创业有机结合起来，全面提升企业竞争优势。

中国建筑装饰协会副会长兼秘书长

刘晓一

2015年6月15日

前　言

装饰装修是涉及千家万户的民生工程，在人们日常生活中起着举足轻重的作用。装修的质量、性价比和装饰材料的选用都直接影响着每一个工程交付使用后的生活环境和其中每一个人的身体健康。为此党和政府非常重视，制定了一系列的政策加以引导、规范和支持。

中国建筑装饰协会作为住房和城乡建设部主管的国家一级社团，有责任和义务对这个行业进行引领、推动、规范和做好服务。建材家居是中装协材料分会的服务范围。目前，中国建材家居产业链不断延伸，遍布材料生产、加工、流通、设计和施工应用各环节。在中国经济开始新一轮转型升级大背景下，推进绿色建材生产应用，促进资源循环利用，加强技术创新、提升产业融合是建材家居产业转型升级发展的必然趋势。针对行业材料门类较多、品种繁杂、创新技术和产品速度快、人们需求变化大的特点，需要发布权威、科学、全面的产业发展报告，给党和政府有关部门制定产业政策及规划提供科学依据和理论支持，给企业研究战略发展和进行市场开拓提供信息资料。为此，中国建筑装饰协会材料分会在组织编写中国首部《2013 年中国建材家居产业发展报告》的基础上，继续编写了《2014 年中国建材家居产业发展报告》(以下简称《发展报告》)，面向社会进行权威发布。《发展报告》在内容编写上具有以下新特点：（1）突出了互联网、物联网时代背景下家装及装饰材料电商模式创新应用。（2）增添了技术成果展示，突出了近年来广泛应用的部分新材料、新产品。（3）增添了专家视点，从不同领域、不同侧面传递专家声音，反映专家意见。

《发展报告》今天正式和大家见面了，在本书的编写过程中，得到许多行业组织和专业人士的大力支持和帮助。《发展报告》的总报告、建材家居上市公司测评报告及大事记由中国建筑装饰协会材料分会编写；行业篇：第一章 2014 年中国建筑装饰行业发展报告由中国建筑装饰协会行业发展部编写；第二章 2014 年石材行业发展报告由中国石材协会编写；第三章 2014 年全国瓷砖产能报告由陶瓷信息报社编写；第四章 2014 年地板行业发展报告由圣象集团编写；第五章 2014 年木门窗行业发展报告由中国木材与木制品流通协会木门窗专业委员会编写；第六章 2014 年硅藻泥行业发展报告由中国建材联合会生态环境建材分会编写；第七章 2014 年石膏建材行业发展报告由广州金穗编写；第八章 2014 年照明灯具行业发展报告由世界照明时报编写。专题篇：第三章开展绿色建材评价支撑绿色建筑选材由中国建材检验认证集团编写；第四章软装饰的选材及市场发展前景由饰纪家居编写；第五章艺术瓷砖开发与市场前景由金狮王和赛德编写；第六章智能家居市场发展由海尔家居编写；第七章互联网时代家装行业发展趋势由北京云据网络科技编写；第八章O2O家居服务商的未来由多彩饰家编写。

希望《发展报告》能为政府主管部门、行业组织、企业等相关单位提供有价值的的参考信息。同时希望社会各界能继续关注和支持我国建材家居业的发展，为行业健康可持续发展出谋划策。也希望行业有关部门和企业多提宝贵意见，以利于我们今后在编写过程中改进。

主编

2015.6

目　　录

第一部分　总报告

第二部分 行业报告

第三部分　专题报告

第四部分　2014 年行业政策及大事记

第一部分　总报告

第一章　建材家居产业概述

一、建材家居产业的定义及分类

（一）建材家居产业的定义

建材家居产业是指在公共建筑空间、家庭居住空间与装饰直接相关的行业及其衍生行业的集成产业，它有别于水泥、钢材、玻璃、墙体材料等传统建材行业，是以装饰建材为支撑的新型产业，包括装饰建材与部品供应、家具、陈列、装饰设计与研发、施工安装、建材流通、电商服务等业态形式。建筑装饰领域中硬装环节不可移动的和软装环节可移动的元素共同组成建材家居业。

根据《在国民经济行业分类与代码》（GB 4754—2011），建材家居行业涵盖木材加工和木、竹、藤、棕、草制品业（行业代码：20）、家具制造业（行业代码：21）、工艺美术品制造（行业代码：243）、涂料、油墨、颜料及类似产品制造（行业代码：264）、塑料板、管、型材制造（行业代码：2922）、轻质建筑材料制造（行业代码：3024）、砖瓦、石材等建筑材料制造（行业代码：303）、陶瓷制品制造（行业代码：307）、金属门窗制造（行业代码：3312）、建筑、安全用金属制品制造（行业代码：335）、电线、电缆制造（行业代码：3831）、照明器具制造（行业代码：387）、窗帘、布艺类产品制造（行业代码：1773）、建筑装饰业（行业代码：501）等多个行业。

（二）建材家居产业的分类

作为新兴的产业部门，建材家居业涵盖广泛。随着建筑装饰技术和业务模式创新，建材家居业自身也在不断地发展和变化，产生了越来越多的种类和类型。从当前产业发展实践看，建材家居产业分类情况如下：

1、根据现有产品的应用范围和材料划分，涵盖以下子行业：

注：厨卫指厨房内整体橱柜，包括橱柜、烟机、灶具、龙头、水盆等厨房产品以及卫生间内淋浴房、浴室柜、龙头、洁具、五金挂件等产品。

陶瓷指建筑陶瓷，包括墙砖、地砖、腰线、地脚线等。

智能家居（英文：Smart home，Home automation）是以住宅为平台，利用综合布线技术、网络通信技术、安全防范技术、自动控制技术、音视频技术将家居生活有关的设施集成，构建高效的住宅设施与家庭日程事务的管理系统，提升家居安全性、便利性、舒适性、艺术性，并实现环保节能的居住环境。

门窗、厨卫、陶瓷、地板、建筑涂料、墙纸、石材、家具、天花吊顶、人造板、家居饰品、电气照明、家居五金、水暖管线、智能家居、建筑幕墙、装修辅料等。

2、根据产业链划分，涉及到以下业态形式：

建筑装饰材料、家具、陈列、智能家居、建筑装饰设计、施工安装、建材家居市场、电商服务、建材物流等业态形式。

3、根据建筑装饰硬装和软装属性划分，涵盖以下装修范畴：

硬装指为了满足房屋的结构、布局、功能、美观需要，添加在建筑物表面或者内部的一切装饰物（包括色彩）的传统装修，包括门窗、厨卫、地板、涂料、墙纸、石材、天花吊顶、人造板、电气照明、家居五金、水暖管线、建筑幕墙等不可移动的装饰建材和部品。

软装是指在商业空间环境与居住空间环境中所有可移动的、易于更换的元素，包括家具、装饰画、瓷器、花艺绿植、窗帘布艺、灯饰、其他装饰摆件等，是对居室的创意陈设与布置。

二、建材家居产业的发展历程

我国建材家居业随着房地产业、建筑装饰业的发展得到了快速发展。从上世纪80年代初起步，经过30多年快速、稳定、持续的发展，由初期的不足百亿元生产总值的小行业，发展到2014年逐步形成门类齐全、产业链完善的大行业。期间，即使中国经济出现周期性调整，中国建材家居产业也基本保持了两位数增长的发展势头，成为国民经济重要产业之一。目前，中国已经成为世界上建材家居产品生产大国、消费大国和出口大国。塑料异型材、木地板、铝塑复合板、建筑卫生陶瓷、装饰石材等产量和消费量居世界第一。

随着中国经济快速发展和工业化、城镇化的不断推进，建材家居产业获得前所未有的发展机遇，现已形成了广东、福建、江苏、浙江、河北、山东、北京、上海等重要产业集群示范基地，产业基础雄厚、体系完备，影响辐射面广，提供众多就业机会，成为当地传统支柱产业，为当地经济建设做出巨大贡献。

目前，中国建材家居产业链不断延伸，遍布材料生产、加工、流通、设计和施工应用各环节。但从总体来看，中国建材家居业仍然存在产业链短、产品附加值低、可持续发展能力不足等问题，并面临着环境保护、能源和原材料涨价、用地紧张、国际贸易壁垒、人民币升值、劳动用工成本上升、国家房地产宏观调控等诸多挑战，企业面临严峻的环保压力、用工压力和市场压力。在中国经济开始新一轮转型升级大背景下，推进绿色建材生产应用，促进资源循环利用，加强技术创新、提升产业大融合是建材家居产业转型升级发展的必然趋势。

新常态下，我国经济发展从要素驱动、投资驱动转为创新驱动发展战略，经济发展方式转型，经济结构不断优化，“四化”良性互动推进，资源和环境的外部约束不断强化，劳动力等生产要素成本正在加快上升，主要依靠低成本要素投入实现规模扩张的粗放发展模式已难以为继，提高发展的质量和效益已成为经济发展的首要目标。转变我国经济发展方式，打造竞争新优势，重点在制造业，难点在制造业，出路也在制造业。

中国制造业已经形成全球领先的规模，制造业增加值和产品出口占全球制造业的比重均居世界第一；建成了门类齐全、独立完整的体系。雄厚的制造业基础和较强的自主创新能力，为制造强国建设奠定了坚实基础。“中国制造”已经站在新的历史起点。

放眼未来，工业化、信息化、城镇化、农业现代化同步推进，超大规模国家内需潜力不断释放，扩大对外开放进一步深化，为制造业创造了巨大发展空间；中国特色社会主义制度为制造业提供了持续稳定的制度保障，全面深化改革将进一步激发制造业发展活力。

第二章　2014 年中国建材家居产业发展环境

2014 年，面对复杂多变的国际环境和艰巨繁重的国内发展改革稳定任务，党中央、国务院坚持稳中求进工作总基调，牢牢把握发展大势，全力深化改革开放，着力创新宏观调控，奋力激发市场活力，努力培育创新动力，国民经济在新常态下保持平稳运行，呈现出增长平稳、结构优化、质量提升、民生改善的良好态势。

我国经济发展进入新常态，正从高速增长转向中高速增长，经济发展方式正从规模速度型粗放增长转向质量效率型集约增长，经济结构正从增量扩能为主转向调整存量、做优增量并存的深度调整，经济发展动力正从传统增长点转向新的增长点。

同时，新“四化”——工业化、信息化、新型城镇化和农业现代化的相互推进，“一带一路”、京津冀协同发展和长江经济带三大战略的实施将为中国经济平稳发展打下坚实基础。

一、经济环境分析

1. 新常态下经济平稳运行

2014 年国内生产总值为 636463 亿元（图 1-2-1），按可比价格计算，比上年增长 7.4%。按季度计算，一季度同比增长 7.4%，二季度增长 7.5%，三季度增长 7.3%，四季度增长 7.3%。按产业计算，第一产业增加值为 58332 亿元，比上年增长 4.1%；第二产业增加值为 271392 亿元，增长 7.3%；第三产业增加值为 306739 亿元，增长 8.1%。

2. 工业生产平稳增长

2014 年全部工业增加值为 227991 亿元（图 1-2-2），比上年增长 7.0%。规模以上工业增加值增长 8.3%。在规模以上工业中，按经济类型计算，国有及国有控股企业工业增加值增长 4.9%；集体企业增长 1.7%，股份制企业增长 9.7%，外商及港澳台商投资企业增长 6.3%；私营企业增长 10.2%。按门类计算，采矿业增长 4.5%，制造业增长 9.4%，电力、热力、燃气及水生产和供应业增长 3.2%。

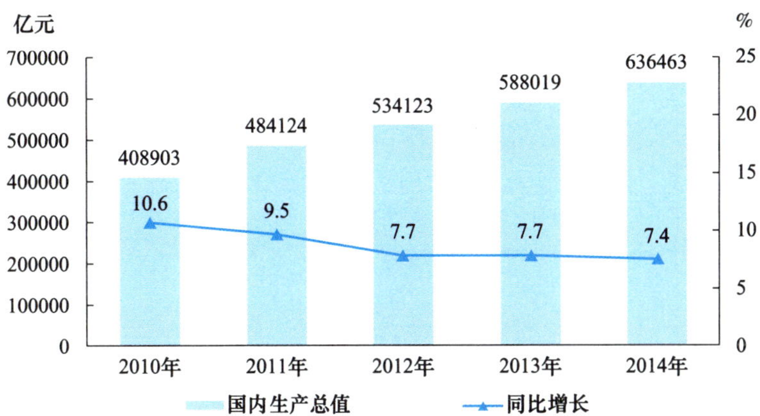

图 1-2-1　2010 ~ 2014 年中国国内生产总值及增速

数据来源：国家统计局

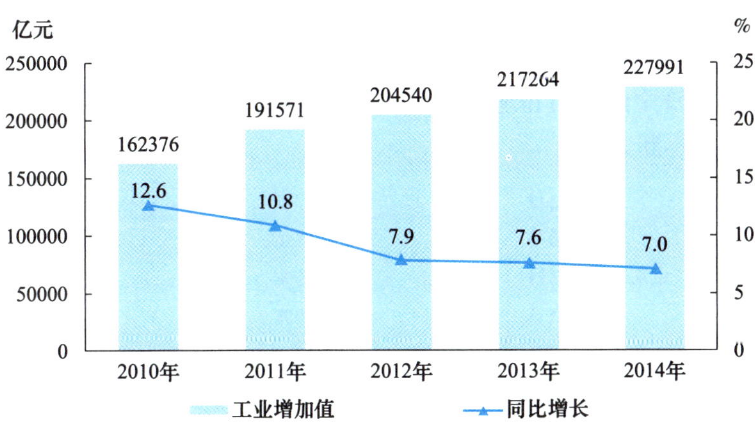

图 1-2-2　2010 ~ 2014 年中国工业增加值及增速

数据来源：国家统计局

全年规模以上工业企业实现利润 64715 亿元，比上年增长 3.3%，其中国有及国有控股企业 14007 亿元，下降 5.7%；集体企业 538 亿元，增长 0.4%，股份制企业 42963 亿元，增长 1.6%，外商及港澳台商投资企业 15972 亿元，增长 9.5%；私营企业 22323 亿元，增长 4.9%。

3. 市场稳定增长，消费不断升级

2014 年社会消费品零售总额为 262394 亿元（图 1-2-3），比上年增长 12.0%，扣除价格因素，实际增长 10.9%。其中：城镇消费品零售额 226368 亿元，增长 11.8%；乡村消费品零售额 36027 亿元，增长 12.9%。2014 年，全国网上零售额 27898 亿元，同比增长 49.7%。其中，限额以上单位网上零售额 4400 亿元，增长 56.2%。2014 年限额以上企业商品零售额增速如图 1-2-4 所示。

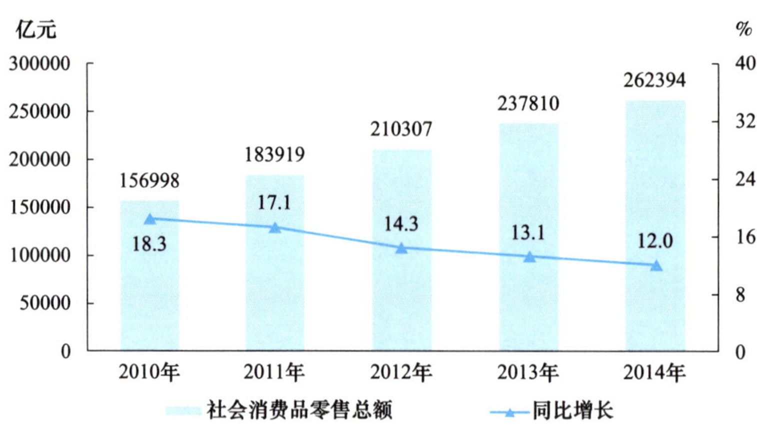

图 1-2-3　2010 ~ 2014 年中国社会消费品零售总额及增速

数据来源：国家统计局

从行业消费来看，通讯器材消费大幅增长，与互联网和电子商务有关的新兴业态快速发展。同时，建筑及装潢材料、家具等行业消费同比增幅较大，反映出建材家居业在国民经济中的作用和地位在不断提升，预计未来建材家居业消费继续保持较快增长，消费不断升级。

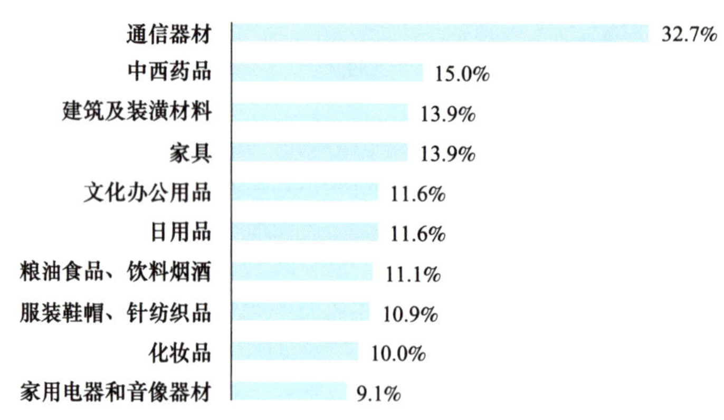

图 1-2-4　2014 年限额以上企业商品零售额增速

数据来源：国家统计局

4. 固定资产投资增速放缓

2014 年全社会固定资产投资为 512761 亿元（图 1-2-5），比上年增长 15.3%，扣除价格因素，实际增长 14.7%。其中，固定资产投资（不含农户）为 502005 亿元，增长 15.7%。东部地区投资 206454 亿元，比上年增长 15.4%；中部地区投资 124112 亿元，增长 17.6%；西部地区投资 129171 亿元，增长 17.2%；东北地区投资 46096 亿元，增长 2.7%。

2014 年房地产开发投资 95036 亿元，比上年增长 10.5%。其中，住宅用房投资

64352 亿元，增长 9.2%；办公用房投资 5641 亿元，增长 21.3%；商业营业用房投资 14346 亿元，增长 20.1%。

2014 年房屋施工面积 726482 万平方米，比上年增长 9.2%。房屋竣工面积 107459 万平方米，增长 5.9%。商品房销售面积 120649 万平方米，比上年下降 7.6%。

2014 年全国城镇保障性安居工程基本建成住房 511 万套，新开工 740 万套。

随着房地产市场的相对调整，随着制造业领域产能的相对过剩，中国固定资产投资增幅在下降。制造业投资占中国总投资的比重在 30% 多，在产能过剩的条件下要控制简单重复投资。另外，房地产市场的调整，2014 年房地产投资增长 10.5%，也在明显回落。

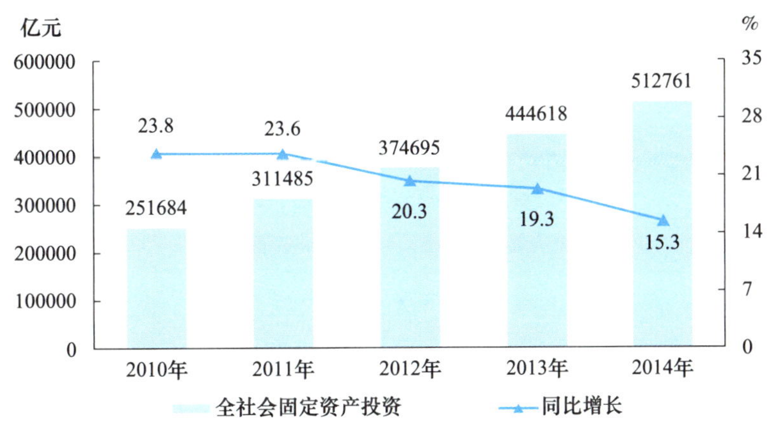

图 1-2-5　2010 ~ 2014 年中国固定资产投资总额

数据来源：国家统计局

5. 建筑装饰业蓬勃发展

（1）2014 年全国建筑装饰行业总规模

2014 年，全国建筑装饰行业完成工程总产值 3.16 万亿元，比 2013 年增加了 2690 亿元，增长幅度为 9.3%（图 1-2-6），比宏观经济增长速度高出约 2 个百分点，体现了建筑装饰在国民经济和社会发展中的基础性和超前性。其中公共建筑装饰装修全年完成工程总产值 1.65 万亿元，比 2013 年增加了 1300 亿元，增长幅度为 8.6%；住宅装饰装修全年完成工程总产值 1.51 万亿元，比 2013 年增加了 1390 亿元，增长幅度为 10.2%。

（2）建筑装饰行业需求旺盛

新型城镇化与建筑品质消费所创造的巨大的市场需求，将支撑建筑装饰产业继续维持较高的发展速度。据中国建筑装饰协会估算，未来 3 ~ 5 年，国内装饰存量市场需求每年将达 13000 亿至 17000 亿元。家庭住宅装修新增市场需求量每年至少达

6500 亿元，公共建筑装饰的新增市场需求量每年至少达 8345 亿元，其中，保障房、交通设施、高端酒店、城市公共空间、商品住宅精装修等细分领域均有巨大的装饰需求；同时，三四线城市和农村地区成为家装行业的另一个新增长点，建筑装饰行业还将保持大幅度上升趋势。

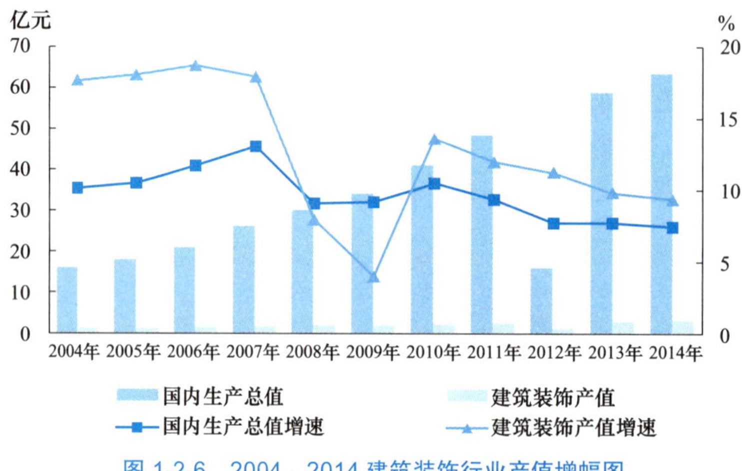

图 1-2-6　2004 ~ 2014 建筑装饰行业产值增幅图

数据来源：国家统计局、中国建筑装饰协会

二、政策环境分析

1. 产业相关政策

2014 年 3 月，《国家新型城镇化规划》（2014 ~ 2020 年）出台，提出“四化同步，统筹城乡”，推动信息化和工业化深度融合、工业化和城镇化良性互动、城镇化和农业现代化相互协调，促进城镇发展与产业支撑、就业转移和人口集聚相统一，促进城乡要素平等交换和公共资源均衡配置，形成以工促农、以城带乡、工农互惠、城乡一体的新型工农、城乡关系。

《国家新型城镇化规划》（2014 ~ 2020 年）明确要求，加快绿色城市建设，实施绿色建筑行动计划，完善绿色建筑标准及认证体系，扩大强制执行范围，加快既有建筑节能改造，大力发展绿色建材，强力推进建筑工业化。建材家居业将率先受益，建材家居业将迎来黄金发展期。

2. 相关支持政策陆续出台

（1）重点实施“一带一路”、京津冀协同发展、长江经济带三大战略

十八大以来，我国积极推进全球化战略，提出了一系列长期的战略规划，尤其是“一带一路”和各类“自贸区”战略的推进，为我国制造业利用“两种资源”，开拓“两个市场”，创造了巨大空间。2014 年中央经济工作会议明确提出，要重点实施“一带一路”、京津冀协同发展、长江经济带三大战略。

“一带一路”贯穿欧亚大陆，涉及65个国家（含中国），总人口44亿，生产总值21万亿美元，分别占全球的62.5%和28.6%，将“一带一路”建设与新兴经济体发展工业化、承接产业及资本转移紧密结合起来，拓展我国制造业的国际市场空间，为我国制造业的产能转移和发展升级带来了难得的机遇。

京津冀协同发展进一步拓展环渤海的共同发展，可以通过渤海湾由南到北通过辽宁的“五点一线”到吉林的长春，再上到哈尔滨的哈大齐工业走廊，由南往北梯度开发以带动发展。

长江经济带涉及上海、江苏、浙江、安徽、江西、湖北、湖南、四川、重庆、云南、贵州11个省、直辖市，GDP占全国的45%，人口占比接近40%。建设长江经济带，就是要构建沿海与中西部相互支撑、良性互动的新棋局，通过改革创新和实施一批重大工程，让长三角、长江中游城市群和成渝经济区三个“板块”的产业和基础设施连接起来、要素流动起来、市场统一起来，促进产业有序转移衔接、优化升级和新型城镇集聚发展，形成直接带动超过五分之一国土、约6亿人的强大发展新动力。

（2）推广中国（上海）自由贸易试验区可复制改革试点经验

国务院印发《关于推广中国（上海）自由贸易试验区可复制改革试点经验的通知》。上海自贸试验区成立一年多来，上海市政府和有关部门以简政放权、放管结合的制度创新为核心，加快政府职能转变，探索体制、机制创新，在建立以负面清单管理为核心的外商投资管理制度、以贸易便利化为重点的贸易监管制度、以资本项目可兑换和金融服务业开放为目标的金融创新制度、以政府职能转变为核心的事中事后监管制度等方面，形成了一批可复制、可推广的改革创新成果。经党中央、国务院批准，上海自贸试验区的可复制改革试点经验将在全国范围内推广。2014年12月12日，国务院决定在广东、天津、福建特定区域再设三个自由贸易园区，作为第二批自贸区试点。自贸区推广带来投资、贸易的便利化。

“一带一路”主打开放型经济，自贸园区建设将成为“一带一路”内外联动的重要抓手，前者侧重以基础设施为先导促进沿线经济体互联互通，而后者则以降低贸易门槛、提升贸易便利化水平、加快域内经济一体化为主要内容，共同构成我国全方位对外开放新格局。

（3）《中华人民共和国环境保护法》修订，提高违法成本

2014年4月24日，被称为“史上最严厉”的《中华人民共和国环境保护法》修订草案在十二届全国人大常委会第八次会议上表决通过，并于2015年1月1日起施行。新增条款中，最引人注目的一条是“按日计罚”制度，即对持续性的环境违法行为进行按日连续罚款。

一系列环保法规的出台，预示传统建材行业粗放型的经济增长方式必须改变，产业结构面临优化升级，走资源节约型和环境友好型的发展之路已迫在眉睫。

（4）《关于加快发展生产性服务业促进产业结构调整升级的指导意见》出台

2014 年 8 月，国务院出台了《关于加快发展生产性服务业促进产业结构调整升级的指导意见》。《意见》提出要以产业转型升级需求为导向，进一步加快生产性服务业发展，引导企业进一步打破“大而全”、“小而全”的格局，分离和外包非核心业务，向价值链高端延伸，促进我国产业逐步由生产制造型向生产服务型转变。

（5）新版《绿色建筑评价标准》（GB/T 50378—2014）推出

新版《绿色建筑评价标准》（GB/T 50378—2014）比 2006 年的版本“要求更严、内容更广泛”。修订后的标准评价对象范围得到扩展，评价阶段更加明确，评价方法更加科学合理，评价指标体系更加完善，整体具有创新性。

新版《绿色建筑评价标准》（GB/T 50378—2014）从 2015 年 1 月 1 日开始实施。该标准的实施顺应了我国绿色建筑发展的需要，对促进我国绿色建筑发展、推进生态文明建设将发挥重要作用。

绿色建筑离不开绿色装饰，发展绿色装饰，主要是倡导绿色理念，坚持绿色设计，推进绿色施工，使用绿色材料。

（6）《2014 ~ 2015 年节能减排低碳发展行动方案》出台

《2014 ~ 2015 年节能减排低碳发展行动方案》要求推进建筑节能降碳，深入开展绿色建筑行动。以住宅为重点，以建筑工业化为核心，加大对建筑部品生产的扶持力度，推进建筑产业现代化。

（7）《绿色建材评价标识管理办法》出台

2014 年 5 月 21 日，为加快绿色建材推广应用，规范绿色建材评价标识管理，更好地支撑绿色建筑发展，工业和信息化部、住房和城乡建设部联合发布《绿色建材评价标识管理办法》，这不仅标志着我国建材工业管理体系日趋完善，也表明我国建材工业将迈上“绿色发展”的新台阶。

（8）《企业绿色采购指南》（试行）发布

商务部、环境保护部、工信部联合发布了《企业绿色采购指南》（试行），以指导企业实施绿色采购，构建企业间绿色供应链，进而推进资源节约型、环境友好型社会建设，促进绿色流通和可持续发展。

《指南》的发布要求企业重视搭建绿色供应链，切实落实绿色采购相关措施，包括评估供应商、技术投入、人员培训、设备购买等。

第三章　2014 年我国建材家居产业发展现状

2014 年，是中国建材家居业充满机遇与挑战的一年，国内外经济形势复杂多变，建材家居企业经营压力增大。面对复杂的经济环境，建材家居业继续保持增长，商品销售额进一步提升，从业人数相对平稳，市场份额继续扩大。

一、产业发展状况

1. 持续稳定增长

（1）产业规模持续扩大

随着我国城镇化进程的加快，2014 年中国建材家居行业市场规模达到 40700.5 亿元，其中，建筑装饰部品及材料的市场规模为 28108.1 亿元，家具、人造板和智能家居分别为 7187.4 亿元、5285 亿元、120 亿元。在建筑装饰部品及材料中，陶瓷 4827 亿元，厨卫 2670 亿元（包含厨卫电器、卫浴），石材 3980 亿元，地板 756 亿元，门窗 3410 亿元，家居五金 2821.1 亿元，建筑涂料 1469.7 亿元，建筑幕墙 3000 亿元，建筑电气照明 1994 亿元，天花吊顶 450 亿元，塑料管材 995.8 亿元，辅料（建筑粘合剂及特种砂浆等）1102.5 亿元，家居饰品 632 亿元（包括装饰画、窗帘、软艺、创意家居摆件）。中国建材家居业市场规模比重如图 1-3-1 所示。

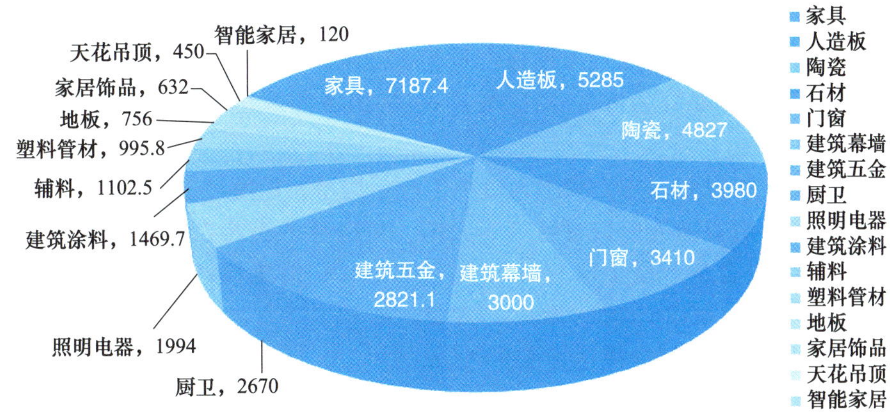

图 1-3-1　中国建材家居业市场规模比重

数据来源：中国建筑装饰协会材料分会

预计 2015 年，行业仍将保持平稳增长，行业市场规模达到 42735 亿元。

①陶瓷：中国建筑陶瓷产量目前占世界总产量一半，居世界首位。

全国 2724 家规模以上建筑陶瓷和卫生陶瓷企业的统计，全年主营业务收入 6590 亿元，增长 10.19%，比上年回落 7.12 个百分点。其中：1407 家建筑陶瓷企业主营业务收入 4255 亿元，增长 12.06%，回落 5.37 个百分点；310 家规模以上卫生陶瓷企业主营业务收入 572 亿元，增长 16.53%，回落 3.92 个百分点。

主要产品产量均有不同程度的增长，其中陶瓷砖产量 102.3 亿 m^2，增长 5.57%；卫生陶瓷产量超过 2.15 亿件，增长约 4.3%；各类建筑陶瓷与卫生洁具产品出口金额超过 193 亿美元，增长 8.0%，回落 14.82 个百分点。

全年共出口陶瓷砖约 11.3 亿 m^2，同比下降 2.0%，出口额 78.1 亿美元，同比减少 1.0%，平均单价为 6.93 美元 /m^2，比上年提高 0.7%。2014 年全国出口卫生陶瓷约 7680 万件，同比增长 26.1%，出口额 32.05 亿美元，增长 61.2%，平均单价为 41.72 美元 / 件，提高 27.82%。

②石材：2014 年，规模以上企业主营业务收入 3980 亿元，比上年同期增长 12.7%，比上年增速回落 8.9 个百分点；主营业务成本 3340 亿元，比上年同期增长 14.7%，增速比上年回落 9.2 个百分点。主营业务利润 599.6 亿元，比上年同期增长 2.8%，比上年同期增速回落 8.7 个百分点。规模以上企业实现利润总额 328 亿元，比上年同期增长 4.3%，比上年增速回落 23.9 个百分点。2014 年，规模以上企业 2866 家，亏损企业 89 家，亏损面为 3.11%，亏损额达 2.1 亿元。

2014 年，规模以上企业大理石板材产量 3 亿 m^2，比上年同期增长 17.2%，增速较上年回落 12.8 个百分点；规模以上企业花岗石板材产量 5.9 亿 m^2，比上年同期增长 13.4%，增速较上年高出 1.1 个百分点。

2014 年，石材出口 3181 万吨，同比增长 16.0%，比上年增速高出 2.1 个百分点，出口实现恢复性增长，出口量超过 2008 年，创造历史新高。出口额为 72 亿美元，同比增长 10.4%，比上年增速回落 11 个百分点。

③地板：2014 年中国复合木地板产量为 57664.31 万 m^2，同比增长 11.33%。实木木地板总产量 9166.31 万 m^2，同比增长 6%，2014 年我国实木木地板增幅为近 5 年最大。

④人造板：21 世纪以来，我国人造板生产年均增长速度超过了 20%，已成为世界人造板生产、消费和进出口贸易第一大国。2014 年人造板产量 3.02 亿 m^3，增长 6.79%。其中，胶合板产量 1.74 亿 m^3，增长 6.78%；纤维板产量 0.69 亿 m^3，增长 6.44%；刨花板产量 0.17 亿 m^3，增长 12.8%。

人造板制造行业市场规模达到 5285 亿元。

⑤门窗：2014 我国门窗总产值 3867.8 亿元。其中金属门窗收入 2717.8 亿元，增长 15.8%；木门窗收入 1150 亿元，增长 10.6%。

2014 年木门窗行业规模以上企业多数保持增长态势，中国套装门之都重庆产值

120 亿元，中国木门之都江山 50 亿元、南浔 42.5 亿元，中国原木门之乡厦门产值 16 亿元，除厦门略有下降外，其他地区均比上年有所增长。

2014 年木门窗行业出口 7.27 亿美元，较上年增长 10.6%。出口前三甲分别为浙江 1.85 亿美元、广东 1.56 亿美元、辽宁 1.37 亿美元，出口涉及全球 100 多个国家，其中美国 1.51 亿美元，日本 1.22 亿美元，香港 5077 万美元。进口 1072 万美元。

⑥建筑涂料：2014 年全国涂料产量（按规模以上 1344 家企业计）1648.19 万 t，同比增长 7.9%。其中，华北地区产量达 139.27 万 t，同比增长 12.7%；东北地区产量达 78.34 万 t，同比增长 2.3%；华东地区产量达 676.11 万 t，同比增长 6.8%；中南地区产量达 609.32 万 t，同比增长 11.0%；西南地区产量达 120.32 万 t，同比下降 4.1%；西北地区产量达 24.83 万 t，同比增长 23.3%。产量居前 3 位的是广东、上海和江苏，分别达 333.99 万 t、187.09 万吨和 182.15 万吨，同比分别增长了 6.9%、10.5% 和 5.4%。

全国涂料行业按 1970 家规模以上企业计，2014 年资产总计 2482.22 亿元，同比增长了 15.0%；主营业务收入 3867.59 亿元，同比增长了 11.9%；利润总额 276.26 亿元，同比增长了 12.9%；主营业务成本 3165.32 亿元，同比增长了 11.9%。主营业务收入居前 3 位的省市是江苏、广东和上海，分别达 965.90 亿元、746.40 亿元和 357.27 亿元，同比分别增长了 14.0%、14.1% 和 5.5%。

⑦天花吊顶：吊顶行业在 2014 年的业绩也达到了历史新高，2014 年全行业全年销售额达到 450 亿元，同比增长 28% 左右。集成吊顶市场容量达 60 亿元。2014 年石膏板产量达到 34.4 亿平方米，增长 27.4%。

⑧建筑幕墙：在公共建筑装饰装修中，受高层、超高层建设项目快速增加的影响，建筑幕墙 2014 年完成工程总产值 3000 亿元，增长 20%。

⑨厨卫：中国卫生洁具产量超过世界总产量的 1/3，居世界首位。971 家五金卫浴企业主营业务收入 1605 亿元，增长 4.24%，回落 11.83 个百分点。

2014 年国内厨卫电器市场（热水器、油烟机、燃气灶、消毒柜、微波炉和洗碗机）合计总规模达到 1064 亿元，增长 6.5%。

⑩家具：2014 年家具产量为 77785.69 万件，同比增长 3.1%。其中：木质家具产量 26345.01 万件，增长 1.59%；金属家具产量为 37535.00 万件，增长 3.07%；软体家具产量为 5298.75 万件，增长 5.06%。

2014 年，家具制造业主营业务收入 7187.4 亿元，增长 5.7%。利润总额 441.9 亿元，税金总额 239.6 亿元。

2014 年，全国家具行业累计完成出口额 534.16 亿美元，同比增长 0.61%。进口额 28.07 亿美元，同比增长 9.25%。

⑪电气照明：2014 年规模以上照明器具制造企业 2486 家，主营业务收入 3988.1 亿元，增长 15.14%，实现利润 277.5 亿元，增长 12.97%。建筑照明电气市场规模达 1994 亿元。

2014 年，全国电光源累计产量 312.44 亿只，同比增长 13.10%。主要集中在安徽、江苏、广东、浙江、江西、湖北、河南、福建、上海、四川等地区。其中：安徽省完成累计产量 112.1 亿只，占全国总产量的 35.88%，同比增长 69.7%。

⑫家居五金：2014 年建筑、装饰、家具及管道五金企业累计主营业务收入 2821.1 亿元，增长 4.1%。2014 年，我国五金制品行业实现商品进出口总额 1243.26 亿美元，增长 10.24%，增速比上年提高了 2.63 个百分点。其中：出口总额 1008.34 亿美元，增长 11.31%，比上年提高了 3.08 个百分点；进口总额 234.92 亿美元，增长 5.85%，比上年提高了 0.5 个百分点。

2014 年，五金制品各子行业中，建筑五金、工具五金、卫浴五金、日用五金四行业累计完成进出口总额相对较高，合计占到全行业的 78.2%，全部行业均实现正增长。

⑬家居饰品：2014 年我国家居饰品的市场规模达 632 亿元。

⑭塑料管材：2014 年全国塑料管道生产量为 1300 万 t，增长 7.44%。建筑塑料管材市场规模达 995.8 亿元。

⑮智能家居：2014 年智能家居市场规模约 120 亿元。

⑯装修辅料：2014 年建筑装饰粘合剂及特种砂浆等辅料市场规模约 1102.5 亿元。

（2）企业数量稳中略降

作为在我国市场化最早、市场化程度最高、竞争最激烈的行业之一，建材家居行业具有市场需求量大、进入门槛低、产品同质化程度高、市场竞争激烈等特点。行业以中小企业为主，但行业龙头骨干企业优势明显，支撑作用不断提升。

截至 2014 年底，全国各类企业总数 1819.28 万户，比上年底增长 19.08%，其中，私营企业 1546.37 万户，增长 23.33%。2014 年全国新登记注册企业在三次产业数量分别为 16.84 万户、60.83 万户、287.42 万户，同比增速分别为 42.77%、29.72%、50.03%，分别占新登记注册企业总数的 4.61%、16.66%、78.72%。

建材家居业企业总数为 52 万家左右，其中 21.5% 企业生存时间在 10 年以上，58.9% 的企业在 5 ~ 10 年之间，19.6% 的企业少于 5 年。随着节能减排和并购重组力度加大，以及行业重点企业全国布局设点，建材企业数量比上年略有减少。

2. 产业结构不断调整升级

（1）产业链条相对完整

当前，我国已经形成以门窗、厨卫、地板、建筑涂料、墙纸、石材、家具、家居饰品、天花吊顶、板材、电气照明、家居五金、水暖管线、智能家居、装修辅料等门类齐全、产品丰富、技术领先的产业链条，从单一装饰建材逐步向建筑装饰产业链延伸扩展，基本形成建筑装饰硬装和软装产品齐头并进，创意家居和智能家居加快发展的产业发展格局。

调查显示，我国 22.6% 的建材家居企业开展 2 种业务，54.2% 的企业业务门类达到 4 种以上，5.4% 的企业涉及建材家居业的 6 种以上细分领域，这说明我国建材家居企业正逐步向市场纵深发展，分工不断细化。行业出现以北京金隅为代表集装饰材料、家具、建筑装饰、建材物流商贸一体化全产业链模式；以索菲亚定制衣柜为代表的家居精细化模式，都是对建材家居产业链条完善的有力探索。

（2）产业融合大发展

随着产业发展的成熟，行业、市场、产品间的界限逐渐被企业战略、技术创新所打破，产业融合趋势愈加明显。目前，建材家居产业融合的主要方式有四种：一是产业间延伸融合。如金螳螂装饰公司由装饰业向幕墙、家具、木业、石材、艺术品渗透而产生绿色装饰细分市场。二是跨产业的融合。海尔就是其中的先行者，以传统家电向智能家居过渡，通过智能家居和家居物流促进家居家电的产业跨界融合。三是产业内部的重组融合。如圣象做大做强木地板品牌，先后进入衣柜、木门行业，现又推出整体厨房，打造圣象家居产业平台。四是产业与电商的融合，如尚品宅配定制家居、数码设计、规模生产、店网一体化经营，实现工业化与信息化融合的实践，推动整个产业链发展。

最近，产业融合出现新模式，即产品服务化。立邦刷新服务、多彩饰家的家居美容服务都是从涂料制造商向“全方位涂料服务商”融合发展的实例。产品服务化为客户、消费者提供的不仅是产品，更是一系列服务解决方案，而产品只是提供服务解决方案的一个重要组成部分。

2014 年建筑装饰龙头企业纷纷“触网”，掀起行业创新升级的浪潮。宝鹰股份入股上海鸿洋电子商务有限公司，洪涛股份并购中装新网，金螳螂牵手“家装 e 站”共同成立金螳螂装饰电子商务公司，亚厦股份并购炫维网络、成立浙江亚厦未来加电了商务有限公司。产业链延伸成为龙头装饰公司的务实选择，进军家装市场和拓展建材采购渠道是建筑装饰龙头企业“触网”的重要着眼点。此外，这些企业的战略布局还包括：建筑装饰行业职业教育、智能家居、BIM 技术等。产业链延伸可以说是建筑装饰行业融合发展的变革方向所在。

3. 产业布局：聚集效应明显，产业转移加速

（1）产业聚集逐渐形成

在市场引导、企业聚力、政府培育等多方努力下，我国建材家居业在房地产市场高速发展中，形成一批产业基础好、综合实力强的产业聚集区，这些产业聚集区有效地发挥了区域优势，加速了资源聚集，形成了品牌效益，为建材家居业发展搭建了良好的载体。目前，整体上已基本形成珠三角、长三角、环渤海三大产业集聚区，并形成以广东为龙头，浙江、福建、江苏、山东等省市快步跟进，四川、辽宁、江西、河北协同并进，全国梯度发展的格局。建材家居产业集群分布如图 1-3-2 所示。

经综合测评，建材家居业综合实力排名前十位省份是：广东、浙江、福建、江苏、山东、北京、上海、四川、河北、辽宁，占到全国八成市场份额。当前全国有一定规模、知名度和地方特色的有竞争力建材家居产业集群近 100 个。区域产业集

群的全面、持续、健康发展，为我国建材家居行业科技水平的提高、管理水平的提升、品牌影响的扩大，奠定了基础，做出了贡献。

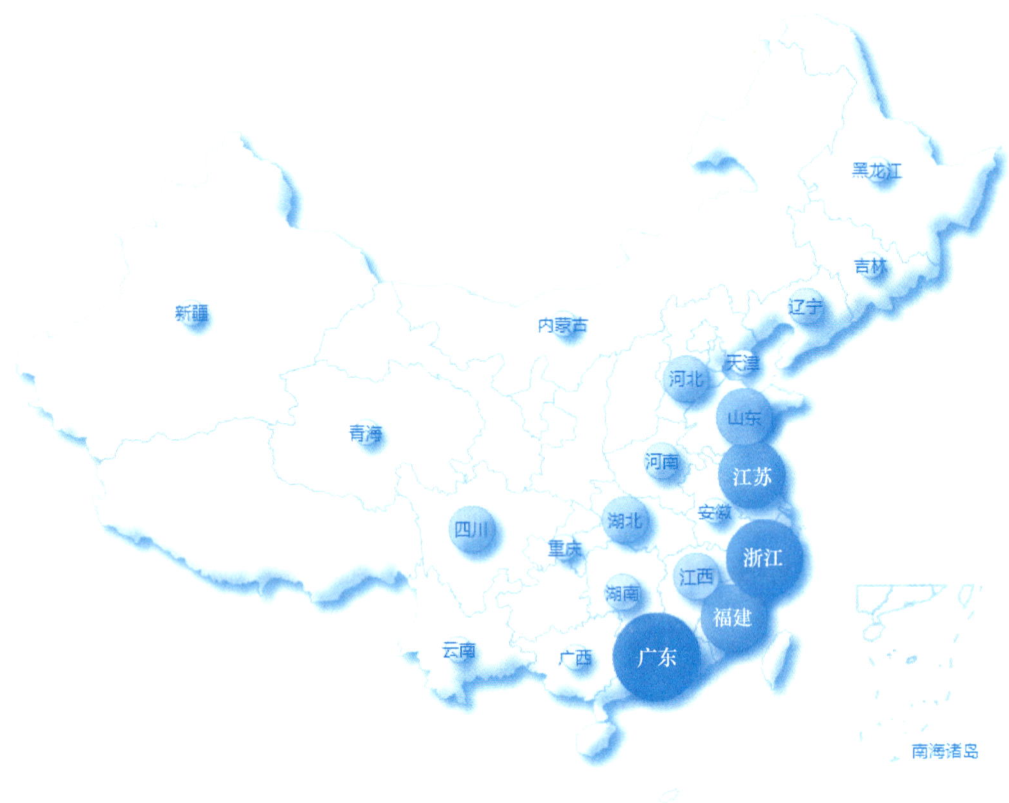

图 1-3-2 中国建材家居产业集群分布图

资料来源：中国建筑装饰协会材料分会

（2）产业转移加速

在 2014 年中国建材家居百家产业集群中，广东、浙江、福建、江苏、山东、四川、河北、江西、辽宁所占比例超过 80%，分布极不均匀，总体来看，市场经济发达、市场机制健全的地方，产业聚集区更加容易出现。从产业特征来看，目前产业仍以资源消耗、劳动密集型为主流，但是以绿色建材、绿色照明为导向的新兴产业发展迅速；从区域分布来看，广东、福建、浙江、江苏仍然是产业集群的主要聚集区，但是中西部四川、江西、辽宁等其他地区正在迎头赶上，产业集群发展势头猛进。而北京、上海由于节能减排环保压力，大部分企业外迁到周边省份，产业聚集区直线下降，但总部基地综合实力仍不可小觑。

调查显示，在建材家居产业集群竞争力百家的行业分布上，家具、陶瓷、门窗、照明电气、人造板、厨卫、五金、石材所占份额分别为 17%、12%、9%、9%、8%、8%、8%、7%，以资源消耗性的产业集群的地域范围表现出从沿海到内地不断扩展的态势。

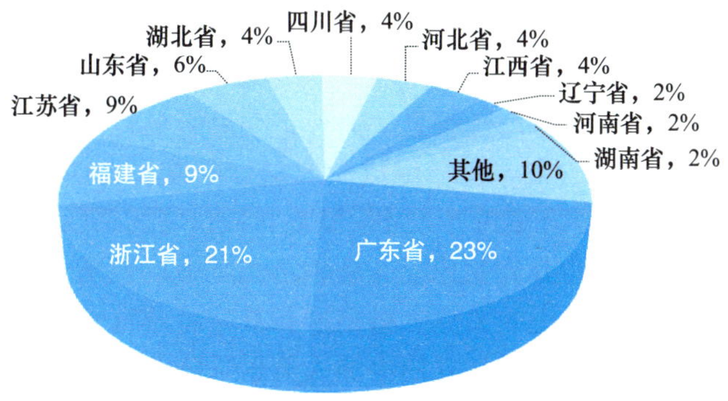

图 1-3-3　中国建材家居百家产业集群区域分布

数据来源：中国建筑装饰协会材料分会

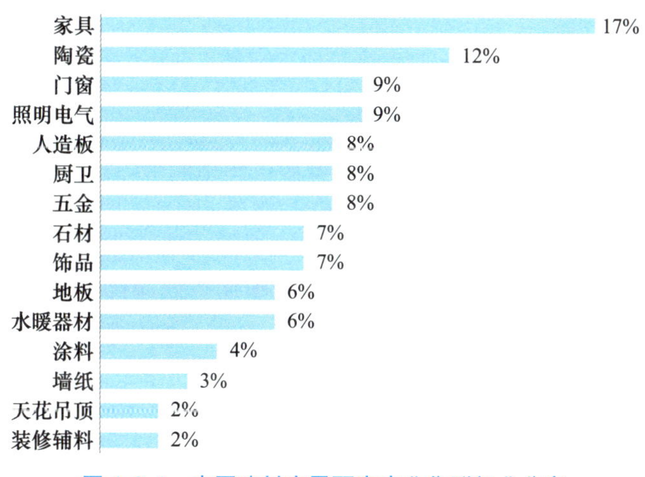

图 1-3-4　中国建材家居百家产业集群行业分布

数据来源：中国建筑装饰协会材料分会

（3）区域性“总部 – 市场基地”模式初步形成

随着市场和资源配置需要，建材家居业区域性“总部 – 市场基地”模式初步形成，例如，珠三角总部经济的发展以佛山陶瓷总部基地为龙头，推动了我国建筑卫生陶瓷产业转移，实现清洁生产和生产工艺创新，催生了如江西高安、丰城为代表的多个新兴陶瓷产区；长三角总部经济发展比较成熟，基本形成以上海为核心外资涂料企业研发中心，张江、苏州等周边城市为基地的“研发总部 – 销售基地”区域合作模式，目前在上海建立研发中心和实验室有立邦、拜尔、陶氏、道康宁、霍尼韦尔、帝斯曼等一批世界知名企业；京津冀经济圈以北京为市场核心，带动周边香河家具、高碑店门窗的“销售总部 – 加工基地”模式具备极为广阔的发展前景。

4. 人才现状：复合型人才紧缺，人才流动性强

目前中国建材家居行业正从劳动密集型向知识密集型转型，渠道扩张和品牌建设带来人才梯队青黄不接，调查显示，有 89% 企业认为中高端人才的缺失是当前企

业面临的最大挑战，其中高级技工、营销、研发设计、管理人才企业需求分别占到68%、55%、42%、21%；行业内普遍存在的问题是，高级技工、产品设计师和复合型跨界人才严重紧缺，人才流动性较强。另外，在对影响行业发展因素调查中，人才因素高居首位，与技术、资金、环保成为影响行业发展的四大因素。未来 5 年，高级技工、产品设计师和复合型跨界人才短缺现状缺口将面临巨大挑战。

2014 年，经营的压力也让建材家居企业内部人才流动性增大，建材家居企业高管们的频繁跳槽也引发了业内的关注，皇朝家私首席运营官曾乐进辞职、喜临门两位副总裁离职、原红星美凯龙总裁袁伯银加入美乐乐阵营，人员的流动也说明了企业经营的不稳定。

二、企业发展状况

1. 企业规模：以中小型企业为主

（1）中小企业数量众多

目前，国内建材家居企业大多是中小企业，调查显示，企业资产在 5000 万元以下的占 67.5%，5000 万元至 1 亿元的占 24%，亿元以上企业仅的占 8.5%。从员工数来看，38% 企业员工人数在 100 人以下，45% 企业人数在 100 ~ 500 人，17% 企业人数在 500 人以上，反映出行业劳动密集型、附加值低属性。由于企业规模相对较小，造成自主研发方面投入不足，产品同质化严重，整体竞争力较为薄弱，企业急需整合，骨干企业实力尚待提高。

（2）整合并购促升级发展

由于资源消耗较大、技术标准缺失、进入门槛较低等原因，我国建材家居企业规模实力和技术创新能力差异巨大。但随着市场的成熟，行业竞争不断深化，人才、资金和渠道都开始向具有创新能力的规模企业聚集，行业整合并购趋势明显，通过资源整合、业务重组、资本运作等方式提升自身竞争力，已成为大多数企业的共识。

调查显示，我国建材家居企业合作并购模式主要有以下六种：（1）国际品牌并购本土企业；（2）本土企业与国际企业跨国合作；（3）本土品牌与国际品牌深入合作海外上市；（4）本土品牌收购国际品牌；（5）民族品牌强强联合；（6）国际品牌之间跨国收购（表 1-3-1）。其中，36.5% 建材家居企业计划在 3 年内进行整合收购活动，12% 企业有海外收购计划，收购目的前三名理由分别是扩大企业规模、拓展新市场、获得新技术或者成熟品牌。目前，行业重大合作并购案例大部分集中在陶瓷、涂料、照明、卫浴、木业、家具、流通等行业，而饰品、墙纸、天花吊顶、石材等行业合作并购浪潮尚未开始。目前企业间的整合并购更加频繁，而整合方向也由“强者并购弱者”转为“强者并购强者”，企业并购的目的除了延伸产业链实现多元化发展外，更多的是从渠道、品牌以及产能考虑，壮大实力，扩大规模。我国建材家居业知名合作并购案例见表 1-3-1。

表 1-3-1　我国建材家居业知名合作并购案例

合作并购模式	代表案例
国际品牌并购本土企业	1. 乐家收购鹰牌卫浴 2. 立邦涂料并购秀珀
本土企业与国际企业跨国合作	1. 立邦中国与陶氏微生物技术合作 2. 艾仕得与永佳携手
本土品牌收购国际品牌	1. 大自然收购柯拉尼布局大家居 2. 物美收购百安居中国 70% 股权
民族品牌强强联合	1. 万润科技收购日上光电 2. 大自然与美的合作设计厨电设备方案 3. 中信与金可儿联姻 4. 雪莱特并购富顺光电 5. 茂硕电源近 2 亿购方正达 55% 股权 6. 鸿利光电曲线收购斯迈得
国际品牌之间跨国收购	1. 三星收购物联网公司 Smart Things 2. 立邦中国收购欧龙漆 3、吴德南集团入股日本涂料公司

资料来源：中国建筑装饰协会材料分会

2014 年，在建筑装饰领域，龙头企业加大整合力度，引领创新升级。宝鹰股份入股上海鸿洋电子商务有限公司，洪涛股份并购中装新网，金螳螂牵手“家装 e 站”共同成立金螳螂装饰电子商务公司，亚厦股份并购炫维网络、成立浙江亚厦未来加电子商务有限公司。在全国各区域市场布局基本完成的情况下，产业链延伸成为龙头装饰公司的务实选择。因此，进军家装市场和拓展建材采购渠道是建筑装饰龙头企业“触网”的重要着眼点。此外，这些企业的战略布局还包括：建筑装饰行业职业教育、智能家居、BIM 技术等。

2. 企业实力：核心竞争力逐渐增强

近年来建材家居产业创新载体建设得到加强，创新技术和创新产品不断涌现，具备一定技术支撑能力，品牌和渠道建设也取得新的进展，核心竞争力逐渐增强。在部品化技术方面已经取得了 1000 多项专利，其中异型吊顶成品化技术，整体厨房、整体卫生间、集约化吊顶、成品化墙面干挂技术等方面也取得了相应突破。

2014 年，北新建材及泰山石膏共申请专利 1942 件，取得授权专利共 1461 件，其中申请国际专利 9 件，取得国际专利授权 2 件，专利申请量和保有量继续保持在中国建材行业前列。

金隅公司加大技术创新和产业、装备升级，全年实现节约标准煤 40 余万 t，节电 200 余万度，节气 30 余万 m^3，节水 3 余万 t，减少粉尘排放 380 余 t，减少氮氧化合物排放 4000 余 t，发挥了大型产业集团的引领示范带动作用。

2014 年，建筑装饰工程企业，特别是大型骨干企业在全面持续推进工厂化加工、现场装配式施工工艺方面取得了实质性的进展。在加大产业园区建设、加快资源整合、提高成品化水平的基础上，工程中应用的标准化、工业化、成品化部品、部件比重有新的提升。2014 年在异型吊顶成品化、部件及构件标准化、节能门窗、新型保温材料、节水卫浴产品等方面取得了一批新的专利技术，为实现绿色发展提供了强有力的技术物质保障。

目前，工厂化加工的半成品、成品部件等，在建筑装饰工程中的使用率已经达到 60%，大型骨干企业在大型工程中的成品化部件使用率已经达到 80%。截至 2015 年 1 月 7 日，全行业拥有国家级企业技术（研发）中心 37 家，其中建筑铝型材 6 家，电气电线 5 家，照明 4 家，建筑装饰材料、水暖管业、涂料、陶瓷、家具各 3 家，门窗 2 家，幕墙、地板、五金、卫浴、防水材料各 1 家（见表 1-3-2）。而对中国建筑装饰工程奖获奖工程使用主要材料情况的调查结果表明，使用知名品牌产品的获奖工程越来越多。同时，自主品牌的迅猛发展，提高了国际竞争力，带动了中国建材家居业的发展和品质的提升。

表 1-3-2　中国建材家居行业国家级企业技术中心一览表

行业	国家级企业技术中心公司名称
建筑装饰材料	中国建筑材料集团有限公司　北新建材（集团）有限公司 北京金隅集团有限责任公司
建筑幕墙	江河创建集团股份有限公司
防水材料	北京东方雨虹防水技术股份有限公司
水暖管业	金德管业集团有限公司　广东联塑科技实业有限公司 佛山市日丰企业有限公司
建筑铝型材	辽宁忠旺集团有限公司　广东凤铝铝业有限公司 广东豪美铝业有限公司　江苏常铝铝业股份有限公司 福建省南平铝业有限公司　广东坚美铝型材厂（集团）有限公司
照明	浙江阳光照明电器股份有限公司　厦门通士达照明有限公司 上海亚明照明有限公司　江苏豪迈照明科技有限公司
电气	正泰集团股份有限公司　常熟开关制造有限公司 远东电缆有限公司　德力西集团有限公司 上海电器科学研究所（集团）有限公司
涂料	三棵树涂料股份有限公司　嘉宝莉化工集团股份有限公司 天津灯塔涂料有限公司
人造板、地板	大亚科技集团有限公司
五金	烟台三环锁业集团有限公司
卫浴	惠达卫浴股份有限公司

续表

行业	国家级企业技术中心公司名称
陶瓷	广东佛陶集团股份有限公司　杭州诺贝尔集团有限公司 广东蒙娜丽莎新型材料集团有限公司
家具	广东联邦家私集团有限公司　廊坊华日家具股份有限公司 成都市明珠家具（集团）有限公司
门窗	安徽国风塑业股份有限公司　河北奥润顺达窗业有限公司

资料来源：国家发展和改革委员会

3. 产品质量稳中向好，服务品质尚待提升

随着人民生活水平的不断提高，住房消费需求已由过去的满足基本生活需要提升到对住宅品质的要求，对装修建材和家具的环保、售后服务越来越重视，消费者相关投诉逐年增长，成为2014年消费者投诉十大热点之一。2014年商品、服务消费投诉分类见表1-3-3及图1-3-5。

表1-3-3　2014年商品、服务消费投诉分类表

投诉问题	投诉量（万件）	增长（%）
移动电话	10.38	10.4%
服装鞋帽	8.28	8.7%
网络购物	7.78	356.6%
装修建材和家具	7.04	24.2%
汽车及零部件	5.51	44.2%
美容美发和洗浴	3.06	41.0%
预付费	2.68	15.3%
文化娱乐服务	1.53	57.5%
中介服务	1.16	51.4%
家用小电器	0.99	39.9%
装饰装修服务	0.83	37.0%
摄影及扩印	0.77	52.4%

数据来源：国家工商行政管理总局

2014年，国家工商行政管理总局受理装饰装修建材投诉7.04万件，占商品类投诉总量的10%，同比增长24.2%。其中，涉及质量问题投诉3.15万件，占46.1%，同比增长19.2%；合同投诉1.37万件，占20%，同比增长48.8%，装修建材和家具投诉中合同问题增长明显；售后服务投诉1.34万件，占19.6%，同比增长23.8%。

消费者投诉的主要问题是：以次充好、尺寸不符、变质、有异味、色差大、开裂、掉漆等质量问题；不使用示范合同，口头承诺或自制合同，在附属条款中设置陷阱，约定的无理由退货押金不予退还等合同问题；商家不履行“三包”、维修义务，承诺免费安装，安装时收取零配件、打眼费，拖延送货等售后问题。

从 2014 年消协组织受理消费者投诉热点来看，在汽车、商品房、假冒农资产品、网络购物、装修建材、消费者个人信息泄露、旅游服务、预付款购物、快递服务等方面消费者的投诉呈上升趋势。并且，以往消费者投诉问题的性质主要是商品质量，现在消费者投诉问题性质涉及到安全、价格、计量、假冒、合同、虚假宣传、人格尊严等多个方面。随着互联网，特别是移动互联网的普及，消费者之间沟通渠道和方式增多，新修改的《消费者权益保护法》实施后，消费者的群体投诉也开始显著增加。

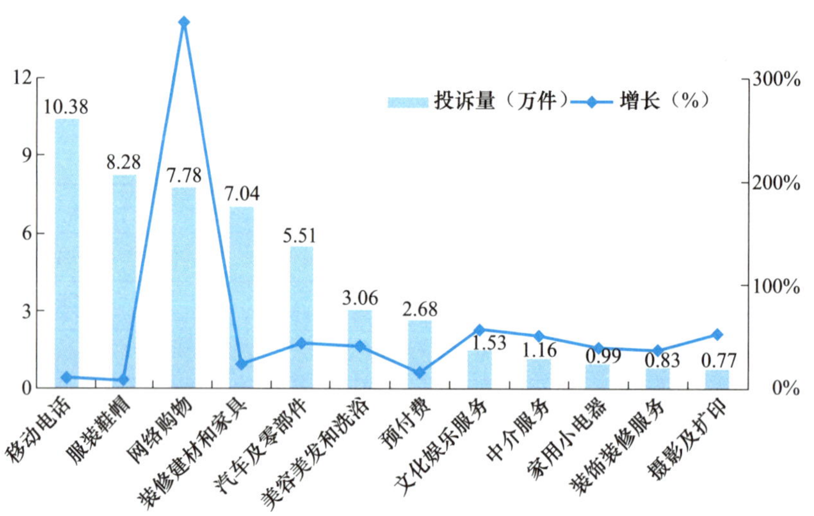

图 1-3-5　2014 年商品、服务消费投诉问题分类情况

数据来源：国家工商行政管理总局

2014 年，抽查了建筑装饰装修材料 28 种 4015 家企业生产的 4030 批次产品，抽查合格率为 91.2%，比 2013 年提高了 3.2 个百分点。其中，预应力混凝土用钢绞线的抽查合格率为 100%；钢管、合成树脂乳液内墙涂料、钢筋混凝土用热轧带肋钢筋、建筑防水卷材、实木地板、绝热用模塑聚苯乙烯泡沫塑料、无规共聚聚丙烯（PP-R）管材、平板玻璃、胶合板、刨花板、细木工板、陶瓷坐便器、溶剂型木器涂料、天然石材、纤维板、浸渍纸层压木质地板 16 种产品抽查合格率均高于 90%；拼块地毯、太阳能光伏组件用减反射膜玻璃 2 种产品的抽查合格率不到 80%。近 6 年建筑装饰材料抽样合格率如图 1-3-6 所示。

国家质检总局发布 2014 年刨花板、细木工板、中密度纤维板、胶合板、木质家具、合成树脂乳液内墙涂料等建材类产品质量全国联动监督抽查结果。抽查显示，这6种建材产品合格率分别为94%、92%、92%、97%、82%和96%。木制家具合格率82%为最低，其中甲醛超标占抽检不合格产品总数的47.8%。

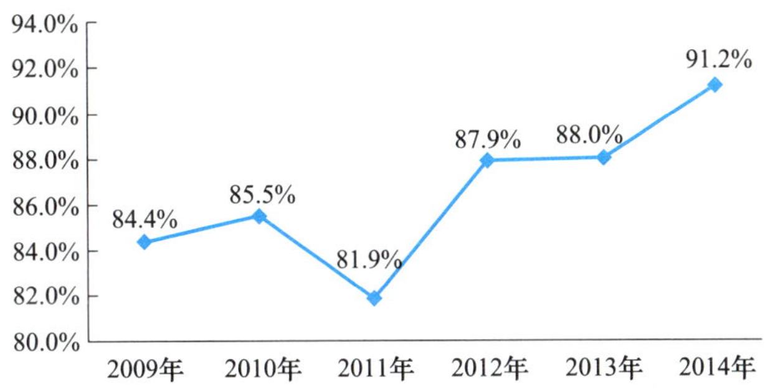

图1-3-6 近6年建筑装饰材料抽样合格率

数据来源：国家质量监督检验检疫总局

通过数据可以看出，建材家居企业整体产品质量、服务质量有所改观，建材家居以品质和服务取胜的时代已经来临，产业结构面临优化升级。目前当务之急，企业需要自觉调整产业结构，积极采用清洁生产工艺，努力提供工艺精细、质量过硬、低毒少害、利于环保的产品，才能赢得更大的市场，在激烈竞争中完成“中国制造”的升华。

4. 营销方式多样，模式不断创新

作为衣食住行重要环节的一环，建材家居业企业在转型升级过程中，不断创新营销理念和营销模式，积极寻找一种让生产商、销售商和客户能够共赢的模式，这种共赢的模式不同企业会有不同的版本，共同推动建材家居业发展。

在市场渠道多元化发展的今天，专卖店体验营销仍然是主流营销渠道，如海尔智能家居体验馆、生活家定制家居体验馆，尚品宅配O2O“全屋定制”体验馆、雷士照明光环境体验馆等都是专卖店体验式营销模式的行业典范。文化营销成为新营销发展最成熟的模式，办文化沙龙、开音乐会、拍微电影、影视剧冠名等，都是文化营销的具体体现。2014年中，虽然文化营销并不是最红的营销现象，却是某些高大上的企业或者新锐品牌们衷情的方式。开年伊始，欧美风格家具王牌的福溢家居FOOKYIK，就开始了欧美风的文化沙龙与特展巡回活动，以英国风、意大利风、美国风、法国风为主题，在北京、广州、重庆、上海等核心城市升华为文化现象。尚品宅配曾邀请汪峰出席2014年跨年庆功演唱会、索菲亚衣柜植入华谊兄弟的贺岁大片《私人订制》，上演真实版《私人订制》，并展开整合营销。另外嘉宝莉推出献礼感恩节的微电影《会变身的妈妈》以及冠名播出《芝麻开门》七彩家庭季、三棵树投拍青春运动题材偶像剧《骄阳似我》、立邦漆冠名大型家装改造类真人秀节目《梦想改造家》、亚丹衣柜打造温情微电影《选择》，呼吁社会关爱白血病患者等，都是文化营销的努力践行者。伴随企业规模与实力的壮大，营销经费也将更加宽松，影视剧营销将拥有更广阔的舞台。

公益营销让涂料品牌出手不凡，2014 年中，公益项目继续推进。有影响力的比如 3A 环保漆“绿沙棘”行动、嘉宝莉的“微爱十年”助学计划、美涂士“保护母亲河工程”、立邦“为爱上色”、多乐士“一起出彩”等。在整个家居建材行业里，涂料企业的公益营销做得风生水起。而尚品宅配“十年品质，我相信”故事营销，看似常见、常规，但最有感染力。

2014 年明星代言、跨界联合、活动事件营销层出不穷，企业通过跨界、强强联合的品牌协同效应在建材家居行业表现得尤为明显。据不完全统计，目前共有超过 100 位明星代言地板，家居建材行业已经成为明星代言的最大行业。2014 年顾家家居举办了“首届顾家暖男节”，并邀请暖男张亮助阵。同样是软体家居品牌的爱依瑞斯则邀请“女神”马伊琍助阵，在全国掀起“女神爱当家”活动，赚足了眼球。慕思寝具玩起睡眠音乐、新明珠陶瓷进军红酒行业、集美家居挺进养生产业、元洲装饰“触电”《匆匆那年》、红星美凯龙在 798 办起艺术展……他们积极尝试跨界合作、跨界营销、跨界整合等新方式，试图在市场竞争激烈的情况下，尝试新领域的发展机会。

越来越多涵盖家具、瓷砖、地板、涂料、橱柜、照明、木门、布艺、吊顶、卫浴等建材家居产业品牌跨界横向联合，品类互补，为消费者提供“一体化服务、一站式购足、集成式安装”服务，比如方太、马可波罗、朗斯、索菲亚等 13 家品牌发起成立的“中国好家居联盟”，比如由大自然地板、东鹏瓷砖、雷士照明、万和电气、慕思寝具、索菲亚衣柜等组成的冠军联盟等。

同时，终端事件营销也密集上演。涂料企业依然比较热衷在店面、卖场等场所举行营销事件，以便吸引现场客户注意，也可以作为新鲜的事件营销素材展开传播。例如，一位福娃漆经理，在装饰城当众吃起了以糯米为原料的涂料，说明其环保、零甲醛。经典漆号品牌列车推出，横跨 6 大省和 1 个直辖市，汇聚了各阶层的社会群体，可算得上大手笔，在线下营销上迈出了创新的一步。(但据观察，经典漆未能围绕该次线下营销组织更强有力的整合营销，留有遗憾。)

建材家居电商营销探索继续在路上，家具电商让人刮目相看。不完全统计，200 多家家具企业开了天猫旗舰店。就双十一的天猫网销成绩来看，冲进全类目销售额 TOP10 的就有两个家具品牌，林氏木业、全友家居、顾家家居在住宅家具类别中排行前三，林氏木业成交金额 3.2 亿。

作为家具独立电商的典型代表，美乐乐继续保持快速增长，今年布局开放合作，吸引顾家、喜临门、斯可馨、酷漫居等家具品牌加入。如欧派、星易家（红星美凯龙）、居然在线、金海马等，均已有独立的网上商城。

O2O 做为一种营销手段，众多建材家居企业选择在淘宝、天猫开店，有的甚至进入了京东，而另外一些企业则尝试独立电商，与线下营销网络探索整合之道。比如赢得顺为资本千万投资的成都丽维家、致力于家居美容的多彩饰家、从橱柜起家的欧派，以及顾家家居继续推动线上线下业务的整合等，O2O 浪潮迭起。线上线下销售通路的融合与相互借力，应是所有企业都将走的道路。

还有一部分并非制造业的企业，以另外一种形式嫁接 O2O 与家具，比如齐家网、我要装修网、一起装修网、惠装网、家装 E 站等，一端做家具、建材、装修供应商的整合，一端聚合业主的购买需求，线上线下齐头并进。未来如何适应电子商务营销模式，还需建材家居企业积极探索研究。

社会化媒体营销继续走热，微信营销成最热潮流。经过多年的经营，微博营销在家具界已经是企业标配，其中有些企业的微博经营得风生水起、亮点突出者，比如福溢家居（FOOKYIK）曲美、帝加、掌上明珠、美克美家、林氏木业、宜家、顾家、尚品宅配、全友家居等。微信也不再是新的营销工具，大量建材家居企业开通微信订阅号与服务号，同一家企业很多时候都是拥有两种服务工具，在很多场合下，传统的宣传资料上都会加印微信二维码。德夫曼曾在广州衣柜展上推出 6 米高大型二维码造型展馆，将二维码的功能嵌入到展馆的每一个角落。当然，更多的企业在微信营销上多是采用维护与推广订阅号、推送信息、在微信大号上投放营销信息等方式。

虽然看似社会化媒体营销绽放光彩，热闹非凡，实际上还有太多深挖的地方，实际内情并不像表面的现象那样光鲜。目前微信营销仍存在目标用户不明确、用户难转化为销售额的难点，但建材家居企业仍将其视为推广品牌、建立企业与消费者沟通的新途径之一。

5. 上市公司发展状况

本报告以在深沪港及境外上市的 76 家建材家居行业上市公司为研究对象，其中包括在深交所上市 41 家、沪交易所上市 18 家、在港交易所上市 14 家以及在国外上市的 3 家。纳入本次检测分析的在深沪港三地上市的建材家居上市公司有 71 家。中国建材家居业上市公司一览表见表 1-3-4。

表 1-3-4　中国建材家居业上市公司一览表

行业	股票简称	股票代码	上市地址	行业	股票简称	股票代码	上市地址
厨卫	海鸥卫浴	002084	深	幕墙	江河创建	601886	沪
厨卫	浙江美大	002677	深	人造板	永安林业	000663	深
厨卫	航标控股	01190	港	人造板	兔宝宝	002043	深
厨卫	中宇卫浴	JY8	德国	人造板	国栋建设	600321	沪
地板	大亚科技	000910	深	人造板	威华股份	002240	深
地板	德尔家居	002631	深	人造板	平潭发展	000592	深
地板	升达林业	002259	深	人造板	ST 景谷	600265	沪
地板	大自然家居	02083	港	人造板	丰林集团	601996	沪
电气照明	佛山照明	000541	深	人造板	吉林森工	600189	沪
电气照明	雷曼光电	300162	深	人造板	中国优材	08099	港

续表

行业	股票简称	股票代码	上市地址	行业	股票简称	股票代码	上市地址
电气照明	国星光电	002449	深	水暖管线	伟星新材	002372	深
电气照明	雪莱特	002076	深	水暖管线	顾地科技	002694	深
电气照明	洲明科技	300232	深	水暖管线	永高股份	002641	深
电气照明	阳光照明	600261	沪	水暖管线	艾迪西	002468	深
电气照明	飞乐音响	600651	沪	水暖管线	中国联塑	02128	港
电气照明	马仕达国际	08146	港	陶瓷	斯米克	002162	深
电气照明	雷士照明	02222	港	陶瓷	国创能源	600145	沪
电气照明	同方友友	01868	港	陶瓷	江泉实业	600212	沪
家居饰品	中国创意家居	01678	港	陶瓷	东鹏控股	03386	港
家具	索菲亚	002572	深	陶瓷	亚洲陶瓷	ACHP	英国
家具	浙江永强	002489	深	天花吊顶	友邦吊顶	002718	深
家具	宜华木业	600978	沪	天花吊顶	北新建材	000786	深
家具	美克股份	600337	沪	五金	好莱客	603898	沪
家具	喜临门	603008	沪	整体家居	中国家居	00692	港
家具	曲美股份	603818	沪	装饰纸	帝龙新材	002247	深
家具	永艺股份	603600	沪	装修辅料	东方雨虹	002271	深
家具	敏华控股	01999	港	装修辅料	硅宝科技	300019	深
家具	皇朝家私	01198	港	装修装饰	宝鹰股份	002047	深
建筑涂料	彩虹精化	002256	深	装修装饰	金螳螂	002081	深
建筑涂料	渝三峡 A	000565	深	装修装饰	亚厦股份	002375	深
建筑涂料	传化股份	002010	深	装修装饰	广田股份	002482	深
建筑涂料	叶氏化工集团	00408	港	装修装饰	洪涛股份	002325	深
门窗	罗普斯金	002333	深	装修装饰	瑞和股份	002620	深
门窗	海螺型材	000619	深	装修装饰	东易日盛	002713	深
门窗	嘉寓股份	300117	深	装修装饰	全筑股份	603030	沪
门窗	富友整木家居	JSI	英国	装修装饰	柯利达	603828	沪
幕墙	方大集团	000055	深	综合	金隅股份	601992	沪
幕墙	中航三鑫	002163	深	综合	中国建材	03323	港

备注：1. 分析期内，雷士照明停牌，截至 2015 年 4 月 30 日，2014 年报未公布。本报告未对其纳入分析。
2. 真明丽与同方整合：改名为同方友友，报告期数据 2014 年九个月的数据，暂未纳入分析。

（1）上市公司行业分布情况

本次监测的上市公司中，按细分行业分类，主营业务为人造板、家具、装修装饰的公司各有 9 家，主营电气照明的有 8 家，主营水暖管线有 5 家，主营陶瓷、建筑涂料、地板的各有 4 家，主营厨卫、幕墙、门窗各有 3 家，主营天花吊顶、装修辅料及综合类有 2 家，主营五金、整体家居、装饰纸、家居饰品各有 1 家，如图 1-3-7 所示。

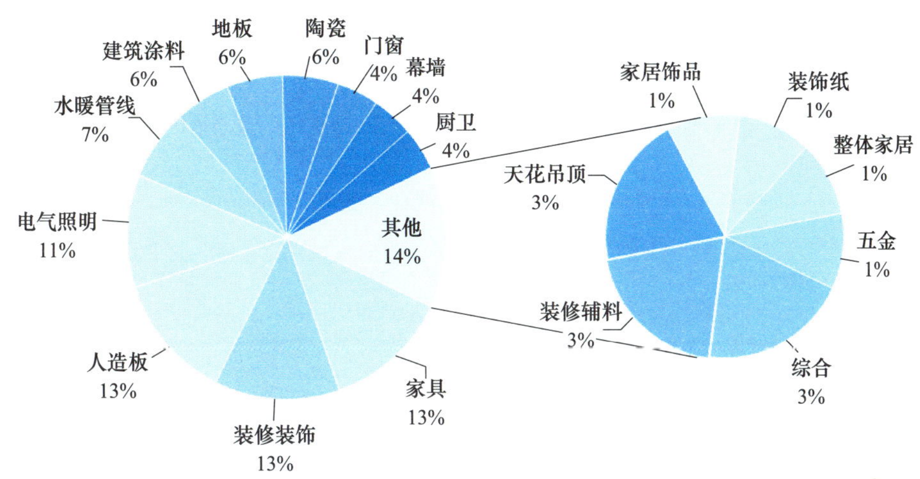

图 1-3-7　建材家居业上市公司细分行业分布图

数据来源：中国建筑装饰协会材料分会

（2）上市公司财务指标总体情况

纳入分析的在深沪港三地上市的 71 家建材家居上市公司，截至 2014 年末总资产规模超 7 千亿元，与上期规模相比增长 13.67%；净资产快速增长，达到 2403.5 亿元，同比增长 25.72%；受经济下行、房地产市场增速放缓的不利因素影响，2014 年建材家居业需求增幅放缓，全年共实现营业收入 3713.7 亿元，同比增长 7.19%；全年共实现毛利 914 亿元，与上期相比增长 11.35%；实现净利润 210 亿元，同比下降 3.93%，出现“增收不增利”的现象。

（3）资产规模较快增长

如图 1-3-8 所示截至 2014 年末，71 家建材家居上市公司总资产规模达 7027.55 亿元，同比增长 13.67%；净资产增长快速，达 2403.5 亿元，同比增长 25.72%。71 家公司规模均有增长，其中资产超过百亿的有 9 家，分别为中国建材、金隅股份、金螳螂、江河创建、亚厦股份、中国联塑、北新建材、广田股份、宜华木业，比上期增加 2 家；资产规模在 50 亿元到百亿元之间的公司有 7 家，与上期相比增加 2 家；建材家居业上市公司资产规模主要集中在 10 亿到 50 亿元之间，有 43 个，占整体的 61%；资产规模在 5 亿到 10 亿元之间的公司有 11 家；5 亿元以下的有 1 家，如图 1-3-9 所示。2013 ~ 2014 年上市公司总资产规模层次划分见表 1-3-5。

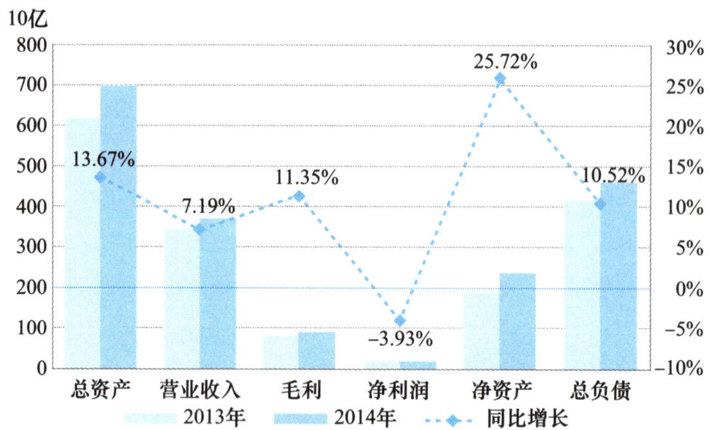

图 1-3-8　2013 ~ 2014 年建材家居业上市公司总体业绩对比

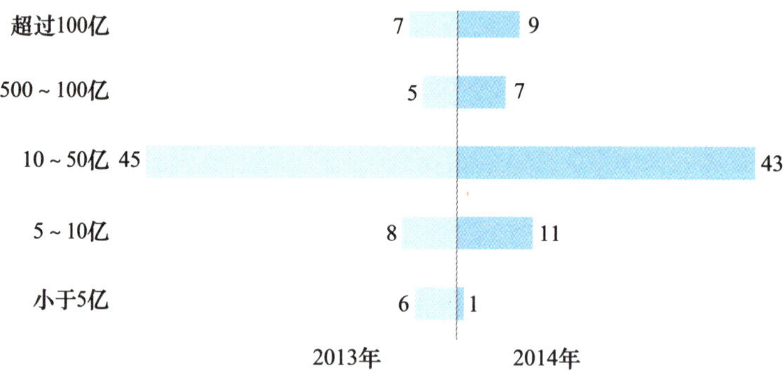

图 1-3-9　2013 ~ 2014 年上市公司总资产规模层次图

表 1-3-5　2013 ~ 2014 年上市公司总资产规模层次划分表

总资产	上市公司
超过 100 亿	中国建材　金隅股份　金螳螂　江河创建　亚厦股份　中国联塑　北新建材　广田股份　宜华木业
50 ~ 100 亿	大亚科技　中航三鑫　叶氏化工集团　浙江永强　飞乐音响　洪涛股份　东方雨虹
10 ~ 50 亿	宝鹰股份　敏华控股阳光照明　传化股份　东鹏控股海螺型材　美克家居　吉林森工　佛山照明　国星光电　方大集团　嘉寓股份　国栋建设　永高股份　大自然家居　威华股份　伟星新材　索菲亚　顾地科技　中国创意家居　中国家居　斯米克　平潭发展　丰林集团　瑞和股份　升达林业　喜临门　柯利达　罗普斯金　皇朝家私　海鸥卫浴　德尔家居　东易日盛　全筑股份　艾迪西　航标控股　永安林业　洲明科技　江泉实业　帝龙新材　彩虹精化　浙江美大　兔宝宝
5 ~ 10 亿	曲美股份　渝三峡 A　雷曼光电　硅宝科技　雪莱特　友邦吊顶　好莱客　中国优材　永艺股份　ST 景谷　马仕达国际
小于 5 亿	*ST 国创

数据来源：中国建筑装饰协会材料分会

（4）营收水平有所提升

受经济下行、房地产市场增速放缓的不利因素影响，2014 年建材家居业需求增幅放缓，全年共实现营业收入 3713.7 亿元，同比增长 7.19%。实现营收超百亿的企业有 6 家，数量与上期持平，分别为中国建材、金隅股份、金螳螂、江河创建、中国联塑、亚厦股份；营收范围在 50 亿到百亿元之间的有 7 家，比上期增加 3 家；10 亿到 50 亿元为上市公司营业收入的主要分布范围，有 34 家，占总体的 49%；5 亿到 10 亿元之间的上市公司数与上期相同，为 16 家；小于 5 亿元的有 8 家，如图 1-3-10 所示。2013 ～ 2014 年上市公司营业收入层次划分见表 1-3-6。

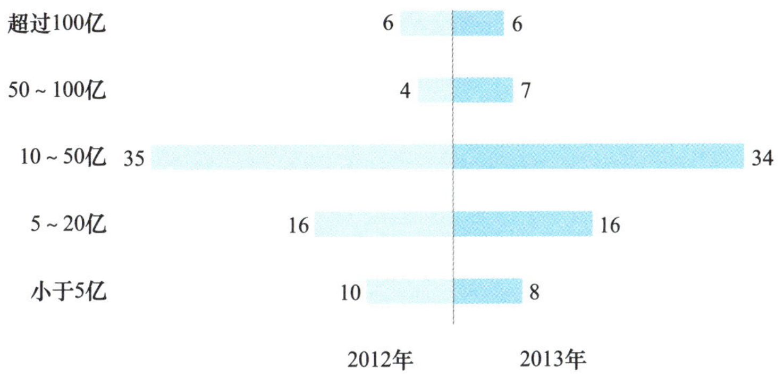

图 1-3-10　2013 ～ 2014 年上市公司营业收入层次图

表 1-3-6　2013 ～ 2014 年上市公司营业收入层次划分表

营业收入	上市公司
超过 100 亿	中国建材　金隅股份　金螳螂　江河创建　中国联塑　亚厦股份
50 ～ 100 亿	广田股份　大亚科技　北新建材　叶氏化工集团　宝鹰股份　传化股份　东方雨虹
10 ～ 50 亿	敏华控股　中航三鑫　宜华木业　海螺型材　东鹏控股　洪涛股份　永高股份　浙江永强　阳光照明　佛山照明　美克家居　索菲亚　伟星新材　飞乐音响　大自然家居　方大集团　东易日盛　柯利达　顾地科技　嘉寓股份　全筑股份　艾迪西　威华股份　海鸥卫浴　国星光电　瑞和股份　吉林森工　兔宝宝　中国创意家居　中国家居　喜临门　丰林集团　曲美股份　罗普斯金
5 ～ 10 亿	洲明科技　永艺股份　好莱客　帝龙新材　航标控股　平潭发展　斯米克　国栋建设　升达林业　皇朝家私　德尔家居　江泉实业　渝三峡 A　硅宝科技　彩虹精化　中国优材
小于 5 亿	浙江美大　永安林业　雪莱特　雷曼光电　友邦吊顶　马仕达国际 ST 景谷　*ST 国创

数据来源：中国建筑装饰协会材料分会

（5）盈利水平下滑，亏损企业扩大

2014 年，71 家上市公司共实现净利润 210 亿元，同比下降 3.93%。其中，有 6 家企业亏损，分别是大自然家居、江泉实业、永安林业、ST 景谷、中国家居、*ST

国创，亏损企业比上期增加 4 家。实现净利润超 10 亿的有 6 家（见图 1-3-11），分别有中国建材、金隅股份、金螳螂、中国联塑、北新建材、亚厦股份。2013 ~ 2014 年上市公司净利润层次划分见表 1-3-7。

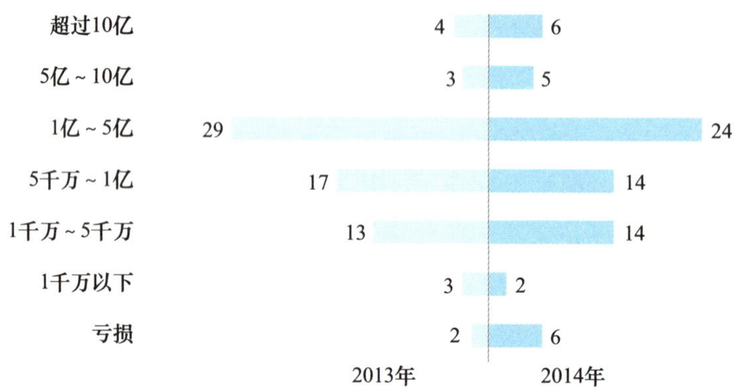

图 1-3-11　2013 ~ 2014 年上市公司净利润层次图（单位：家）

数据来源：中国建筑装饰协会材料分会

表 1-3-7　2013 ~ 2014 年上市公司净利润层次划分表

净利润	上市公司
超过 10 亿	中国建材　金隅股份　金螳螂　中国联塑　北新建材　亚厦股份
5 亿 ~ 10 亿	敏华控股　东方雨虹　东鹏控股　广田股份　宜华木业
1 亿 ~ 5 亿	伟星新材　中国创意家居　索菲亚　浙江永强　洪涛股份　阳光照明　江河创建　宝鹰股份　佛山照明　美克家居　永高股份　传化股份　叶氏化工集团　航标控股　大亚科技　国星光电　好莱客　浙江美大　德尔家居　皇朝家私　东易日盛　海螺型材　友邦吊顶　曲美股份
5 千万 ~ 1 亿	帝龙新材　方大集团　柯利达　喜临门　丰林集团　硅宝科技　全筑股份　平潭发展　飞乐音响　中国优材　洲明科技　瑞和股份　永艺股份　罗普斯金
1 千万 ~ 5 千万	嘉寓股份　渝三峡 A　兔宝宝　彩虹精化　海鸥卫浴　顾地科技　雷曼光电　中航三鑫　马仕达国际　雪莱特　升达林业　斯米克　威华股份　吉林森工
1 千万以下	艾迪西　国栋建设
亏损	江泉实业　永安林业　ST 景谷　大自然家居　中国家居　*ST 国创

（6）新三板大扩容，融资渠道拓宽

近年来，建筑材料装饰行业整体发展良好，但是行业内中小企业也面临融资难这一问题，成为困扰行业进一步壮大规模的制约性因素。2013 年 12 月 13 日，国务院发布《关于全国中小企业股份转让系统有关问题的决定》，新三板股份转让扩容至全国所有符合条件的企业，为建筑材料装饰行业中小企业提供发展新机，造成了 2014 年以来挂牌企业的激增。

截至 2015 年 4 月底，在新三板挂牌的建筑材料和建筑装饰材料企业分别为 52 家和 96 家，共 148 家。2014 年前挂牌的企业仅有 13 家；在 2014 年挂牌的有 85 家，建筑材料和建筑装饰分别为 33 家和 52 家；仅 2015 年前 4 个月，建筑材料和建筑装饰分别挂牌的有 13 家和 36 家，共 49 家，如图 1-3-12 所示。

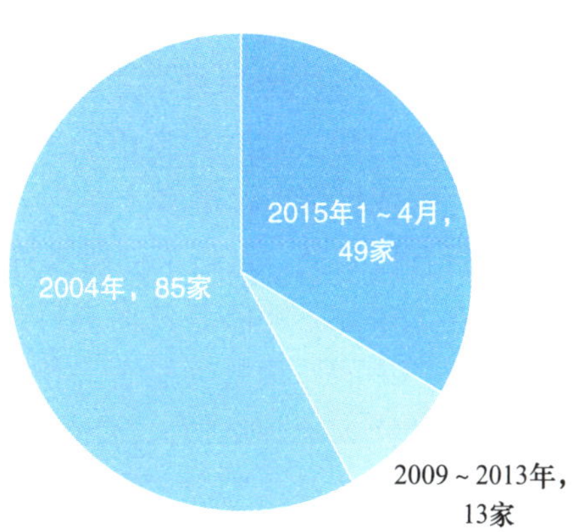

图 1-3-12　企业新三板挂牌时间对比图

从地域分布上看：北京市 22 家，上海市 14 家，江苏省 12 家，浙江省 11 家，河南省 9 家，如图 1-3-13 所示。

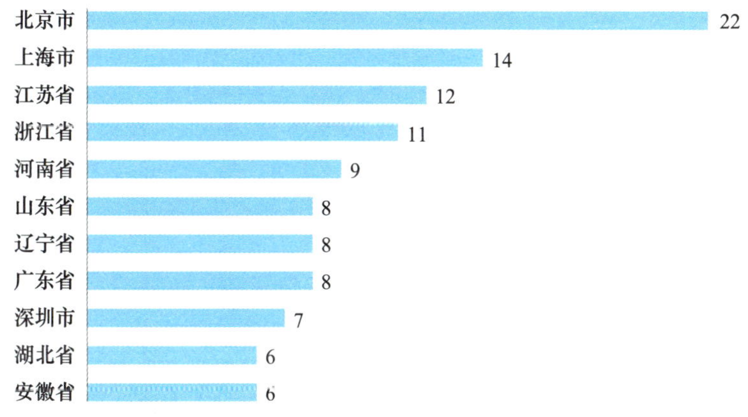

图 1-3-13　新三板挂牌公司地域分布图（单位：家）

资料来源：中国建筑装饰协会材料分会

融资渠道拓宽，推动企业发展步入快车道。

①利用资本市场促进科技创新。有了充足的资金投入研发环节，可以为创新创造更好的条件，可以更好调动科研人员的积极性，发挥出最大的潜能。

同时，企业通过上市募集到的资金数量大、速度快、成本低，如果企业以 20 倍市盈率发行股票，意味着需要用 20 年时间积累的资金可以通过上市一次性募集到位。企业上市后还可以进行再次融资，持续不断的融资就为企业大量的研发资金的持续投入提供了保障。企业通过上市公司的制度设计，如职工持股计划，股票选择权计划等来吸引和激励管理人员，可以稳定主要科研骨干，提升企业的持续创新能力。另外，科技专利或高科技项目也可以通过资本市场促进产业化，实现科研与实业的有机转化。

②通过直接融资降低资产负债率从而降低财务成本和财务风险。

2014 年以来，国务院已经两次召开常务会议，研究解决企业融资成本高问题。

为了缓解企业特别是中小企业“融资难、融资贵”问题，国务院会议明确提出，抓紧出台股票发行注册制改革方案，取消股票发行的持续盈利条件，降低小微和创新型企业上市门槛，建立资本市场小额再融资快速机制，开展股权众筹融资试点。同时，支持跨境融资，让更多企业与全球低成本资金“牵手”。这为企业积极利用资本市场进行直接融资，创造了前所未有的好条件。

企业上市除了能够有效促进科技创新外，在完善企业资本结构，减少负债缓解财务费用压力的作用最为显著。企业通过上市可以建立健全各项规范制度，有助于完善企业的法人治理结构，在市场竞争中发挥管理优势和制度优势。企业通过上市能够实现规模效益，生产规模和销售规模相应扩大，从而提高了企业综合实力和市场竞争力。企业上市后更容易对同行业其他公司并购，兼并及资产重组，增强自身的竞争力。

6. 中国建筑装饰材料百强企业分析

表 1-3-8　中国建筑装饰材料百强企业名单

2014 年中国建材家居企业 100 强	
北京金隅股份有限公司	综合类
北新集团建材股份有限公司	
浙江传化股份有限公司	
北京东方雨虹防水技术股份有限公司	防水材料
圣象集团有限公司	装饰板材
芜湖海螺型材科技股份有限公司	
吉林森工金桥地板集团有限公司	
方大集团股份有限公司	
德华兔宝宝装饰新材股份有限公司	
浙江升华云峰新材股份有限公司	
四川升达林业产业股份有限公司	
浙江柏尔木业有限公司	
泰山石膏股份有限公司	
青岛海尔家居集成股份有限公司	智能家居
高時石材集團有限公司	石材
环球石材（东莞）股份有限公司	
福建省凤山石材集团有限公司	
厦门万里石股份有限公司	
福建溪石股份有限公司	
万峰石材科技股份有限公司	
上海古猿人石材有限公司	
深圳康利工艺石材有限公司	
莱州市华隆石材有限公司	
福建鹏翔实业有限公司	

续表

雷士照明控股有限公司	照明电气
松下电器（中国）有限公司 环境方案公司	
上海飞乐音响股份有限公司	
广东三雄极光照明股份有限公司	
佛山市国星光电股份有限公司	
深圳市洲明科技股份有限公司	
西蒙电气（中国）有限公司	
贵派电器股份有限公司	
天基电气（深圳）有限公司	
中山市家的电器有限公司	
上海壁虎电器有限公司	
温州麦典电气有限公司	
广东伟业铝厂集团有限公司	门窗幕墙
华鹤集团有限公司	
北京嘉寓门窗幕墙股份有限公司	
北京闼闼同创工贸有限公司	
高碑店顺达墨瑟门窗有限公司	
盛德罗宝节能材料科技股份有限公司	
中国联塑集团控股有限公司	水暖管材
永高股份有限公司	
浙江伟星新型建材股份有限公司	
顾地科技股份有限公司	
爱康企业集团（上海）有限公司	
广东巴德士化工有限公司	涂料
嘉宝莉化工集团股份有限公司	
广东美涂士建材股份有限公司	
中华制漆（深圳）有限公司	
亚士漆（上海）有限公司	
河北晨阳集团工贸有限公司	
迪古里拉（中国）涂料有限公司	
河南省德嘉丽科技开发有限公司	
广东坚朗五金制品股份有限公司	家居五金
广州市汇泰龙装饰材料有限公司	
宁波杜亚机电技术有限公司	电动卷帘、智能家居
美克国际家居用品股份有限公司	家具
大自然家居控股有限公司	
中国创意家居集团有限公司	
德尔国际家居股份有限公司	
泰森木业有限公司	

续表

广东恒洁卫浴有限公司	厨柜、卫浴洁具
佛山市法恩洁具有限公司	
广东金牌陶瓷有限公司	
航标控股有限公司	
西班牙飞立堡德卫浴有限公司	
开平金牌洁具有限公司	
上海宇邦橱具有限公司	
广东海洋卫浴有限公司	
佛山市富兰克卫浴有限公司	
成都硅宝科技股份有限公司	建筑密封胶
广州金霸建材有限公司	天花吊顶
浙江友邦集成吊顶股份有限公司	
广州帝森建材有限公司	
西安西飞国际天澳航空建材有限公司	
德高（广州）建材有限公司	特种砂浆
唐姆建材有限公司	
亨特道格拉斯窗饰产品（中国）有限公司	窗帘饰品
中山市圣莉亚洁具有限公司	沐浴房
伟莎卫浴有限公司	
赛德装饰材料有限公司	艺术砖
东鹏控股股份有限公司	陶瓷
佛山市顺德区乐华陶瓷洁具有限公司	
佛山市南海金雅陶陶瓷有限公司	
佛山市石湾华鹏陶瓷有限公司	
广东金意陶陶瓷有限公司	
佛山市简一陶瓷有限公司	
佛山市圣观陶瓷有限公司	
淄博金狮王陶瓷科技有限公司	
佛山市尼罗建材有限公司	
佛山市大唐合盛陶瓷有限公司	
佛山市南海升华陶瓷有限公司	
广州新嘉信建材有限公司	
广东能强陶瓷有限公司	
佛山市施琅陶瓷有限公司	
广东协进陶瓷有限公司	
佛山市金丝玉玛装饰材料有限公司	
广东壹号陶瓷有限公司	
广东金科陶瓷有限公司	
佛山市金尊玉陶瓷有限公司	
佛山市万叶陶瓷有限公司	
佛山市蓝珀瓷砖有限公司	

三、建筑装饰产业链发展状况

1. 2014 年房地产业对装饰行业发展的影响

2014 年房地产开发投资 95036 亿元，比上年增长 10.5%。其中，住宅用房投资 64352 亿元，增长 9.2%；办公用房投资 5641 亿元，增长 21.3%；商业营业用房投资 14346 亿元，增长 20.1%。

2014 年，在国内经济下行压力不断加大的情况下，房地产业仍然实现了平稳、健康发展，在稳定住房消费，满足居民和改善性住房需求方面发挥关键作用。由单一的住宅、商办开发向居住、办公、商业、旅游、体育、休闲、文化产业拓展，引导住宅消费走向多元化市场。从各方面满足基本的住房需求转向提升住房品质和改善人居环境的升级换代。房地产企业在促进养老健康消费中找商机，在提升旅游休闲消费中找热点，在壮大休闲消费中找支点，在扩大教育、文化体育消费中找互动，在推进绿色消费和智能科技经济中找增长点。积极促进住宅产业现代化，抢占绿色住宅和建筑节能的制高点，由中低端向中高端转变。

（1）精装修成品房提高大型装饰工程企业的市场整合能力

在国家产业政策和奖励政策的引导下，成品房精装修的比重在房地产开发中继续增长，对建筑装饰行业产生重要影响。据对上市装饰公司业绩构成的统计分析，精装修成品房的工程量，在企业工程总量中占的比重很高，最高的可达 70%。房地产企业与建筑装饰工程企业的战略合作水平不断提高，很多建筑装饰企业与大型房地产进行了产业链合作。如金螳螂、广田与万科、恒大、万达、中信等，瑞和股份与万达、恒大、绿城、嘉裕集等战略合作。大量的住宅精装修工程为建筑装饰企业带来低成本、模式化、可持续增长的市场资源。同时，由于住宅精装修工程使用的材料、部品的品牌相对固定，采购量大，由工程企业搭建的集采平台，不断扩大采购的范围与规模，提高采购中的议价能力，实现了低成本采购，提高了大型装饰工程企业的市场整合能力。经过近几年住宅精装修工程实践，各大型建筑装饰工程企业的材料、部品采购成本都有所下降，提升了住宅装饰工程的创利能力。

（2）房地产开发项目结构变化为装饰行业带来转型空间

国家对住宅建设开发的调控力度增大，使住宅开发项目的增长速度下降，旅游、办公、商业、养老地产等其他房地产项目开发比重增加。大型房地产开发企业，把城市综合体建设作为开发的重点，包括大量商业、办公、金融、旅游、体育等设施的建设，为建筑装饰工程企业提供了大量公共建筑装饰装修工程资源。中国部分公装企业产业园建设一览表见表 1-3-9。在公共建筑装饰装修中，受高层、超高层建设项目快速增加的影响，建筑幕墙全年完成工程总产值 3000 亿元，比 2013 年增加了 500 亿元，增长幅度为 20%；成品房精装修受国家产业化政策引导和市场认知程度提高等因素的影响，全年完成工程产值 6000 亿元，比 2013 年增加 1000 亿元，增长幅度为 20%。

表 1-3-9　中国部分公装企业产业园建设一览表

企业	产业基地	规模	产业园生产项目	产业园特点
金螳螂	营造中心；木制品加工基地；石材、幕墙加工基地	4000 多平方米；10 万多平方米；	木制品加工、幕墙、石材生产	生产技术装备先进；生产环境绿色环保；装饰生产流水线
江苏建设控股	江苏建设控股集团绿色产业园	100 亩	铝合金门窗幕墙和木制品加工制作	配有全套德国威格玛公司的铝合金幕墙专用设备和木制品生产加工专业设备
东亚装饰	青岛东亚装饰加工基地	140 亩	建筑装饰相关配套、加工于一体的加工基地	工厂化装饰
瑞和股份	汕尾瑞和产业园	2 亿	生产木门与装饰工程配套、高端的酒店与民用家具、电子玻璃幕墙	规范化、标准化、科技化、一体化
洪涛装饰	天津洪涛装饰产业园	2.1 亿	高档木制饰品、软饰品、饰面板等	建筑装饰部品部件工厂化
亚厦股份	浙江亚厦产业园、亚厦富盛石材幕墙加工基地	3 亿	木门、木饰面、门套、柜子等木制品部品部件；工程板、水刀拼花、异型线条等装饰石材；各类幕墙、铝合金门窗等	自动化程度高、设备先进、规模大
广田股份	深圳广田绿色装饰产业基地园	5 亿	绿色环保装饰新材料、新产品研发与生产	建筑装饰一体化部品部件的研发、生产，绿色节能新技术
深装集团	池州深装产业园	10 亿	建立家具、木门、木饰面、线条厂	设计、施工、工程配套产品工厂集成化，材料供应一体化
神州长城	宿州装饰产业园	10 亿	木地板、建筑五金、装饰木皮、木作部件、装饰配套家具、装饰油漆	产业链条完整
中建三局装饰	天津低碳产业园	20 亿	绿色环保建材、新型装饰材料、建筑智能化产品	绿色环保、智能化

资料来源：《中国建筑装饰百强发展报告》

2. 公装企业产业链合作模式

伴随着中国经济的快速发展，中国建筑装饰行业得到了迅猛发展，建筑装饰企业的规模和实力也有了质的飞跃，涌现出以金螳螂、亚厦股份、广田股份、洪涛股份等为代表的装饰一体化上市企业，也形成了专注装修细分市场的专业化企业，如“机场装修专业户”的深装总、专注五星级酒店装修的神州长城、房地产精装修专家的远洋装饰、深耕医院装饰市场的北方天宇、大剧院装修领导者的中孚泰等在专业细分领域形成了自有的发展模式和特色，找寻到了一条适合企业的可持续发展道路。

为了加速企业转型，适应现代化生产趋势，大型建筑装饰企业积极探索工业化发展之路，向产业链生产环节拓展，投资建材生产线、产业基地，如金螳螂营造中心、浙江亚厦产业园、广田绿色装饰产业园、洪涛天津产业园等装饰材料生产示范基地，有力推动了建筑装饰一体化部品部件发展。大型建筑装饰企业工业园的建设以绿色环保规划设计为理念，不断完善绿色装饰产品体系，更加凸显产业链发展优势。大型产业园区建设必将引领绿色装饰工业的新潮流，成为绿色产业技术发展的风向标。

同时，建筑装饰企业根据自身不同的情况选择组建不同类型的战略联盟，如与咨询、设计、施工、建材、劳务、金融、房地产等企业形成战略联盟。其中，处于产业链上游的房地产开发商和处于产业链下游的建材厂商，是建筑装饰企业最为重要的结盟对象。通过与房地产合作巩固上游产业链，稳定客户资源，通过采用供应链管理模式，与有较高诚信度和一定竞争实力的供应商结成战略同盟，降低成本，保证工程品质。装饰企业全产业链战略联盟合作，是建筑装饰行业面向未来发展的全新布局，多方潜在资源得到最佳配置，促进企业健康发展，并通过双方品牌优势互补，提升了行业形象。

建筑装饰与房地产的战略合作，不仅大幅度降低工程企业的市场维护成本，提高创利水平，同时，在技术研发体制与机制建设，联合进行技术开发、新技术应用、节能环保产品推广等方面，也具有重要的保障与推动作用。

2014 年以互联网技术应用为内容的商业模式创新建设在建筑装饰企业中迅速蔓延，特别是大型骨干企业在发展电商方面取得新进展。装饰行业“触网”从设计、家装、家居、建材等起步，逐步向小额公装、幕墙发展，未来不排除会覆盖全行业乃至智慧城市，从而真正改变人类的生活方式。

调查显示，材料采购、小额公装和家装行业是装饰企业融合互联网发展的三大主要方向，其中家居建材销售是合作双方近期的目标主战场，后期将逐步延伸至装饰、尤其是家装服务，打开 1.35 万亿规模的家装市场以及约 8000 亿规模的小额公装市场。

3. 家装企业产业链拓展情况

随着近年集成家居或整体家装的发展，越来越多的家装企业开始涉足产业链生产领域。以北京地区龙发、东易日盛、元洲装饰、今朝装饰等为例，除龙发装饰较早涉足家具生产外，其他企业基本上进行家具等家居产品的生产，而龙发装饰开展建材家居材料生产的企业也开始通过扩大生产规模、引进国外生产技术等加快产业升级，发展独立建材家居产品品牌，并形成了一定规模，中国部分家装企业产业链发展情况见表 1-3-10。

表 1-3-10 中国部分家装企业产业链发展一览表

企业名称	业务类型	品牌	特点
龙发装饰	橱柜、门、家具、新型装饰材料等	麦尔迈斯家具	采用国际最先进的德国豪迈（HOMAG）生产设备
元洲装饰	厨房、卫浴、居室门、家具、布艺、配饰等	幔乐布艺、百滋橱柜、索沃思净水器、波适沙发、芭丽家具等	生态环保材料，定制家居产品
东易日盛	橱柜、浴室柜、内门、衣帽间、厅卧家具等	Idealidea 意德法家	采用欧洲顶级木作生产设备，整体家居木作生产基地，为用户提供整体家居解决方案
今朝装饰	木门、橱柜、家具等	今朝英迈	量身定制个性化设计
实创装饰	木作系统生产、家具生产与销售	巴赫曼木门、实创橱柜	全面整合进口主材、标准施工和一站式售后服务

资料来源：中国建筑装饰协会材料分会

近年来，一些品牌公司逐渐认识到赚取设计和施工费的传统模式难以突破，于是通过开设独立大店转而在基础材料和集成产品的主材销售上寻求突破。独立店直接面对客户，这就为主材经销商增加了销售渠道，为顾客提供高性价比产品，最终为企业带来更多终端消费的利润。

业之峰最早开创的“峰格汇”大店模式是开大店成功的典范。大店内的商家需要交付租金给家装公司，他们不再是松散的合作关系，建材商家会拿最新的产品促进销售，这就比家装公司以往更能吸引消费者。

此外，峰格汇所有的家装客户均从中选购主材，设计师的推销作用就被弱化，也就没有回扣可拿，比较彻底解决了家装公司的顽疾，降低了业主的主材选购成本。事实上，正是由于掌控了主材商的销售渠道，“峰格汇”大店在全国市场上也才能被广泛复制。

除业之峰之外，龙发装饰的3D超市就面积过万，提供了128个实景样板间和产品的组合方案，最大限度地实现过程消费到产品消费的转变。

亚光亚装饰利用爱居者的网络B2C平台，结合自身线下三千平米建材展厅，开创的“鼠标加水泥”的运营模式也基本达到了预期效果。

市场的转变逼迫家装公司转变。以前家装公司主要依靠家居卖场这一渠道，而现在多是通过小区集采和网上活动开发客户，这种由坐商到行商的转变，为家装公司提供了“摆脱卖场依附”的能力。这样，家装公司离消费者更近了，就可以进行精准营销，将设计和销售都落在大店产品上，也就达到了在渠道上延伸产业链的目的。

对于卖场经营者而言，他们其实很早就认识到家居行业上下游产业链的重要性，如居然之家、万家灯火等，也早就都开始分羹装修市场，通过在卖场内设立家装服务中心为客户直接提供卖场内入驻品牌的装饰装修服务（表1-3-11），这也使得建材家居卖场对消费者的意义从“一站式”购物延伸扩展至“一站式”装修。

表 1-3-11　拥有家装服务中心的部分建材家居卖场

家居卖场	家装服务中心名称	地点	特点
居然之家	乐屋家装设计中心	北京	定位中高端市场，高端化设计、标准化装修、透明化价格、多元化材料
万家灯火装饰城	万家灯火装饰设计中心	北京	先后推出“八大管家，成套服务”、“万总管、家装贵宾服务”、“免费家装环保检测”、“家装终身维修服务”、等八大家装“服务王牌”

资料来源：中国建筑装饰协会材料分会

在家装企业进入家具生产领域和建材家居卖场开展整体家装服务的同时，作为产业链上游的生产企业也开始提供部分区域家装服务，如整体厨房、整体卫浴等，而优秀企业则通过优秀的资源整合能力开始进行整体家装服务，最为典型的代表是科宝•博洛尼（表 1-3-12）。

表 1-3-12　进军装饰装修领域的部分建材家居生产企业

企业名称	业务类型	特点
科宝・博洛尼	博洛尼精装	为中端住宅提供“直接入住级别”的套餐式装修服务模式
	钛马赫别墅家装	为别墅、豪华住宅定制整体装修服务，提供手工定制、陪同采购服务

资料来源：中国建筑装饰协会材料分会

4. 软装市场的兴起

家装行业“重装饰、轻装修”观念逐渐普及，消费者的居家意识已经不单是满足空间意义上的装修，更是注重家庭整体氛围的营造。软装不仅不会受楼市调控影响，相反，软装消费的频率和消费量却是越来越大。目前一般家庭新居装修第一年的总费用中，硬装修约为 80%，而软装约占 20%。之后，用于硬装修的费用很少，大多家庭通过更换软装来弥补硬装修的陈旧。单一的空间，可以通过软装来美化，也更需要软装配饰对美化后的空间进行点睛和修饰，“轻装修、重装饰”俨然已经成为一股潮流日渐蔓延开来。从重装修到重装饰是的一个转变，软装饰行业是一个创意行业、新型消费行业，也属于服务型行业。借鉴发达国家的消费发展经验和消费管理理念，同时跟中国的文化相结合，以中国文化作为引导，可以形成一种积极的、正能量的文化观、创意观和消费观。软装不仅仅属于装修的范畴，它更多的靠近时尚产业，其市场容量不可小觑。

虽然，软装配饰行业正处于发展的初期，但这物质与精神高速发展的年代，精神生活的享受越发地讲究，消费者已经对空间环境的美化越加重视，也使得消费者对软装配饰关注度越来越多。生活体验式营销、整体家居模式的推崇，让软装配饰从一个跑龙套的角色变成了举足轻重的配角，甚至可以谈得上是二号主角。这也证明软装饰设计的魅力和目前的需求。最起码肯定了“轻装修、重装饰”的设计理念，也提高了装饰艺术品味及审美专业意识，我们可以看到软装配饰拥有可观的行业市场，它是个朝阳的行业，前景也是一片光明。

目前北京、上海、深圳等地的家居装修消费中，投入软装的消费已经远超于硬装，家具、窗帘、装饰画、陶瓷、花艺绿植、灯饰、摆件等多种软装饰品消费需求逐渐旺盛，且市场仍在不断扩大。软装行业的服务范围，也从早期的样板房、酒店、会所和商业空间拓展到了家装领域。当下，70% 的样板房装修项目都由专业的软装公司承接；酒店的装修项目，80% 以上都是由专业软装公司承接；各大品牌的连锁店，也主要由软装公司介入设计。随着精装房的增多，80 后、90 后消费习惯的改变，软装所占的比重正在逐年增加，未来 5 ~ 10 年，家装领域将迎来软装业的黄金时代。

在流通领域，百安居和宜家家居是较早涉入软装市场的卖场。百安居主打时尚牌，其软装产品销售面积占总营业面积的 20% 左右。宜家家居在产品研发阶段，宜家以独特的“模块”设计为导向，优秀设计师杰出的创意使得与家具配套的软装饰品倍受青睐。同样，一些家居建材卖场纷纷迎合市场需求转向软装市场，导致了全国各地出现了很多软装卖场。软装市场崛起为建材家居流通市场升级转型提供了契机。

四、流通业发展状况

1. *流通规模扩大，市场显露疲态*

在城镇化进程和经济发展的推动下，我国建材家居业消费快速增长，建材家居业流通业蓬勃发展，规模日益扩大，已经成为我国消费领域强大的引擎。随着我国经济发展进入新常态，消费增速也有所放缓，除了通讯器材类增长 32.7% 外，家具类增长 13.9%，建筑及装潢材料类增长 13.9%，增速快于其他生活消费品（图 1-3-14）。

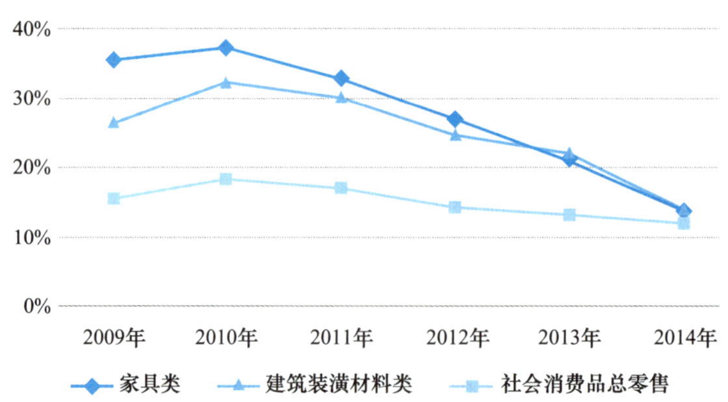

图 1-3-14　2009 ~ 2014 年中国建材家居业限额以上企业零售额增速

数据来源：国家统计局

从流通企业数量上看，全国约有 60 万家建材家居经销商及店铺，其中规模以上建材家居卖场约为 3500 家，从业人员总数约为 605 万人，截至 2014 年底，亿元以上市场面积达到 4400 万 m^2，市场摊位数达到 304000 个，市场数量、市场面积、市场摊位数量、成交额分别占到全国商品交易市场 11.33%、13.86%、8.1%、5.0%，2014 年全国规模以上建材家居流通市场销售额达到 12062.1 亿元，同比下降 3.70%。2010 ~ 2014 年中国建材家居市场营业面积如图 1-3-15 所示。2010 ~ 2014 年中国建材家居业亿元以上市场比重如图 1-3-16 所示。

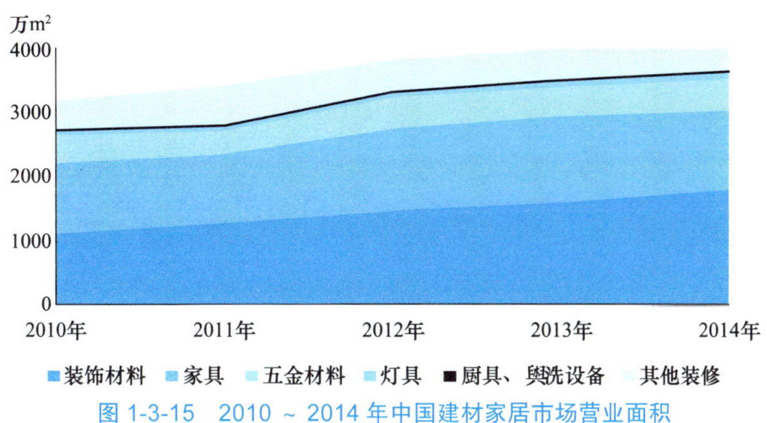

图 1-3-15　2010 ~ 2014 年中国建材家居市场营业面积

数据来源：国家统计局

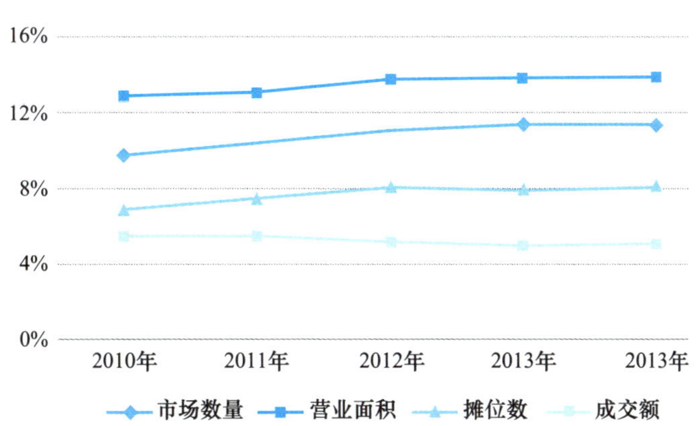

图 1-3-16　2010 ~ 2014 年中国建材家居业亿元以上市场比重

数据来源：国家统计局

受全国房地产市场持续低迷的影响，2014 年下半年以来，全国建材家居景气指数（BHI）一直延续同比下降趋势，建材家居市场受楼市冲击影响显现。同时，建材家居企业面临产能过剩、库存积压局面，市场显露疲态。随着年末整体楼市出现回暖迹象，在新房装修和房屋翻新改造的双需求驱动下，建材家居业将回升。

2. 主体和业态多样化

按登记注册类型分类，我国建材家居流通业主体呈现国有企业、集体企业、股份公司、私营企业及外资企业等主体多元化的发展。业态也以传统摊位制、建材超市、专卖店、厂商直供市场为主的市场模式逐步向家居主题购物中心、体验中心、电商服务等创新模式转变，呈现出建材家居流通业态多样化态势。涌现了一批如红星美凯龙、居然之家、集美、百安居、欧亚达、月星家居、宜家等大型流通企业（图 1-3-17）。

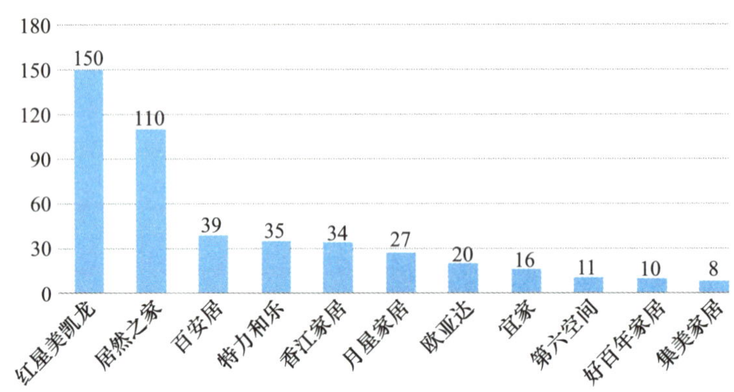

图 1-3-17　中国建材家居业主要流通企业网点规模

数据来源：中国建筑装饰协会材料分会

调查显示，当前建材家居流通连锁品牌的运营模式主要分为出租店铺与仓储超市两种，但只有 36% 的品牌采用仓储超市模式，出租店铺模式占了 64% 的比例（图 1-3-18），大多数连锁品牌选择了出租方式。除宜家外，以美国家得宝、德国欧倍德为代表的外资建材家居流通品牌采取的仓储超市模式在中国国情下因管理、盈利模式等原因水土不服退出中国市场，继续坚持的英国百安居持续关店扭亏，店铺数量从 63 家直降至 39 家，2014 年 12 月 22 日，百安居中国的母公司翠丰集团宣布，将出售百安居中国业务 70% 的控股股权予物美控股集团有限公司。内资流通品牌从数量上超越了外资，民族品牌拥有较强的话语权。同时，陶瓷、石材、板材、五金、灯饰等专业市场发展迅猛。新型流通业态和新型营销方式遍布城乡大地，建材家居流通企业无论在流通体制、购销方式以及供应链管理模式上都已经发生了深刻而巨大的变化。

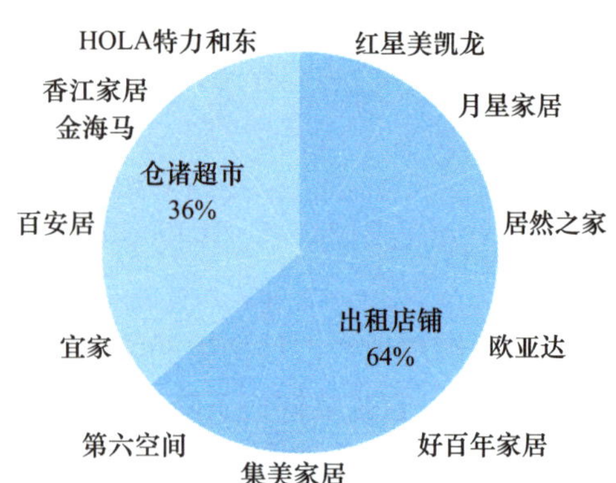

图 1-3-18　中国建材家居流通连锁品牌的运营模式分析

数据来源：泛家居

3. 流通市场结构进一步优化

目前，中国建材家居流通业格局初步形成以家居交易集散地和以大中城市为主的品牌运营商、独立专卖店、小型卖场、家居电商的流通渠道局面，其中家居交易集散地主要围绕重要产区形成，产业集中，辐射二三线市场；以大中城市为主的品牌运营商既有红星美凯龙、居然之家等全国知名品牌，也有金盛、欧亚达等区域品牌运营商；电商和专卖店创新模式开始成长。调查显示，建材家居交易集散地、区域品牌运营商、连锁品牌运营商、小型卖场（家居便利店）分别占到建材家居流通市场份额的 39%、27%、10%、8%，显示我国建材家居传统渠道依然发挥着重要的作用，尤其在二三级市场起着主导作用，建材家居流通渠道正在呈现规模化、多元化、精细化、信息化的发展趋势。流通市场结构进一步优化，城乡流通体系协调发展。中国建材家居流通市场发展模式见表 1-3-13。

表 1-3-13　中国建材家居流通市场发展模式一览表

市场模式	代表企业（区域）	特征
建材家居交易集散地	顺德乐从、蠡口、成都、香河四大家具交易集散地；临沂、嘉善、文安、邳州四大人造板交易集散地；古镇、邹区灯饰交易集散地；水头、云浮石材交易集散地等	产业集中，市场需求自然形成交易集散地，面向国内外市场
建材家居连锁品牌运营商	红星美凯龙、居然之家、吉盛伟邦、月星、好百年	规模化效应、品牌营销、个性化消费体验、目前市场主流模式
区域建材家居品牌运营商	北京十里河灯饰、集美、江浙金盛国际家居、湖北欧亚达家居、云南得胜、兰州万佳、上海喜盈门、成都的圣地亚	深耕细作区域市场，稳扎稳打，实力不可小视
高端建材家居品牌运营商	深圳星河·第三空间家居购物中心、杭州·第六空间、凯旋·罗浮宫	高质量、精品化、人性化服务，迎合高端消费者需求
独立建材家居品牌专卖店	美克美家、曲美、全友家私、箭牌陶瓷、东鹏、生活家	精准的客户定位、强调品牌价值，全面展示产品、服务，规避大卖场租金高、恶性竞争等不足
建材家居小型卖场、家居便利店	各地小型建材家居市场，品牌众多	规模小、档次低，布局城市社区、三四线城市，满足区域需求
建材家居电商	尚品宅配、齐家网、美乐乐、我爱我家	模式尚在探索、市场尚在培育，是未来家居渠道建设方向之一

资料来源：中国建筑装饰协会材料分会

4. 市场竞争加剧，整合升级不断

建材家居行业的盲目扩张造成恶性竞争加剧。在产能过剩日益严重的情况下，全国各地依然不断出现新的卖场甚至是超大卖场，而红星美凯龙、居然之家等巨头扩张布点的步伐并未停止。从北京、上海等一线城市，到三、四线城市甚至是乡镇，建材家居大卖场比比皆是，而大部分卖场已经呈现出了萧条和萎靡的景象。

近几年，随着产能饱和、市场竞争激烈，行业进入调整阶段。工厂、经销商正在经历转型期，流通企业也在扩张与洗牌的交织或夹击中面临更加严峻的生存现状，呈现出多元化、混合交叉的态势，行业整合并购开始加快。目前的整合既有流通企业之间的整合（表 1-3-14），如红星美凯龙与吉盛伟邦；也有流通企业与制造企业的整合，如顾家家居与欧亚达合作；还有跨界产业的收购，例如华南城收购好百年。

表 1-3-14　中国建材家居流通市场并购事件一览表

事件	收购或整合过程	结果
欧亚达家居收购杭州天亿家居广场	2010 年 10 月 20 日，欧亚达家居全面接管杭州天亿家居广场，并更名为“欧亚达天亿家居”，标志着欧亚达家居正式入主杭州天亿家居文化创意产业园	收购案总投资超过 2 亿元，目前经营情况却一般，这跟欧亚达家居在整体扩张上败退有关
居然之家收购东方家园北京 3 个店	2012 年底，拥有 13 年品牌历程的中国本土最大连锁建材超市——东方家园在全国的卖场接连关门，濒临破产。2013 年初，居然之家收编东方家园北京 3 店	2014 年初，居然之家宣布在北京继续开设 4 家新店，其中 3 家均是收编东方家园关闭后的旧店
顾家家居与欧亚达家居达成合作，斥资上百亿打造连锁商贸综合平台	2013 年 6 月 12 日，顾家・欧亚达国际商贸城项目签约仪式举行。顾家家居与欧亚达家居集团合作，共同斥资上百亿元在国内三四级市场打造 100 家大型连锁商贸综合平台，其中位于山东临邑的顾家・欧亚达国际商贸城项目已经开工	这是顾家向卖场产业链延伸的开始，也是一次工厂与卖场的整合，合作目前还很难预测
好百年家居被华南城收购	2013 年 7 月 29 日，华南城发布公告，以 5.22 亿元认购好百年家居 75% 的股份	近年，好百年家居逐渐走到家居业边缘，被收购是市场经济的产物，更是自身发展不济的结果
居然之家与万佳家居强强联合拓展西北市场	2013 年 10 月 21 日，居然之家万佳雁北路店新闻发布会暨项目说明会隆重举行	新成立的合资公司的第一个五年规划是，截至 2017 年，连锁区域覆盖甘肃、新疆、青海、陕西，连锁店面达到 10 家
红星美凯龙成功收购吉盛伟邦改为战略合作	2014 年 5 月 22 日，吉盛伟邦发布公函，称其与红星美凯龙将《股权受让框架协议》变更为《品牌许可使用合同》。吉盛伟邦将按自身发展战略，以上海、广州、长春为基础向全国发展，将“吉盛伟邦”商业品牌独家授权予红星美凯龙在全国范围内发展新商场	家居业竞争环境已发生巨变。“品牌合作”这一模式是双方最好的选择
物美集团收购百安居	2014 年 12 月 22 日，物美集团与翠丰集团签署正式协议，以 14 亿人民币收购中国百安居 70% 的股权，翠丰集团在合资企业中将保留 30% 股权。百安居品牌仍将保留	物美此次收购百安居在华业务后，将打通建材产业链，就线下与线上融合开展建材工厂直销、房屋装修设计与工程施工等进行布局

资料来源：中国建筑装饰协会材料分会

5. 行业微利化现象明显

2014 年，多种因素导致建材家居流通环节盈利空间受到压缩。首先是房地产装修转型的压力，精装房、保障房、公装材料部品集中采购对流通企业一站式采购模式的挑战，工程直销的比重逐年加大；其次行业布点缺乏规划、企业跟风扩张、恶性竞争、卖场过剩，造成企业生存和发展空间受到严重挤压。据统计，现在全国范围内已有超过 20 家三十万平方米以上的卖场，尤其是一、二线城市的建材家居市场早已达到饱和程度，在卖场过剩、盲目扩张的情况之下，卖场之间相互厮杀，争夺经销商，造成了建材家居流通行业的恶性竞争，发展环境愈发恶劣。据不完全统计，红星美凯龙营业总面积约 600 万 m^2，超过德国家居营业总面积（500 万 m^2）总和，居然之家营业总面积也超过 200 万 m^2，其他总面积在 100 万 m^2 左右的家居连锁卖场也不在少数。行业急速扩张背后带来的出租率下降、招商困难、租金难收等问题将进一步加剧，同时电商发展、消费模式改变导致的市场变化也对企业盈利带来较大压力。目前，我国亿元以上建材家居流通企业营业总面积已占全国亿元商品市场营业总面积的 13.86%，成交额仅占总成交额的 5.0%，流通企业只有 28% 的企业保持良好经营状态，约 40% 的企业生存艰难，其余面临转产歇业，行业微利化运行明显，企业运行风险加大，同时，行业暴露出网点缺乏规划、流通成本过高、税负水平偏高、组织化程度较低、人才缺乏、法律法规不健全、制售假冒伪劣产品、商业欺诈等问题，仍比较突出，亟待解决。

6. 展会经济

作为采购平台之一，有关建材家居产业的展会快速发展起来。据不完全统计，全国每年建材家居及各类相关的专业展会近 300 个。建筑装饰材料展会，遵照国家产业政策，向着绿色、整合、专业化方向发展。一些规范、诚信、服务好的展会发展壮大。如中国建筑装饰协会参与主办、协办和支持的“中国（北京）国际建筑装饰及材料博览会”、“中国（广州）国际建筑装饰材料博览会”、“中国五金商品交易会”、“北京木工展”、“北京家具及木工机械展览会”和“香港国际建筑装饰材料及五金展览会”等，展会规模、展品档次和影响力逐年扩大，知名度和信誉度不断提高，成为行业专业展的知名品牌盛会（表 1-3-15），取得良好的社会效益和经济效益，为繁荣会展事业做出了突出的贡献。

表 1-3-15　中国建材家居业知名展会一览表

名称	行业	主办单位	时间地点
中国（北京）国际建筑装饰材料博览会	建筑装饰材料	中国建筑装饰协会、中国国际贸易促进委员会	2015.3.13-3.16（北京）
中国（广州）国际建筑装饰材料博览会	建筑装饰材料	中国建筑装饰协会、中国对外贸易集团	2015.7.8-7.11（广州）
中国墙纸布艺地毯及家居软装饰展览会	墙纸、饰品	中国建筑装饰协会、中国国际贸易促进委员会	2015.8.13-8.15（上海）
中国建筑装饰及设计艺术博览会	建筑、装饰设计及景观设计	中国建筑装饰协会、清华大学美术学院、中国贸易促进委员会建设行业分会	2015.11.22-11.23（北京）

续表

名称	行业	主办单位	时间地点
中国国际建筑装饰展览会	建筑装饰材料	住房和城乡建设部中国建筑文化中心	2015.3.30-4.2（上海）
中国国际建筑五金展	建筑五金	中国五金制品协会	2015.10.21-10.23（上海）
中国（佛山）国际陶瓷及卫浴博览交易会	建筑陶瓷卫生洁具	中国陶瓷工业协会、中国建筑卫生陶瓷协会	2015.4.18-4.22 2015.10.18-10.22 （每年两届）（佛山）
广州国际陶瓷工业展	建筑陶瓷卫生洁具	中国建筑卫生陶瓷协会、中国建筑材料联合会、中国国际贸易促进委员会建筑材料行业分会	2015.6.1-6.4（广州）
香港国际建筑装饰材料及五金展览会	建筑装饰	香港贸易发展局	2015.10.28-10.31（香港）
中国国际厨房卫浴博览会	厨卫、厨电	中国五金制品协会	2015.11.5-11.7（上海）
中国（北京）国际照明展览会暨 LED 照明技术与应用展览会	照明	中国照明学会、国家半导体照明工程研发及产业联盟	2015.4.22-4.24（北京）
中国国际家具展览会	家具	中国家具协会	2015.9.9-9.12（上海）
中国（广州）国际家具博览会	家具	中国家具协会、广东省家具协会	2015.3.18-22（一期） 2015.3.28-4.1（二期）（广州）
广州国际家居饰品、用品展览会	家居饰品	中国对外贸易中心	2015.3.18-22（广州）
广州国际框业与装饰画展览会	装饰画	广东省软装饰行业协会、广东省摄影行业协会	2015.5.24-5.26（广州）
国际名家具（东莞）展览会	家具	东莞市人民政府	2015.3.16-3.20（东莞厚街）
成都国际家具展览会	家具、饰品	成都市人民政府、四川省商务厅	2015.7.3-7.6（成都）
中国（南安）水头国际石材博览会	石材	福建省人民政府、中国建筑材料联合会、中国石材协会	2015.11.8-11.11（福建南安）
中国国际涂料博览会	涂料	中国涂料工业协会	2015.6.30-7.2（上海）
中国国际光电博览会	照明电气	中国科学技术协会	2015.9.2-9.5（深圳）

续表

名称	行业	主办单位	时间地点
中国国际门窗幕墙展览会	门窗幕墙	中国建筑金属结构协会	2015.11.11-11.14（上海）
中国（上海）国际集成吊顶及天花材料博览会	天花吊顶	中国建筑装饰装修材料协会、天花吊顶材料分会等	2015.6.30-7.2（上海）

资料来源：中国建筑装饰协会材料分会

随着电子商务的高速发展，以及建材产品向4.0的升级转换，C2B的定制生产模式将成为主流趋势，点对点的精准营销将成为产品销售的主要渠道，与之相适应的是，建筑装饰材料展会的模式也将随之发生巨大的变化。

传统展会多为地区性区域展会。由于受到地域和展期的制约，局限了采购企业的参会数量，直接影响了展会的实际效果。

以中国建筑装饰协会主办、材料分会承办、各地方分会和各建材品类领军企业共同协办的绿色装饰材料“美丽中国行”活动，是围绕一个“行”字展开的移动展会，通过全国巡回展示的方式，继承了传统展会品牌集中的优势，消除了传统展会地域和展期的制约，增加了绿色传播、品牌推广、营销对接等活动项目，使得展会的影响力和吸引力更大，展会的受众更广泛，展会的实际效果也更加显著。

五、电子商务发展状况

在改革的推动下，国家实施“信息化带动工业化，工业化促进信息化”战略，建材家居领域互联网等新技术迅速普及，电子商务也开始显出成效。电子订单、网上超市、网上卖场等得到了广泛的应用，有效地降低了流通成本，提高了流通速度，促进了内需与出口的增长，为加快融入经济全球化奠定了科学发展的基础。

信息技术、移动互联网、大数据、物联网使人类的生产生活方式产生巨大变化，同时也深刻地改变了中国的商业模式，带来了电商的高速增长。互联网、移动互联网还在改变着中国的金融模式，新金融也在快速增长。除此之外，对很多领域都产生了影响。这都是巨大的潜力，将对中国经济产生巨大的推动力。

2014年，网络零售保持高速增长，据国家统计局数据显示，全国网上零售额27898亿元，增长49.7%，增速比社会消费品零售总额快37.7个百分点，占社会消费品零售总额的10.6%。其中限额以上单位网上零售额4400亿元，增长56.2%。这些新产业、新业态、新产品、新模式尽管规模数量还不足够大，但代表着新兴的增长动力。

同时，网络购物交易平台开放化程度更加明显，向追求全品类覆盖的综合性平台以及专注细分市场的垂直类平台两个方向推进，自营网站逐渐向第三方平台发展的态势也较明显（见表1-3-16）。网络零售经营范围从最初家具、灯饰、地板，到卫浴、涂料、瓷砖等全产业链产品发展，网络销售一定程度上挤压了实体流通企业的市场份额。传统企业正在经历全面而深刻的调整与变革。

表 1-3-16　中国建材家居电商发展模式分析一览表

模式	代表企业	特征
O2O 模式	美乐乐：2014 年美乐乐家居销售额预计在 30 亿元，在全国已有实体店 352 家、样板间 10 家。由最初的成品家具销售，向装修、建材、家饰家纺、定制家具等领域全面拓展。实现由“家具”向“家居”的华丽转身	纵向领域，以“家具”为原点，积极向上游产业拓展，打通了“装修—建材—家具”的产品服务链，蜕变为集家具、建材、装修等为一体的综合性电商平台，实现 O2O 的生态闭环。横向领域，拓宽家居的外延，吸纳大量的第三方知名家居品牌入驻美乐乐，塑造“大家居”的电商业态
互联网品牌 B2C 模式	林氏木业：唯一一家纯互联网家居品牌，2014 双 11，林氏木业集团创 3.3 亿销售业绩，蝉联家具销售类目冠军，并且进入天猫全品类排名第四，连续七年天猫家具销量第一。2014 年林氏木业佛山首家 O2O 体验馆开业，一个集休闲、娱乐、购物、亲子于一体的用户体验商城，为消费者带来一站式整体家居搭配建议	线上利用各大网络渠道销售，生产整合各大工厂资源核心部分自己生产，建立百人以上客服，实行高绩效业绩激励，多品牌线持续扩张
C2B+F2C 定制模式	尚品宅配：数码全屋定制家具，家居一体化设计解决方案。全国经营 30 多家直营店和 700 多家加盟店，年销售超 10 亿，净利过 1 亿	在线设计师按照客户要求，利用在线家居素材丰富的特点，设计出符合客户要求的家居，完成下单生产配送安装整体消费闭环
宜家 F2C 模式	宜家把互联网当成新的渠道，只作宣传，不做交易；把线下购物体验做到了极致，塑造家庭“购物嘉年华”，力求打造情景化的购物体验。宜家中国的销售额超过 63 亿元，比上一财年增长 17%	建立“社交 + 粉丝 + 产品预售”模式。工厂全员做产品经理，做客服，与客户互动交流，订单转型预售形式，制造极致缩短生产日期，半成品可以自由组装。培养粉丝口碑打造网络品碑
乐豪斯家装 F2C 模式	乐豪斯的家装业务模式是“拎包入住式”家装，从装饰到主材，从家具到软装、家电，为业主提供真正的一站式服务。重要的是，乐豪斯所有的装修主材和家具、软装产品，都是乐豪斯品牌的，都是从乐豪斯全国各地的工厂直接定制生产，然后直接物流到乐豪斯客户手中的	首先所有家装所用主材、家具、软装产品都是乐豪斯品牌，风格材质统一和谐。 其次乐豪斯在为业主进行拎包入住家装设计后，会直接下单给工厂，为装修的业主量身定制产品。 第三是乐豪斯 F2C 模式避免了很多中间环节，降低了成本，消费者最终得到实惠
综合形态	1、以顾家、东鹏等传统品牌为代表，借助淘宝家装馆、京东商城在网上开店 2、直营店 + 加盟店 + 第三方电商平台网店 + 外贸出口 3、品牌直营店 4、以居然之家，红星美凯龙为卖场类的 O2O 模式	没有有效解决消费者装修设计买家居一站式服务的便利性和可靠性

资料来源：中国建筑装饰协会材料分会

为应对激烈的市场竞争，传统建材家居企业纷纷“触网”，大规模进军电子商务。越来越多的传统企业加大对线上渠道的运营力度，部分企业加强了对自有电子商务平台的投资。以卫浴品牌入住天猫商城为例，建立专卖店已达到200个品牌以上，其中包括科勒、箭牌、美标、东鹏、九牧、中宇等知名品牌。而以美乐乐、齐家网、尚品宅配等垂直电商平台也在积极探索中国建材家居业电子商务之路。尽管从总体看建材家居网络零售规模尚小，因产品标准化程度不够、线下传统渠道的阻力较大、购买环节的体验度不够、物流配送和售后服务管理落后等多方面原因仍制约建材家居电子商务的发展，在全国网络零售整体规模中所占比例较低，但从长远看，传统企业通过调整优化、融合发展，建材家居电商的地位越来越重要，其交易规模也将越来越大。

另外，装饰企业也纷纷“触网”做电商，蚕食传统家装和家居电商的市场份额。互联网、云计算、大数据、物联网等技术的迅猛发展，为电子商务提供了成熟的技术支持体系；淘宝、天猫、京东这些电商先驱，为电子商务培育牢固的消费习惯和庞大的消费群体；土巴兔、土拨鼠、好工长们，为装饰电商的运作模式作出有益的探索，积累了可贵的经验（表1-3-16）。

建筑装饰的复杂性和消费的个性化需求，对电商的专业化要求会越来越高。而这正是综合类电商、IT背景的装饰电商的短板。建筑装饰无论设计、施工、选材，还是监理、验收，其复杂性和专业化要求都不可同日而语。

装饰企业，尤其是宝鹰股份、亚厦股份、洪涛股份、金螳螂这些装饰行业的龙头企业“触网”做电商，依靠他们强大的空间设计、工程施工等专业化人才，利用互联网整合资源，充分发挥其品牌优势、供应链优势、设计优势、施工管理优势，以更高的品质、更低的价格，更好地满足用户多样化、个性化的消费需求。

家装电商是一种完全不同于现有家居电商的业务模式，它在经营战略定位、网站构架、业务逻辑结构、信息整合方式以及最新3D技术的应用上，都是对现有家居电商的创新和突破。

第四章　中国建材家居业问题和不足

我国建材家居业经过几十年的发展，取得了长足的进步，但还存在许多问题和不足。

一、产能过剩依然突出，节能减排压力加大

过去 10 多年，中国国内固定资产投资年均增长率一直保持在 20% 以上，其增速令全球各国望尘莫及。大规模投资驱动了国内经济的一路迅跑，同时也沉淀下来了可观的生产能力，形成产能过剩现象。统计显示，目前我国制造业的平均产能利用率只有 60% 左右，不仅低于美国等发达国家当前 78.9% 的工业利用率水平，也低于全球制造业 71.6% 的平均水平。在我国目前的 24 个大行业中，有 22 个行业存在着严重的产能过剩。

2014 年，我国建材业在产业规模不断扩大的同时，产能过剩的矛盾日渐突出，成为制约行业发展的主要因素。产能过剩问题主要是产品结构性不足和结构性过剩矛盾，其突出表现是：产品结构以中低端和通用型为主，高档、专用产品比例较低，产品质量稳定性与发达国家相比还存在一定差距。

建材家居业作为传统行业，能耗高、资源消耗大、污染物排放总量大。建材工业能源消耗仅次于冶金和石化，居工业部门第三位。建材工业二氧化硫、氮氧化物、二氧化碳以及烟粉尘排放均居全国工业系统前列。低能耗、低排放、附加值高的加工制品业尚未成为主体，行业在节能减排的技术研发与创新能力显得不足，很大程度上制约了节能减排的进程和效果，不少企业未能达标。面对环境污染，节能减排和结构调整的压力增大，任务艰巨。

新常态下，我国的环境承载能力已接近上限，必须推动形成绿色低碳循环发展新方式，以更大的力度推广应用绿色建材，把它作为建材行业结构调整、转型发展的着力点。

二、产业集中亟需加强，市场环境有待改善

我国建材家居业企业数量多、平均规模小，产业集中度低，部分企业盲目扩张，进一步导致了产能过剩和市场无序竞争，市场环境有待改善。例如，砂浆行业门槛

低，政策利好，预拌砂浆在全国范围内迅速扩张。早期投资者绝大部分来自于混凝土搅拌站、粉磨站、腻子粉等建材产销企业以及施工分包单位，小微型砂浆厂占到总数的 80%，全行业平均投资不超过 200 万元。近两年来，防水、涂料、水泥等产业的大集团携品牌、网络、财力大举进军砂浆领域，投资千万元以上的砂浆厂已屡见不鲜，平均投资预计翻番达到 400 万元，小作坊式的企业越来越少，而且存活下来的幼苗也已经长大，大中企业比例稳步提高，涂料行业也是如此。

产业集中度较低最终导致了市场混乱，市场竞争秩序失范。建材行业污染物排放总量较大，是环保执法重点。一些大企业为减少大气污染物排放，通过技术改造采用清洁能源并配套上马脱硝、除尘等环保设施，加大了生产成本。而一些小企业并未完善环保设施，也未受到处罚，导致不公平竞争。由于企业规模小、品牌影响力弱、产品同质化严重、经营模式和广告活动雷同，致使行业假冒伪劣产品屡禁不止、产品甲醛超标、质量安全问题频出、行业标准老旧、“傍名牌”现象严重等。此外，由于市场监管不到位，还有部分无证生产和假冒伪劣产品流入市场。

三、科技创新能力不足，新兴产业发展缓慢

当前我国对外技术依存度平均在 50% 以上，与一般发达国家的 30% 以下、美国和日本的 5% 以下有很大差距，原因在于创新能力不足与科技成果向现实生产力转化难同时并存，致使我国的核心技术和关键技术自给率低。一方面，研发投入强度（2.09%）与创新型国家（3% ~ 5%）相比明显偏低，同时，各领域、各部门、各方面科技创新活动存在分散封闭、交叉重复等碎片化现象；另一方面，多年来，我国一直存在着科技成果向现实生产力转化不力、不顺、不畅的痼疾，在科技创新链条上存在着诸多体制机制关卡，产学研用脱节，创新和转化各个环节衔接不够紧密。由于核心技术缺失，使得众多高端产品不能自主保障，严重依赖进口。

同时，新兴产业发展步伐缓慢、技术研发与储备不足。建材行业中属于战略性新兴产业的产值，仅占全行业总量约 10%，总体规模偏小、产业化进程缓慢。无机非金属新材料、非金属矿深加工等新兴产业发展较慢；加工制品业发展虽然较快，但大多仍处在价值链低端和被动从属地位。

研发能力和研发资金投入的不足阻碍了建材家居业产品创新能力和核心竞争力的提高。

四、信息化创新不足，标准化亟需深化

当前，我国建材家居业信息化水平快速提升，但信息化创新还存在突出问题。

建材家居生产企业和流通企业的信息化发展不平衡，建材家居企业信息化投入力度不够，尤其是大量小微企业信息化水平较低。在建材家居行业，甚至在一个企业内部，都无法统一设备和原料、物品的代码，“信息孤岛”很多。先进的信息化管理技术在行业应用和推广水平较低，企业创新驱动不足，难以满足专业化生产的需要，生产企业的采购、库存、销售、配送、客户管理等供应链的信息化建设严重滞后。

建材家居业涉及管理部门多，不同领域标准的梳理、修订和衔接难以协调推进。建材家居业标准缺乏系统的顶层设计，消防、安防、节能、环保和使用部门要求不够统一，没有形成统一的标准体系，造成行业面对不同的标准难于适从。涂料、陶瓷、家具、板材等制造领域中的技术标准、废旧产品回收网络、产品销售体系等方面空白很多，产业体系很不完整；装饰辅料、空气净化产品环保不达标影响了行业规范与自律发展。门窗、吊顶、石材等行业通用标准的宣贯落实缺乏强制要求，难于推进。智能家居种类繁多且互不兼容，严重影响产业的转型升级。

五、人口红利逐渐消失，要素成本依然偏高

《全国农民工监测调查报告》显示人口红利已经在建筑业及建材制造业慢慢消失，我国农民工中仅有 30% 接受过职业技能培训。我国建筑装饰行业从业人员已超 1500 万，但还是不能满足行业快速发展对于人才的需求，其中高级设计人才、管理人才和有专业技术特长的施工人才极其缺乏。当前招工难，一是普工招工难，反映的是农民工供给的有限性；二是技工招工难，反映的是转型升级过程中中高级技能人才的短缺性。而院校培养人才远不能满足企业需求。

在产业转型的过程中，会造成一些新兴行业需求人才、中高级人才供不应求，而一些传统行业、过剩产能和落后产能的行业却出现大批失业人群。目前劳动力市场对中高级专业技术人员的用人需求增加，而对初级技能劳动者的用人需求有所减少。市场上技能劳动者的需求量大，但大量劳动者由于缺乏技能就业难、工作稳定性较差。此外，由于科技进步、劳动生产率提高等因素，也使一些企业减少招收新员工，甚至排挤出部分劳动力，这也会导致就业的结构性问题。

随着建材家居产业的快速发展，人才总量不够，人才队伍结构不合理，高水平青年人才和领导太少，整体培养质量偏低，国际化程度不高，缺乏一体化的培养体系等现象日益突出。我国建材家居产业发展到今天，人才问题已成为制约行业和企业发展的关键因素。

同时，能源、物流、资金等要素成本偏高，致使中小生产企业经营困难。中小企业“贷款难、贷款贵”的问题是多年困扰企业发展的老大难问题。加之我国能源、物流等要素成本相对较高，造成充分竞争状态下的生产企业惨淡经营。

六、政策落实不到位，管理体制需转换

我国建材家居业是在充分市场竞争环境下发展壮大的，新的业态形式和发展模式不断涌现，需要相应的国家产业政策支持，但现有经济管理体制与建材家居业发展需要不相适应。

缺乏专门的行业主管部门。建材家居业涉及生产、流通、设计、施工、应用等环节，部门多，协调难度大，造成行业管理上下不对口，左右不衔接，以至于一方面国家政策协调难度大，另一方面政策标准执行不易落实到位。

目前，我国仍存在绿色采购鼓励机制不足、缺少行业绿色采购实施及考核标准以及企业绿色采购实施的管理能力缺失等问题。企业只有兼顾经济效益与环境效益，不断完善采购标准和制度，着力打造绿色供应链，才能更好履行社会责任。同时，政府应通过制度改革、政策引导、信息公开和促进行业规范等方式，推进企业绿色采购。充分发挥行业协会的桥梁和纽带作用，强化行业自律。

第五章　中国建材家居产业发展方向

一、建筑部品化推动整体家居发展

《2014 ~ 2015 年节能减排低碳发展行动方案》中提出要以建筑工业化为核心，推进建筑产业现代化。建筑工业化主要体现在五个方面：一是建筑设计标准化，二是部品生产工厂化，三是现场施工装配化，四是结构装修一体化，五是过程管理信息化。住建部在《关于推进住宅产业现代化提高住宅质量的若干意见》中，要求积极发展通用部品，逐步形成系列开发、规模生产、配套供应的标准住宅部品体系。

随着建筑工业化、住宅产业化、建材部品化和原料标准化的推进，逐步建立了符合产业化方向的建筑（住宅）部品体系，一大批建筑材料和部品部件实现了通用化设计和规模化生产，部品部件的开发能力和生产质量明显提高，如家庭用楼梯、集成吊顶、整体厨房、整体客厅等，都是部品化发展的具体体现。相比传统手工施工方式，工业化住宅能够实现节能约 20%、节水约 63%、节约木材约 87%、减少建筑垃圾约 91%。

在国家住宅产业化政策推动下，整体家居是一个不可阻挡的发展大趋势，国内外众多标准化部件供应商将结成战略合作伙伴，共同研究及发展应用产品，延伸产业链并较多地占有产业价值链的高端，从装饰建材、家具、橱柜到家纺、饰品等整体家居产品链拓展，适应住宅产业化要求，更多企业将由单纯原材料供应商向整体、系统解决方案提供商转变。

二、建筑绿色化促产业可持续发展

“绿色化”是发展方向。经济上，“绿色化”是一种生产方式，构建科技含量高、资源消耗低、环境污染少的产业结构和生产方式。

大众生活上，“绿色化”是生活方式和消费模式向勤俭节约、绿色低碳、文明健康的方向转变，力戒奢侈浪费和不合理消费。

“绿色化”更是一种价值认同，是人人、事事、时时崇尚生态文明的社会新风尚。全球视野下，中国将把绿色发展转化为新的综合国力和国际竞争新优势。

通过全面推进绿色建筑规模化发展，进而大力促进绿色建材推广应用。

改善、消除室内环境空气污染的有效途径就是要大力发展各种绿色建筑装饰材料及其制品，随着国家实施绿色建筑行动计划，完善绿色建筑标准及认证体系、扩大强制执行范围及绿色建筑装饰的市场需求，房地产、建筑装饰企业、建材生产企业也逐渐意识到了绿色建材的重要性，越来越多的企业加入到研发、生产、设计、应用绿色建材的队伍中来。绿色设计、绿色施工、绿色选材等绿色产业链是建材家居业可持续发展的必由之路。

三、建材家居生产智能化、服务化、个性化

新一代信息技术广泛渗透，推动关键领域技术的持续突破、不断融合和加速应用，正在引发制造业发展理念、技术体系、制造模式和价值链的重大变革。德国提出了工业 4.0 的概念，其核心就是利用现代信息通信技术把产品、机器、资源和人有机结合在一起，通过现代信息通信技术建立一个高度灵活的个性化和数字化的智能制造模式。建材工业主要产品生产具有连续、流程化和能源资源消耗型特征，建立以产品订单、产品质量、物料消耗和排放相适应的原燃材料进场、生产设备和生产工艺的稳定优化运行的工业生产物联网系统，实现原燃材料的成分分析和精准计量、设备和生产过程稳定运行、各种原材料、能源、工艺参数等各类生产数据的集成应用的智能化生产，确保产品质量稳定和生产效率的提高。

新常态下，服务业作用更加凸显，生产制造小型化、智能化、专业化将成为产业组织的新特征。中产阶级队伍的不断壮大将会驱动消费者对商品和服务的需求，促使制造业服务化。德国工业 4.0 战略强调生产要素高度灵活配置，在大规模生产的基础上实现个性化产品和服务，“个性化”将成为制造业发展的新动力。目前，我国大部分制造业生产流程都是基于同质化产品大规模生产而设定的，为此，加快培育 3D 打印这样的新技术，既要大力发展 3D 打印装备产业本身，大力推广其应用，如陶瓷行业采用 3D 打印，来满足人们个性化产品的需求，又要大力开发适于增材制造的新材料。

目前像三棵树、金陵涂料、美涂士、大宝化工等大批涂料企业都在实施智能化生产，一些涂料企业也在加快生产设备改造升级，往智能化方向发展。

立邦刷新服务、多彩饰家的家居美容服务都是从涂料制造商向“全方位涂料服务商”转型的实例。为客户、消费者提供的不仅是产品，更是一系列服务解决方案，而产品只是提供服务解决方案的一个重要组成部分。

四、产业整合提速，家居装饰一体化发展

目前整个建材家居产业还处于自由竞争状态，产业集中度偏弱。未来几年，随着市场竞争的磨炼和国家政策的引导，国内外资本将大批进入建材家居行业中，兼

并整合成为常态，行业内相对弱小不注重技术创新的中小企业和区域品牌将被淘汰，大品牌的影响力将增强，行业集中度和品牌集中度将进一步提高。同时，以长虹、海尔、美的等为代表的家电企业整合资源进入建材家居业，组建集成家居系统。2014 年众多科技业巨头、互联网企业介入智能领域的大动作，已然成为推动智能家居发展的新起点。同时，精装修时代软装的兴起，装饰材料新技术、新产品的出现，建筑部品化逐步推进，集室内装修、家具陈列、创意饰品设计、智能家居的家居装饰一体化开始形成，将提供一站式集成总包整体解决方案，涵盖室内及公共装修、建材、整体厨房、家居、弱电智能化及全套电器部品等，推动整体家居时代到来，促进家居业产业大融合。

五、大数据时代家居全渠道营销来临

随着互联网工业革命的到来，电子商务迅猛发展，营销渠道越来越宽，80 后、90 后逐步成为建材家居消费市场的主力军。他们更崇尚个性化，更具参与设计意识，销售实现与之互动显得尤为重要。消费者完全可以根据自己的喜爱参与到设计与生产当中来，进行私人订制，以满足个性化的需求，企业从经营产品时代迈向经营顾客时代。互联网、大数据促建材家居业全渠道营销时代来临，营销模式将从产品、服务全面向数字化、移动互联化转移，多平台整合运营。众多企业将在实体渠道、电子商务渠道和移动电子商务渠道布局，线上线下融合。全渠道模式下的供应链的变革与重组将成为所有品牌和渠道共同面临的问题。未来将出现深度整合厂商优势资源的供应链体系的建材家居渠道平台，精准营销、库存计划、甚至包括上游的生产计划、采购计划、设计施工的全面协作，带来行业的重大变革。

六、流通渠道三分天下，经销商转型服务商

随着精装房时代来临，房地产及建筑装饰公司集采模式形成，销售终端工程比例将加大。同时电商兴起，80 后、90 后、甚至 00 后消费习惯和装修习惯的改变，年轻人需要的是适应现代生活方式的个性化产品，要求有更便捷的供货方式和良好的售后服务。因此，电子商务未来必将成为人们生活的重要组成部分。这将给未来建材家居流通市场格局带来深刻变化，原有的企业经销商模式将向扁平化方向发展，更多经销商将向售后服务商、物流配送平台转变。

无线、移动、宽带的网络的推广和普及，带来了新一轮发展的机遇。互联网改变人类的生活方式、工业的生产方式，提供了很多新服务、新业态和新发展模式。未来建材家居流通模式将由卖场一家独大转变成卖场、工程集采、电商三分天下，新的业态形式不断涌现，营销模式不断创新，市场将日趋繁荣。

第二部分　行业报告

第一章　2014 年中国建筑装饰行业发展报告

2014 年是我国落实党的十八届三中全会精神、深化改革的开局之年，也是我国经济面对错综复杂的国际、国内形势，在中央稳中求进的总方针下转入新常态并取得巨大成就的第一年。面对增幅换挡、结构调整、前期政策消化，我国政府从容应对，国家综合实力得到进一步提升。

2014 年，在全国人民期盼和全球瞩目下，我国召开了中国共产党第十八届中央委员会第四次全体会议，会议通过了中共中央关于依法治国的决定。进一步对治国理政统一了认知，聚力改革、依法治国、整肃贪腐、坚持定力，为建设富强、民主、文明、和谐的美丽中国、实现中华民族的伟大复兴提供了保证。建筑装饰行业在这一大背景下，经过全行业的共同努力，行业规模与发展质量等方面都取得了很大成绩。

一、2014 年全国建筑装饰行业发展状况

1. 2014 年全国建筑装饰行业总规模

2014 年，全国建筑装饰行业完成工程总产值 3.16 万亿元，比 2013 年增加了 2690 亿元，增长幅度为 9.3%，比宏观经济增长速度高出约 2 个百分点，体现了建筑装饰在国民经济和社会发展中的基础性和超前性。其中公共建筑装饰装修全年完成工程总产值 1.65 万亿元，比 2013 年增加了 1300 亿元，增长幅度为 8.6%；住宅装饰装修全年完成工程总产值 1.51 万亿元，比 2013 年增加了 1390 亿元，增长幅度为 10.1%。

在公共建筑装饰装修中，受高层、超高层建设项目快速增加的影响，建筑幕墙全年完成工程总产值 3000 亿元，比 2013 年增加了 500 亿元，增长幅度为 20%；成品房精装修受国家产业化政策引导和市场认知程度提高等因素的影响，全年完成工程产值 6000 亿元，比 2013 年增加 1000 亿元，增长幅度为 20%；受国际经济缓慢复苏、环境微弱好转的影响，境外工程产值约为 300 亿元人民币，比 2013 年增长了 20%。

2014 年，全行业实现建筑业增加值在 1.68 万亿元左右，比 2013 年增加了 1800 亿元，增长幅度为 12%，其中上缴税收约为 3000 亿元，比 2013 年增长了 8.9% 左

右；劳动者收入 9400 亿元，比 2013 年增加了 500 亿元，增长幅度为 5.6% 左右；全行业实现净利润约为 730 亿元，比 2013 年增加了 150 亿元，增长幅度约为 25.9% 左右；全行业平均利润率在 2.3% 左右，比 2013 年提高了 0.3 个百分点。

2. 2014 年行业内企业状况

2014 年，行业内企业总数在 14 万家左右，比 2013 年减少了约 0.1 万家，下降幅度为 0.7%。退出市场的企业，主要是承接散户装修、没有资质的小型企业，有资质的企业数量变化不大。2014 年，行业内企业间的并购、重组力度加大，特别是上市公司对企业的并购数量与规模都超过 2013 年。但企业的并购、重组都是以股权转让的形式进行的，原企业的法人地位没有改变，因此，并购、重组并未引发企业数量的变化。

2014 年，企业结构进一步优化，企业平均产值约为 2257 万元，比 2013 年增长约为 10.1%，其中公共建筑装饰领域最大企业完成工程产值 340 亿以上，比 2013 年增长 41.6%；建筑幕墙领域最大企业完成工程产值 170 亿以上，增长近 21.4%。装饰装修行业年工程产值超过 50 亿元的企业增加到 8 家，比 2013 年增加了 2 家。公共建筑装饰装修百强企业平均年产值 17.16 亿元，比 2013 年增加了 1.28 亿元，增长幅度为 8.06%；建筑幕墙 100 强企业平均年产值 15.3 亿元，比 2013 年增加了 2.1 亿元，增长幅度为 15.91%。

2014 年，新增主业为建筑装饰装修施工一级资质企业，据不完全统计为 127 家；新增建筑装饰装修工程设计施工一体化一级资质企业 83 家；新增建筑装饰装修工程专项设计甲级资质企业 45 家。新增主业为建筑幕墙施工一级资质企业，据不完全统计为 52 家；新增建筑幕墙工程设计施工一体化一级资质企业 32 家；新增建筑幕墙工程专项设计甲级资质企业 27 家。行业现共有建筑装饰装修施工一级资质企业 1647 家、建筑装饰装修设计施工一体化一级资质企业 371 家、建筑装饰装修工程专项设计甲级资质企业 1069 家、建筑幕墙施工一级资质企业 496 家、建筑幕墙工程设计施工一体化资质企业 184 家、建筑幕墙工程专项设计甲级资质企业 477 家，以上数据均包含兼营资质。

2014 年新增主业为建筑装饰装修施工二级资质企业约为 210 家，新增建筑装饰装修工程设计一体化二级资质企业约为 350 家，新增建筑装饰装修工程专项设计乙级资质企业约为 150 家。新增主业为建筑幕墙施工二级资质企业约为 230 家，新增建筑幕墙工程设计施工一体化二级资质企业约为 260 家，新增建筑幕墙工程专项设计乙级资质企业约为 150 家。新增建筑装饰装修工程设计施工一体化三级资质企业约为 610 家，新增建筑幕墙施工三级资质企业约为 100 家。

截至 2014 年底，全国共有建筑装饰行业上市公司 16 家，其中建筑装饰装修类企业 10 家，建筑幕墙类企业 6 家。另有 50 多家装饰公司在股权交易所成功挂牌交易，资本市场中装饰板块在不断扩大。预计未来几年，将持续有装饰公司上市，资本市场中的装饰板块还将持续扩充，登陆资本市场与社会共享企业发展成果的企业数量将不断增加。

3. 2014 年行业从业者队伍状况

2014 年全行业从业者队伍约为 1600 万人，与 2013 年基本持平。全年接受大专院校毕业生约 20 万人，行业内受过高等系统教育的人数达到 240 万人，比 2013 年提高了 9.1%，受过高等教育人数占从业者总数的 15%，比 2013 年提高了 0.6 个百分点。2014 年新增装饰工程设计人员约 10 万人，增长幅度约为 8%，全行业设计人员总数约为 145 万，约占从业者总数的 9.1%。

2014 年全行业人均劳动生产率为 19.75 万元，比 2013 年提高了 9.36% 左右。行业劳动生产率的提高，主要影响因素是产业化水平的不断提高，具体表现在施工过程的成品率不断提高。目前公共建筑装饰装修工程的平均成品率在 60% 左右，最高的可达到 90% 以上；住宅装饰装修工程的平均成品率在 40% 左右，最高的可达到 70% 以上。同时，产业化水平提高具体表现在劳动力结构的变化，目前施工现场作业人员与生产加工基地人员数量比约为 6 : 4，大型骨干企业可达到 5.5 : 4.5。

行业从业者队伍的年龄构成中，20 ~ 35 岁的从业者主要集中在工程设计、施工管理、工厂加工领域，女性比例在 40 ~ 60%；而施工现场作业人员主要由 40 岁以上的中老年人构成，男性比例在 90% 左右。由于年青技术工人补充严重不足，施工现场劳动力老化现象日益突出，从业者队伍的年龄、性别结构越来越不合理。行业发展已经到了改变施工作业方式的临界点，必须通过技术升级才能解决，这是转变行业发展方式的重要推动因素。

二、2014 年中国建筑装饰行业的特点

1. 宏观经济形势影响

2014 年是深化改革的开局之年，也是我国经济转入新常态之年。建筑装饰行业做为建筑业的重要组成部分，在国计民生中占有极为重要的地位，在全面建成小康社会中发挥着无可替代的作用，是社会、政府高度关注的行业。国家宏观经济政策的调整，对建筑装饰行业的发展具有强烈的影响力。

（1）改革释放出新的活力

2014 年是贯彻国务院简政放权的重要一年。在 2013 年 5 月国务院办公会议确定的行政审批减少 1/3 的总原则下，住房和城乡建设部对行政审批事项，主要是资质审批事项进行了重大调整。经过行业调研，业内共同参与，在住房和城乡建设部的统一部署下，资质标准修编工作取得阶段性成果，暂停了建筑装修装饰等 4 个专业的设计施工一体化资质。2014 年 11 月 6 日《建筑企业资质标准》公布，2015 年 1 月 1 日开始实施。新资质标准专业工程承包由 60 个专业缩减为 36 个，新的工程设计资质标准也在 2015 年发布实施。新资质标准的考核体系和指标进行了较大幅度的调整，体现了市场的状况和产业发展的要求，是简政放权的具体反映，将发挥出

市场在资源配置中的决定性作用，进一步激发建筑企业的活力和创新能力。

（2）工程质量两年治理行动影响深远

2014年住房和城乡建设部开展的建设工程质量两年治理活动，是近年来最为严厉的一次市场秩序整治活动。两年治理行动加强事中监管为主要内容，为建筑业企业及勘察、设计、监理、甲方设定了硬杠杠，为整个建筑市场设定了底线。建筑装饰行业内各企业认真学习和领会两年治理活动的宗旨、内容及要求，展开了自检、自查、自纠，进一步规范了企业及工程项目的运作。在两年治理活动中，通过建设行政部门的排查、巡查、抽查，对当前建筑工程市场中的潜规则进行了清理，为进一步的改革、完善提供了基础。

（3）国家对房地产市场调控的影响

2014年政府对房地产市场采取的严厉调控措施有所放松，抑制投机性、投资性需求仍作为重点，但陆续放松了限制购房、提高购房贷款首付比例和利率等规定，推动房地产市场发生了深刻变化。经过政府、房地产商、购房者等各方的博弈，我国房价上涨的趋势得到明显抑制，实现了稳中有降的局面，促使刚性需求得到了恢复。购房者以改善性、刚性自住需求为主体，购房后就装修的比重大幅度提高。政府对房地产市场调控政策的变化，对提升住宅装饰装修市场容量，缩小房地产开发增长与住宅装饰装修增长之间的巨大差距发挥了重要作用。

（4）保障性住房建设的影响

2014年保障性住房建设和棚户区改造仍然是政府关注的重点，也是调整结构的基本性投资的重要方向。保障性住房建设全部是成品住宅建设，到2014年进入室内装修的高峰期。由于各级政府对此项惠民生工程高度重视，现主要是由专业建筑装饰工程企业独立分包完成。经过对几年建设经验的总结，已经形成了完善的运行机制，进一步规范了保障性住房建设，对建筑装饰行业，特别是住宅装饰装修市场影响极大。

（5）政府停建楼堂馆所造成一定影响

自新一届政府上任后，停建了政府楼堂馆所的大部分基本建设项目，在建的工程项目也大幅度降低了装修的档次，对建筑装饰市场形成一定影响。政府停建楼堂馆所得到人民群众的广泛赞誉，但对整个建筑装饰市场来说却是工程资源的减少。2014年各级政府停建楼堂馆所项目所形成的公共建筑装修工程约占建筑装饰工程总量的5%左右，虽然所占的市场份额不大，但却是市场中的优质资源，其影响的是行业内的一些大型骨干企业，特别是个别有国营背景的企业受到的影响较大。

（6）既有建筑物节能改造的影响

2014年国家在防止污染、保护环境方面力度加大，建筑节能改造任务加重。国家对既有建筑物节能改造的政策的实施，要通过建筑装修改造工程完成。对既有建筑物进行节能改造，是实现低碳发展，建设资源节约、环境友好型社会的重要内容，也是建筑装饰行业未来发展的一个重要方向。2014年，大城市中老的居民区楼房的楼顶改造、外墙外保温、金属门窗等改造继续大面积展开，已经形成了一个巨大的细分专业市场，为建筑装饰行业的可持续发展提供了新的市场资源。建筑装饰工程企业应该高度重视这一细分市场，积极做好技术、施工管理等方面的储备，形成新的比较优势，在既有建筑物节能改造中发展好企业。

（7）国家税制改革的影响

营业税改增值税是为了减轻企业的税负、增强企业发展活力而进行的，为此国家在 2013 年就进行了整个建筑业营业税改增值税的试点工作。根据试点地区的实际情况分析，建筑装饰工程企业，特别是从事建筑室内装饰装修工程设计、施工的企业，由于施工工地分布地域广、涉及材料品种繁多、合作的厂商涉及的经济门类多、甲方供应的材料量大且范围广、绝大多数供应商为小型企业、劳动定额价格与市场实际价格差异巨大、工程付款方式复杂、工程款长期拖欠等诸多因素的影响，税制改革后，企业的税负不但没有减轻，反而有所增加，恶化了装饰企业的生存状况。2014 年政府相关部门虽然采取了一定的措施，减少了企业的税务负担，但对企业，特别是运作规范的建筑装饰工程企业，还是产生了一定的影响。

（8）国家农民工政策的影响

农民工是构成建筑装饰行业从业者的重要组成部分，当前国家对农民工的政策，造成建筑装饰企业成本高、风险大、责任超重。国家劳动价格定额一般 5 年以上才做调整，调整的幅度远低于劳动力市场的实际价格，目前差距是 3 ~ 5 倍。同时，国家对劳动力市场价格形成没有任何约束机制，但在工程造价中却严格控制劳动力价格，造成大量劳动力成本无法消化。由于国家政策倾斜于保护农民工，造成对农民工的管理风险加大，目前已出现不论工作效率、质量，干一天就要结一天工资的现象，不仅造成工程运作的困难，也造成严重的质量风险和隐患。拖欠农民工工资的主要原因是建设单位拖欠应支付的工程款，而法律责任却要由施工企业承担，严重影响企业生存和行业发展。

2. 行业正在深入进行发展方式转型

2014 年是我国调结构、转方式的重要一年。建筑装饰行业在宏观经济加快转变发展方式的大背景下，如何全面顺应国家发展战略的调整，已经成为行业发展的一个重要课题。经过行业内企业，特别是领军大型企业经过探索、试验、创新，发挥出引导与示范作用，建筑装饰行业的发展方式正在发生转变，具体表现在以下几个方面。

（1）绿色发展意识增强

建筑装饰行业做为资源消耗性服务业，在建设资源节约、环境友好型社会中具有极为重要的地位。不断提高建筑装饰工程项目的节能减排、低碳环保、生态安全水平，以最小的资源、能源代价，为社会提供安全、舒适、健康的生活、工作环境，是建筑装饰行业可持续发展的关键。2014 年，中国建筑装饰协会举办了一系列论坛、演讲等活动，主题都是围绕行业如何转变发展方式，实现绿色发展这一关键问题展开研讨，同时组织开展了行业技术标准《绿色建筑装饰装修标准》的编制工作，使绿色发展标准化、法制化，提高了行业从业者队伍对绿色发展的认知水平，增强了节约意识、循环意识、生态意识、生命意识，强化了行业对绿色发展的紧迫感和使命感。

2014 年中国建筑装饰协会组织进行了多部规范建筑装修装饰设计、施工、部品加工，推动节能、环保、节材的协会标准，首开以标准体系全面推动绿色发展的先河。2014 年举行了“中国建筑装饰协会成立三十周年庆典”活动，是以行业发展论坛的形式对行业发展方式转变和绿色发展进行探索，活动对协会成立 30 周年表示庆祝并表彰了对行业发展做出突出贡献的企业和个人，重点是就当前科技发展水平下，特别是互联网技术应用对行业未来走势的影响进行了深入研讨，在绿色发展、专业化发展等方面取得了一定的共识。

（2）设计的地位得到了提升

设计在转变行业发展方式中具有突出作用，是行业由劳动密集型行业转化为文化、艺术、技术密集型行业的关键。提高建筑装饰工程设计的地位，增强设计的生存与发展能力，是当前要解决的中心课题，经过全行业的努力，已经取得了一定的效果。2014 年由中国建筑装饰协会颁布了《建筑装修装饰工程设计收费标准》，规范了建筑装饰工程的取费，促使建筑装饰工程设计在量和质的方面都取得了较大进步，得到了行业及社会的高度重视。

随着我国建筑装饰工程设计师队伍的成长和国际化水平的提高，特别是新的设计手段的应用，工程设计的指导性作用将日益强化，设计的地位也将不断提升、巩固。以设计推动行业的绿色、可持续发展的动力将不断强劲。设计地位得到提升的另一个表现就是国际化水平的提高。2014 年举办的多个设计赛事，都取得了良好的效果，特别是有国际背景的设计赛事，规模、档次都有大幅度提高，在参赛作品国际范围、评委的国际人员组成等方面，都提升到一个新水平，中国建筑装饰设计越来越与国际接轨。

（3）以绿色施工技术推动行业转变发展方式

2014 年建筑装饰工程企业，特别是大型骨干企业在全面持续推进工厂化加工、现场装配式施工工艺方面取得了实质性的进展。在加大产业园区建设、加快资源整合、提高成品化水平的基础上，工程中应用的标准化、工业化、成品化部品、部件比重都有新的提升。2014 年在异型吊顶成品化、部件及构件标准化、节能门窗、新型保温材料、节水卫浴产品等方面取得了一批新的专利技术，为实现绿色发展提供了强有力的技术物质保障。

2014 年全国建筑工程装饰奖、行业信用体系评价、各行业表彰中进一步向绿色节能技术与产品倾斜，全国共有 376 项建筑装饰工程、270 项建筑幕墙工程荣获全国建筑工程装饰奖，78 项建筑装饰工程设计获得全国建筑工程装饰设计奖，科技示范工程 632 项、科技创新成果 513 项，同时，对厨房、卫浴等领域的质优、节能、环保等方面具有创新的产品进行了表彰，为行业树立了一批在质量安全、节能减排、生态环保方面的新标杆。

（4）企业结构不断优化

2014 年是业内企业结构调整力度较大的一年，受市场波动及要素变化的影响，企业数量减少。但生存下来的企业发展质量有所提高。由于国内市场变化要求企业具有强大的适应与影响力，行业内的竞争又日益激烈，2014 年全国有 3 千家左右没有专业特点的小型装饰公司退出市场，受政策利好影响新成立的小型装饰公司数量不足以弥补，使企业总数下降了 1 千家左右，企业数量持续保持下降的态势。随着市场细分和专业化发展，伴随着产业链的整合，新成立的建筑装饰工程企业，也主要是为大型工程企业配套的专业化企业，提高了行业的专业化水平和大型企业的工程配套能力。

经过长期的品牌建设，建筑装饰行业内的“马太效应”日益突出，行业内的大型领军式企业已经生成并快速发育，在市场资源分配中的作用也不断提高。在个性化、专业化要求不断提高的大背景下，无特色小装饰企业的退市，优化了企业结构，对净化与规范行业市场，提高建筑装饰工程资源利用水平有积极作用。

（5）商业模式创新建设有新的发展

随着新形业态的发展，网络技术、互联网技术应用等日益强烈影响着建筑装饰工程企业，商业模式创新成为 2014 年行业、企业发展的重要特点之一。2014 年以互联网技术应用为内容的商业模式创新建设在建筑装饰企业中迅速蔓延，特别是大型骨干企业在发展电商方面取得新进展。建筑装饰工程企业以电商投资建设的形式为调整企业的发展战略、发展方式、经营结构、创利模式奠定了物质基础。互联网技术的应用和电子商务平台的建立与推广，使建筑装饰企业在商业模式创新上取得了极大的进展。

建筑装饰工程企业的电子商务投资不仅调整和优化了企业的资本结构、人才结构和市场结构，还提高了建筑装饰工程企业对社会的服务范围与能力，增强了企业的核心竞争力。电子商务在建筑装饰行业的普及应用，也为企业开辟了新的投资领域，优化了企业的商业模式，提高了建筑装饰工程企业转变发展方式的信心和能力，对实现企业发展转型具有极为重要的意义。

（6）战略整合水平不断提高

产业链的整合始终是建筑装饰行业实现可持续发展的关键，加强同房地产、工程材料生产经营等行业的合作，是整合产业链、提高资源配置水平的重要途径。经过近几年政府调控和市场的融合，房地产开发企业对建筑装饰工程企业的认知水平和依赖程度不断提高。特别是建筑装饰行业拥有上市公司之后，房地产开发商同装饰工程企业合作不断深入，逐步形成了战略合作伙伴关系，对提高建筑装饰行业发展品质具有重要的影响。

2014 年，协会牵头组织了一系列房地产开发商与建筑装饰企业的交流、合作活动，实现双方的合作共赢和共度难关。房地产与建筑装饰的战略合作，不仅大幅度降低工程企业的市场维护成本，提高创利水平，同时，在技术研发体制与机制建设，联合进行技术开发、新技术应用、节能环保产品推广等方面，也具有重要的保障与推动作用。特别是在 2014 年住房和城乡建设部开展的建筑工程质量两年治理行动中，由于落实五方主体责任的要求，房地产商与建筑装饰工程企业的合作更为坚实、有效。

在加强同材料、部品生产经营企业的合作中，中国建筑装饰协会在 2014 年新成立了防水与涂料、石材等专业分会，强化了在材料领域的组织领导力量。2014 年中国建筑装饰协会组织召开了一系列的研讨、交流、表彰活动，加大了材料、部品生产经营企业与建筑装饰工程企业的直接沟通与交流的力度，促进了整个产业链的战略合作。在互联网技术的支持下，在 2015 年整个产业链整合将会不断强化，对社会资源的利用效率将进一步提高。

三、2015 年行业发展形势展望

2015 年是全面推动依法治国的开局之年，全面深化改革的关键之年，也是全面实现“十二五”发展规划的收官之年。虽然存在着不确定、不稳定的因素，但根据中央经济工作会议确定的稳中求进的要求，2015 年我国国民经济仍将保持中高速增长的状态，建筑装饰行业在以现代化、城镇化、工业化为经济、社会总发展途径的大背景下，仍将会有很大的发展空间。

1. 国际经济形势分析

2014 年我国开展了一系列卓有成效的外交活动，基本达到了全球覆盖的目标。虽然在东北亚和南海存在着局部争端，但总体上我国经济发展的国际环境宽松，仍然处于重要的战略机遇期。特别是我国提出的丝绸之路经济带和海上丝绸之路建设的国际经济发展目标，为我国经济发展创造了良好的国际环境。

在这一大背景影响下，建筑装饰行业的发展空间仍将有所扩展，特别是建筑幕墙行业的发展空间将有较大扩展。我国正处于由建筑幕墙生产应用大国向建筑幕墙研发制造强国转化的关键时期，我国的建筑幕墙行业的领军企业在技术创新、全球布局、提升核心竞争力等方面，都具备了国际工程市场的竞争实力。近几年我国的建筑幕墙企业在国际市场的表现十分突出，承接了一批在国际上有影响力的标志性工程，品牌影响力、技术竞争力、工程业绩持续增长。2015 年，这一态势仍将持续，在国际建筑幕墙工程领域中我国建筑幕墙企业承接的工程的比重还将提高，在新兴经济体工程市场将尤为突出。

在全球互联互通的大背景下，除建筑幕墙外，在公共建筑装饰装修、住宅装饰装修方面，我国企业在国际市场中也会有更多机会。特别是随着我国国际地位的提高、中华文化全球的认知水平的提升和综合实力的增强，企业参与国际经济、文化、科技交流活动频繁，特别是“一带一路”经济带的建设和高铁等基础建设技术的对外输出，建筑装饰装修工程市场机遇将会持续增加。近10年来，我国有一批建筑装饰工程企业持续在国际工程市场承接工程，并取得很好的业绩和口碑，具备了在国际工程市场的竞争实力。在国际经济缓慢复苏的过程中，中国做为全球制造业基地，发挥的作用将越来越强劲，建筑装饰装修的国际需求也将不断恢复、增长，我国建筑装饰工程企业的国际工程机遇将会增多。

2. 国内宏观经济形势分析

根据2014年我国经济运行状态分析，虽然我国经济正处在增长速度换挡期、经济结构调整期和前期政策消化期“三期叠加”的困难时期，但我国仍然是一个发展中的大国，发展的战略纵深和潜力很大，还处在城镇化、工业化、现代化的快速发展期，宏观经济形势虽然客观上存在着不利于建筑装饰行业的不稳定、不确定因素，需要业内企业予以高度重视并采取积极的应对措施，但也应看到前途是光明的，树立“发展仍然是硬道理”的信心和决心。

我国宏观经济对建筑装饰行业的发展虽然存在着很多不确定、不稳定因素，但也应该看到，通过深化改革、依法治国将进一步释放改革红利，市场在资源配置中的作用进一步提高，从常态化角度分析，我国宏观经济的发展仍然具有较大的优势。具有基础性、超前性的建筑装饰行业，在经济、社会、政治、文化与生态建设中具有重要的作用，宏观经济发展为建筑装饰行业提供充沛的正能量。

加快城镇化建设是我国实现全面小康的基本国策，也是宏观经济调整和优化结构，提高人民生活品质的基本途径。在城镇化过程中，将为以房地产业为龙头，包括建筑业、装饰装修业、建材业等组成的产业集群提供巨大的市场发展空间。2014年我国城镇人口增加了1.1%，达到7.3亿，按1%的年城市化率计算，每年将有1千多万人口转为城市人口，产生的建筑新需求将有数十亿m^2，因此，在未来10年，中国将保持每年20亿m^2以上的建筑工程量，为建筑装饰行业带来巨大的新市场增量。同时，在存量建筑交易、建筑节能改造、新型小城镇建设等深入发展的社会背景下，建筑装饰行业的市场容量还会高于产业集群中的其他行业。

3. 房地产及相关行业形势分析

根据2014年房地产市场运行状态分析，2015年房地产市场仍然是稳健发展的一年。在大规模城镇化过程中，房地产的基础地位和保障性作用不但不会削弱，反而会越来越强。做为国民经济的支柱产业，2015年房地产开发的投资与建设规模，仍将保持在15%以上的增长，还会常态化地持续高于国家整体经济增长水平。特别是大型房地产商的开发能力经过几轮调控得到了显著提升，商业地产、旅游地产、文化地产等项目增长较快，大型城市综合体建设，将为建筑装饰行业提供可持续增长的工程市场资源。

经过多轮对房地产市场的严厉调控，房地产市场已经发生了重大变化。特别是政府前期的限购政策，投资与投机性购房基本已被挤出市场，2014年之前的几年空置率持续走高，当前房地产开发商库存近 10 亿 m^2 现房，目前已售的空置房总量在 40 亿 m^2。随着国家房产税的征收由试点向全面展开的临近，投机、投资购房者者心理压力加大，特别是拥有大量房产的人士，在强大的反腐倡廉舆论压力和不动产统一登记的作用下，有可能在 2015 年大幅度削减房屋的持有量等因素的作用，这些将引发二手房市场的交易规模的扩大和价格波动，房价上涨的势头已经得到抑制，使得住宅开发建设回归理性。

4. 行业内运行形势分析

根据 2014 年行业运行状态分析，2015 年建筑装饰行业仍将是调整和优化结构、转变行业和企业发展方式，实现加快产业化目标的重要一年，也是行业深化体制机制改革，激发活力的一年。行业、企业、管理及发展品质在 2015 年将会有较强烈的变化。

2015 年新的《建筑装修装饰专项工程设计资质标准》及新资质标准实施细则等一批行业管理标准将出台实施，与 2014 年 11 月 6 日公布的《建筑企业资质标准》一起，构件行业新的资质标准体系。行业内的所有企业，都需要按照新资质标准进行就位，这就必然成为 2015 年行业、企业常态化管理工作的重点。由于新的资质标准在考核指标体系上进行了重大的调整，企业按照新资质标准就位工作还需要在人才结构等方面进行重大调整，也将是 2015 年行业、企业工作的一个重点。

由于新资质标准考核体系和考核指标进行了较大幅度的调整和压缩，相对降低了建筑装修装饰工程企业取得资质的门槛，预计在 2015 年将会有更多新建筑装修装饰工程企业申请获得资质。新资质标准的实施，宽进严管局面的形成，将会激发建筑装饰市场的活力，特别是对大专院校的毕业生独立创业将更为有利，将会产生大众创业、万众创新的新局面。预计 2015 年建筑装饰市场的竞争将会更为激烈，特别是装修装饰工程设计市场将更为繁荣，对推动建筑装饰行业的可持续发展产生重大的影响作用。

2015 年是住房和城乡建设部开展建设工程质量两年治理活动的第二年，也是整治活动全面、深入开展的第一年。随着建设行政主管部门排查、巡查、抽查力度的加大，建筑市场中事中监管的力度将会大大加强。在治理活动中暴露出现的各种矛盾及潜规则，将是进一步深化改革的重点，要通过体制及机制的调整与完善使其更为科学、公正、规范，推动市场秩序和工程运作方式更为规范。行业、企业、工程项目管理模式的常态化的持久、深化改革也将成为 2015 年行业运行中的一大亮点。

2015 年大型骨干企业的扩张力度还将增强，特别是上市公司在全国布局，兼并、重组地方性品牌企业的速度有加快的趋势。企业通过投资与再投资进行结构调整的力度还会持续增强，以互联网、电子商务建设为载体，调整企业的经营结构、转变企业资本、工程的运作方式，提升企业的社会配套服务能力，也将是 2015 年企业运作的亮点。积极做好企业上市的筹备工作，仍然是 2015 年优秀企业的一项重要工作内容，2015 年预计会有 2 ~ 4 家装饰企业上市。

就技术层面上分析，2015 年仍然是大力发展节能减排、低碳环保、生态循环等技术的重要一年。在国家环境污染治理、建筑节能改造、人们低碳生活方式推广、更加注重健康与生命安全、持续关注环境安全等外部压力的作用下，以建筑装饰装修技术发展再造工程的运作模式，推动行业标准化、工业化发展已经成为行业共识。新研发、推广的产品、技术，在提高节能、环保的基础上，更要在成品化、标准化、装配化方面有所突破，以达到提高劳动生产率的目标，特别是要大幅度缩减施工现场的作业人员。

由于建筑装饰行业是一个完全竞争性行业，又是一个以民营经济为主体的行业，行业协会在行业发展中的作用就尤为重要。2015 年将继续在健全和完善行业的标准、规范体系，以标准化、工业化推动行业产业化发展，扶持业内大型骨干企业做强、做大，清理和整顿行业市场，维护公平竞争秩序，加强行业分类指导、提升企业发展品质，推动行业文化建设、共筑行业核心价值观体系，加强产业链建设、搭建跨行业合作平台，反映行业诉求、加强同政府相关部门联系等方面，发挥行业社团组织的作用。

综上所述，2015 年在有利的宏观、中观经济环境的支持下，建筑装饰行业发展前景是光明的，增长速度应略高于整个国民经济的增长速度，预计年增长幅度在 9% 左右。要实现这一增长目标，需要全行业的共同努力，进一步凝聚共识、攻坚克难、不断创新、艰苦奋斗来完成。

第二章　2014年石材行业发展回顾及未来趋势分析

一、2014年经济运行总体情况[①]

2014年，国际市场复苏低于预期，中国经济进入中高速发展的新常态，在国内外需求持续放缓的不利形势下，规模以上企业仍然保持了比较平稳的发展态势，板材产量、销售收入均保持了10%以上的增长；企业库存、产成品及应收帐款增速得到有效控制；加工投资保持高速增长；资源开发力度不断加大，东中西部产业的分布更为均衡，中西部所占比重不断提升。从海关的统计数据看，进出口数量和金额再创历史新高。石材消费由公装市场为主向公装、家装市场并重的转变已经成为行业的共识，以“石善班”和“青石会”为代表的青年石材企业家团体，积极探索新形势下的商业模式创新，抱团发展应对市场挑战。石材用量的不断增长，为石材护理等相关产业的发展提供了广阔的空间。人造石行业迅猛发展，掀起新一轮的投资建设高潮，受到行业广泛关注。[②]

与此同时，规模以上企业主营业务利润增速大幅下滑，企业微利生存的状况继续恶化，企业亏损面及亏损额不断扩大，部分企业处于破产边缘，行业分化显现。政府加大资源环境约束力度，企业的资源开发成本和生产成本不断加大。行业转型升级距离《石材行业“十二五”发展规划纲要》的目标要求还有很大差距。[③]

1. 板材产量[④]

2014年，规模以上企业大理石板材产量为3亿 m^2，比上年同期增长17.2%，增

①规模以上企业数量

2010年末3300家，2011年末2145家，2012年末2408家，2013年末2644家，2014年末2866家。

②生产经营数据统计范围

由国家统计局统计了规模以上石材企业。从2011年起，规模以上工业企业起点标准由原来的年主营业务收入500万元提高到年主营业务收入2000万元；固定资产投资项目统计的起点标准，从计划总投资额50万元提高到500万元。

③数据来源：国家统计局和海关总署。

④东、中、西部地区划分

东部地区包括北京、天津、河北、辽宁、上海、江苏、浙江、福建、山东、广东、海南11个省（市）；中部地区包括山西、吉林、黑龙江、安徽、江西、河南、湖北、湖南8个省；西部地区包括内蒙古、广西、重庆、四川、贵州、云南、西藏、陕西、甘肃、青海、宁夏、新疆12个省（市、自治区）。

速较上年回落 12.8 个百分点；规模以上企业花岗石板材产量为 5.9 亿 m^2，比上年同期增长 13.4%，增速较上年高出 1.1 个百分点。

从区域看，规模以上中西部石材企业大理石板材产量增速为 18.6%，花岗石板材产量增速为 18.9%，分别比东部地区高出 3.9 和 8.3 个百分点。中西部地区大理石板材产量的比重比 2013 年上升了 2.7 个百分点，花岗石板材比重上升了 6.2 个百分点。2014 年区域大理石板材产量增速及比重，花岗石板材产量及比重如表 2-2-1，表 2-2-2，规模以上企业石板产量增幅如图 2-2-1 所示。

表 2-2-1　2014 年区域大理石板材产量增速及比重

区域	2014 年		2013 年	
	增速	比重	增速	比重
东部	14.7%	36.2%	9.6%	38.9%
中部	10.4%	29.5%	85.9%	21.9%
西部	26.7%	34.4%	32.2%	39.2%

表 2-2-2　2014 年区域花岗石板材产量增速及比重

区域	2014 年		2013 年	
	增速	比重	增速	比重
东部	10.6%	64.9%	16.2%	71.1%
中部	16.5%	21.9%	-7.7%	16.2%
西部	23.2%	13.1%	23.2%	12.7%

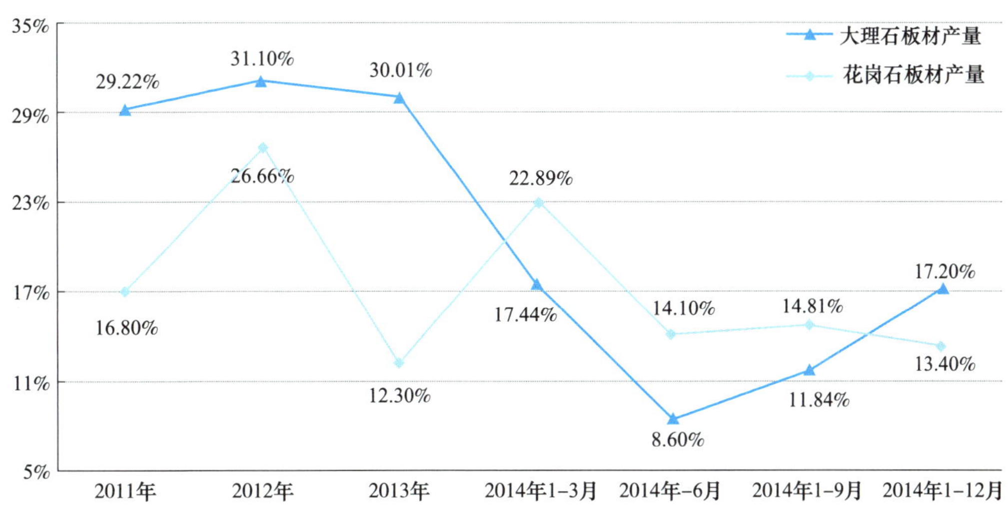

图 2-2-1　规模以上企业石材产量增幅

2. 主营业务收入、成本及利润

2014 年，规模以上企业主营业务收入累计 3980 亿元，比上年同期增长 12.7%，比上年增速回落 8.9 个百分点；主营业务成本 3340 亿元，比上年同期增长 14.7%，增速比上年回落 9.2 个百分点，但主营业务成本增速仍比同期主营业务收入增速高出 2 个百分点。百元收入成本为 83.91 元，比上年高出 1.11 元。主营业务利润 599.6 亿元，比上年同期增长 2.8%，比上年同期增速回落 8.7 个百分点。规模以上企业实现利润总额 328 亿元，比上年同期增长 4.3%，比上年增速回落 23.9 个百分点（图 2-2-2）。

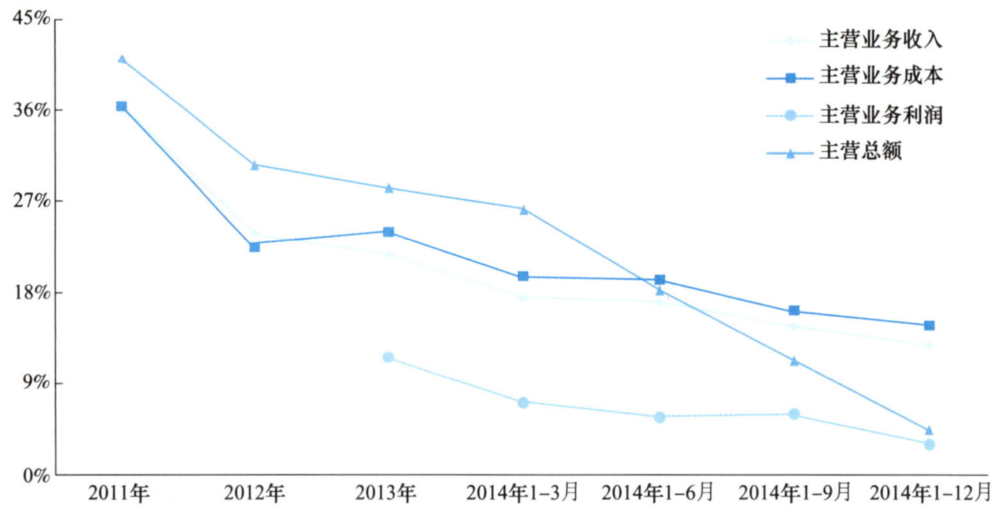

图 2-2-2　规模以上企业主营业务收入、成本、利润及利润总额增幅

2014 年，规模以上开采企业主营业务收入比上年增长 6.0%，成本增长 7.0%，主营业务利润增长 0.9%，利润总额比上年下降 0.5%；增速分别比上年回落 15、15.6、12.9 和 30.1 个百分点。规模以上加工企业主营业务收入比上年同期增长 14.3%，成本增长 16.5%，主营业务利润增长 3.3%，利润总额比上年增长 5.4%；增速分别比上年回落 7.5、7.7、7.6 和 22.5 个百分点。

3. 存货、产成品及应收款

2014 年，规模以上企业存货价值 213.6 亿元，比上年同期增长 8.6%，增速比上年回落 12.7 个百分点；其中，产成品为 117.6 亿元，比上年同期增长 13.6%，增速比上年回落 6.8 个百分点。应收帐款 180.3 亿元，比上年同期增长 16.1%，增速比上年回落 9.7 个百分点（图 2-2-3）。尽管存货、产成品及应收帐款的增速在回落，但由于需求增长放缓，企业面临的资金压力仍在不断增加；应收款的增速仍在高位，企业无论规模大小，催收欠款成为企业年终最重要的工作。对于资金不那么雄厚的广大中小企业，需要特别加强资金管理，不要让欠款成为压垮企业的最后一根稻草。

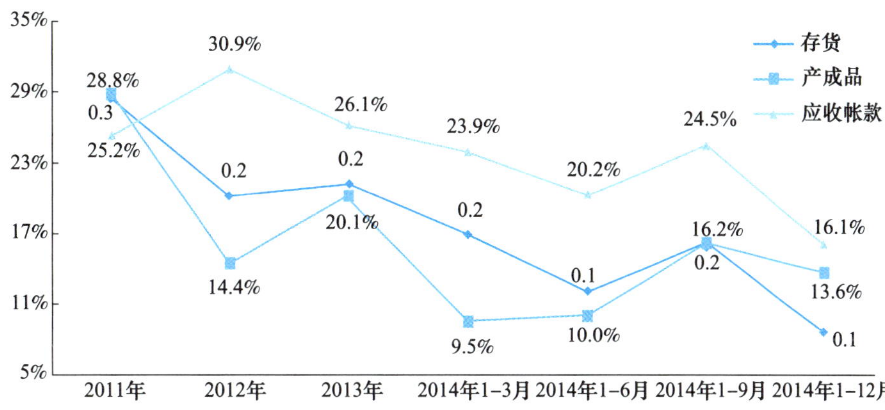

图 2-2-3　规模以上企业存货、产成品及收款变化

4. 亏损面及亏损额

2014 年，规模以上企业 2866 家，亏损企业 89 家，亏损面为 3.11%，亏损额达 2.1 亿元。其中，开采企业 600 家，亏损 24 家，亏损面为 4.00%；加工企业 2266 家，亏损 65 家，亏损面为 2.87%。2014 年以来，行业亏损面迅速扩大，亏损额逐步上升。从行业看，开采企业的亏损面高于加工企业；从区域看，西部地区高于东、中部地区。规模以下企业亏损情况会更为严重。区域企业数量及亏损面统计见表 2-2-3。规模以上企业亏损面及亏损额变化如图 2-2-4 所示。

表 2-2-3　2014 年区域企业数量及亏损面

区域	区域企业数量方案	亏损企业数量方案	区域企业亏损面	开采企业亏损面	加工企业亏损面
东部	1665	53	3.18%	4.1%	3.0%
中部	864	11	1.27%	3.2%	0.5%
西部	337	25	7.42%	5.8%	8.2%

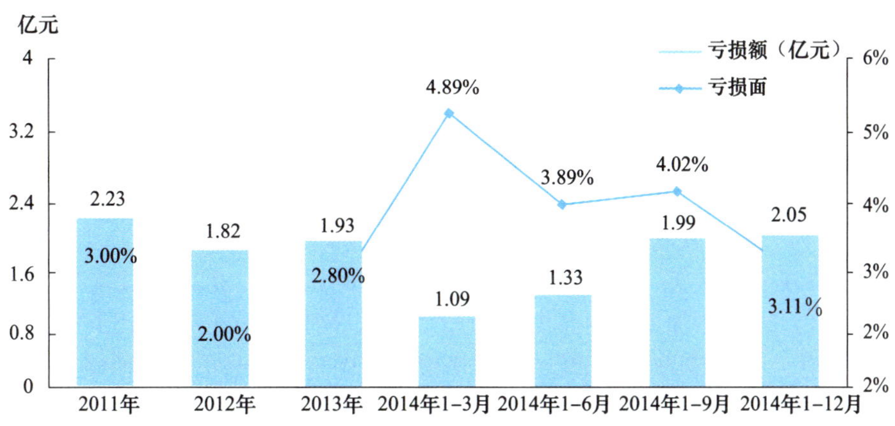

图 2-2-4　规模以上企业亏损及亏损额变化

5. 投资

2014 年，建筑装饰用石开采投资累计 465 亿元，比上年同期下降 3.5%，比上年增速回落 26.5 个百分点。建筑装饰用石加工投资累计 1507 亿元，比上年同期增长 35.3%，比上年增速高出 3.7 个百分点（图 2-2-5）。2013 年开采投资与加工投资开始出现分化，开采投资增速一路下行，而加工投资增速一路上扬，2014 年分化趋势更加显著。是什么原因让投资逐渐远离石材开采，希望这一现象能够引起行业的重视和反思。

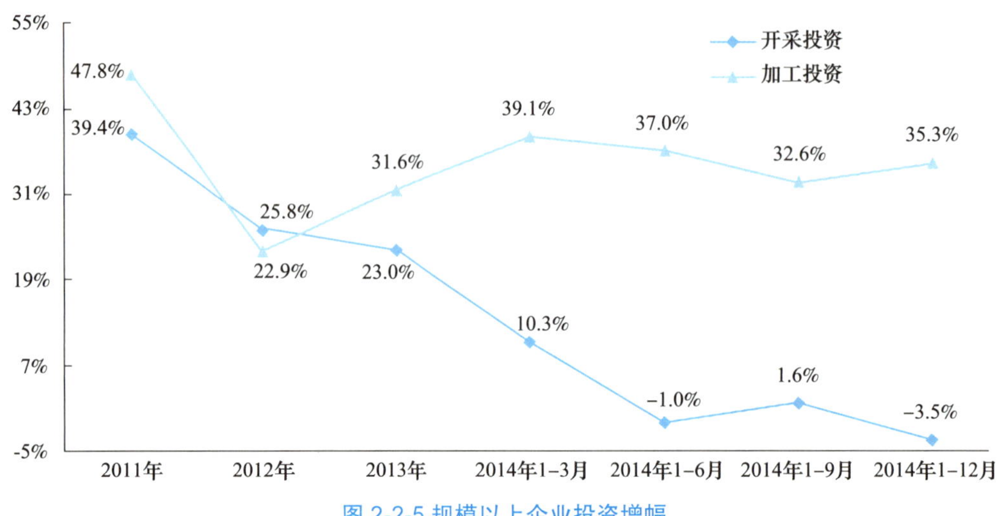

图 2-2-5 规模以上企业投资增幅

6. 进出口

2014 年，石材进口 1527 万 t，同比增长 2.0%，比上年增速回落 7.7 个百分点；进口额为 30.8 亿美元，同比增长 3.1%，比上年增速回落 8.1 个百分点。制品的比重进一步提高，分别占进口总量和进口总额的 0.79% 和 3.74%，比上年高出 0.15 和 0.86 个百分点。

从主要国别看，自印度进口的石材量增长 63.5%，进口货值增长 56.6%。除印度呈现大幅增长外，自埃及、巴西、伊朗和西班牙等主要进口石材来源国的进口量和进口货值整体下降了 23.3% 和 19.8%。

2014 年，石材出口 3181 万吨，同比增长 16.0%，比上年增速高出 2.1 个百分点，出口实现恢复性增长，出口量超过 2008 年，创造历史新高。出口额为 72 亿美元，同比增长 10.4%，比上年增速回落 11 个百分点。扣除海关税则号 25174900 项下商品（石粉、碎石及粉末），石材出口量为 1373.4 万 t，同比增长 13.1%，比上年增速高出 17.6 个百分点；出口额为 71.3 亿美元，同比增长 10.2%，比上年增速回落 11 个百分点。2014 年加工及制品出口 1132.7 万 t，同比增长 1.8%，比上年增速高出 2.6 个百分点；出口额为 70 亿美元，同比增长 10.4%，比上年增速回落 9.6 个百分点。荒料的出口数量比重有所增加，占出口总量的 7.51%，比上年高出 3.84 个百分点。进出口数量的价格趋势如图 2-2-6 所示，与 25174900 相关的出口数量变化情况

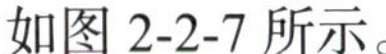
如图 2-2-7 所示。

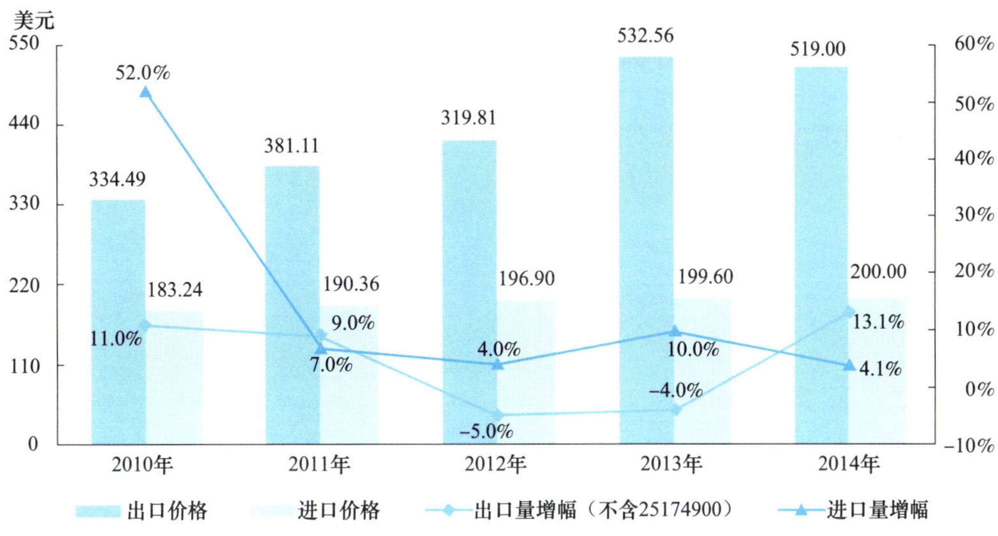

图 2-2-6　进口数量及价格走势图

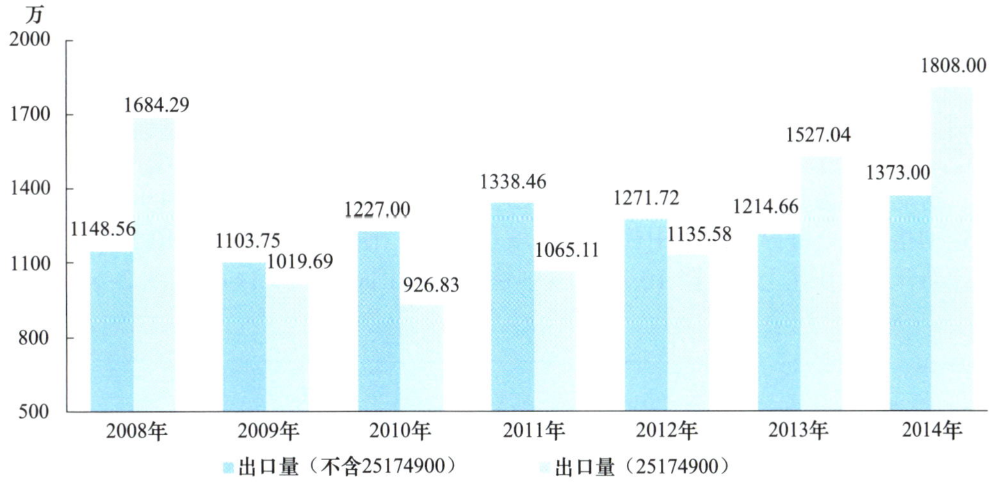

图 2-2-7　与 25174900 相关的出口数量变化

二、当前行业面临的主要问题

1. 市场需求增速放缓

2014 年由于韩、日、美等主要石材消费国经济复苏步伐缓慢，中东及东欧地区局势持续动荡，除欧洲市场恢复性增长外，美国、东盟、中东等主要出口市场增速都较上年显著回落，出口量及出口额的增速回落都在 10 个百分点以上。此外，由于企业的劳动力成本、国内物流运输成本不断上涨，资源、税收、环境方面的压力不断加大，企业在出口方面的成本优势正在逐步丧失，价格竞争优势不复存在，企业面临意大利、西班牙、土耳其、印度、巴西等主要石材出口国的竞争压力不断加大。

随着中国经济逐渐转向中高速发展，固定资产投资增速也在放缓，2014年全国固定资产投资（不含农户）比上年名义增长15.7%（扣除价格因素实际增长15.1%），比上年增速回落3.9个百分点（图2-2-8）。

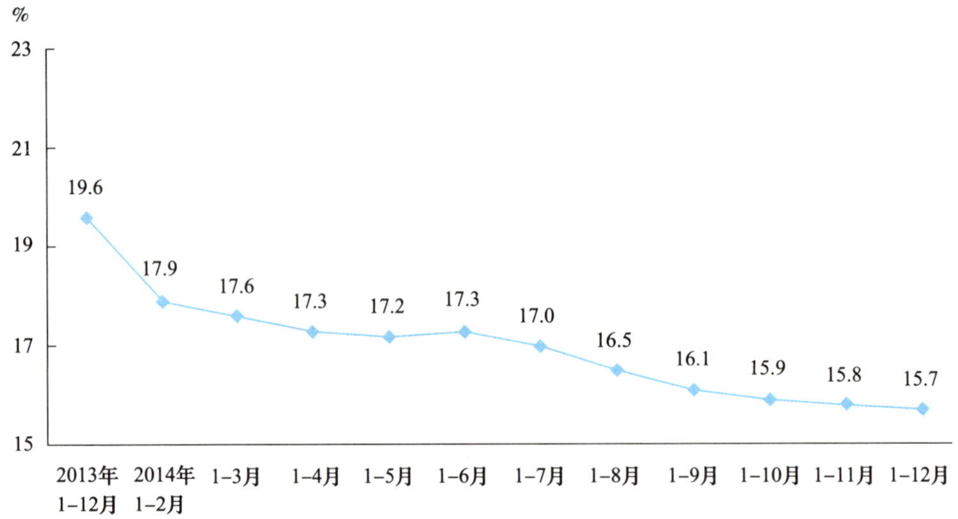

图2-2-8　固定资产投资（不含农户）同比增速

房地产开发投资比上年名义增长10.5%（扣除价格因素实际增长9.9%），比上年增速回落9.3个百分点；其中住宅投资增长9.2%，比上年增速回落10.2个百分点。房屋新开工面积比上年下降10.7%，其中住宅新开工面积下降14.4%（图2-2-9）。

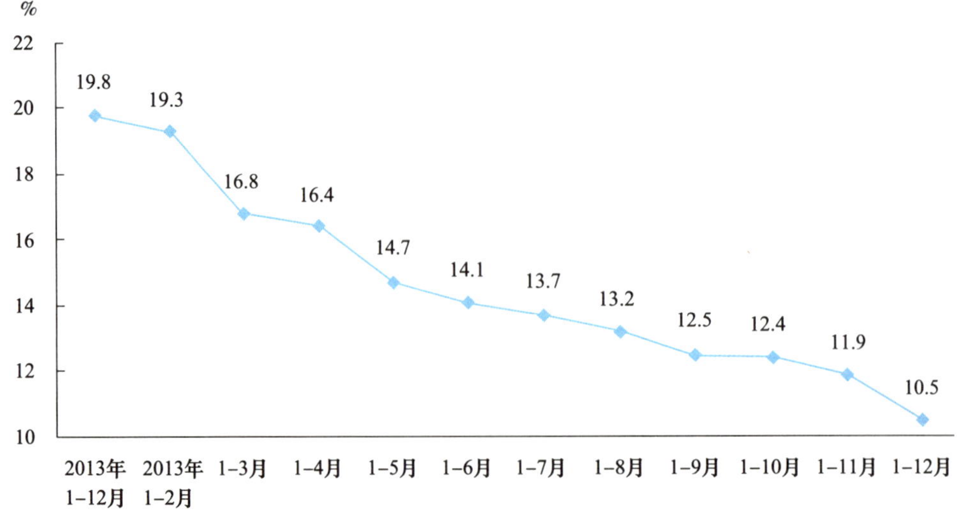

图2-2-9　全国房地产开发投资增速

全国商品房销售面积比上年下降 7.6%，其中住宅销售面积下降 9.1%。全国商品房销售额比上年下降 6.3%，其中住宅销售额下降 7.8%。房地产开发企业土地购置面积比上年下降 14.0%（图 2-2-10）。全国商品房待售面积比上年增长 26.1%。

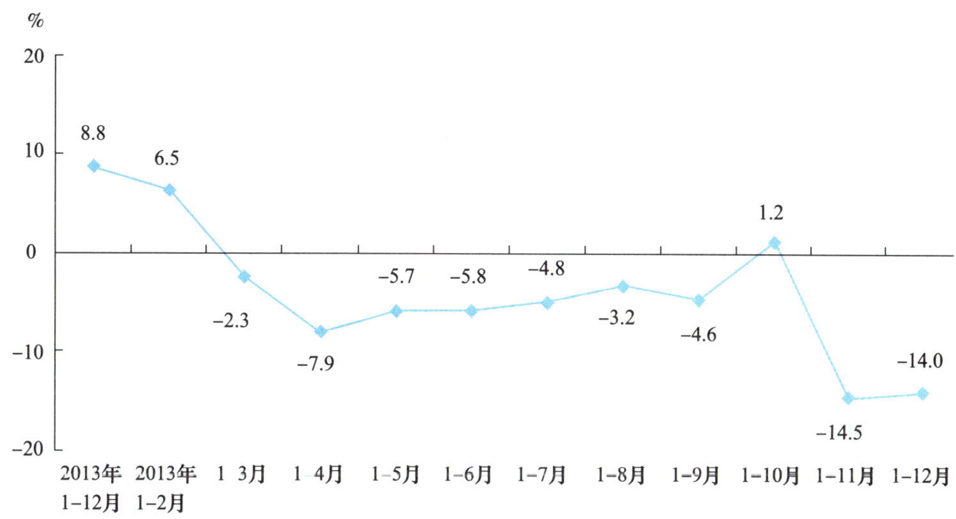

图 2-2-10 全国房地产开发企业地购置面积增速

在国内外市场的双重压力下，石材企业经历了经济危机以来最艰难的一年，以水头为代表的全国主要石材市场都出现了因企业资金链断裂而导致石材企业老板跑路的情况。从水头石材指数看，无论是价格指数还是景气指数，都呈现一路下滑的态势。2014 年南安石材企业聚集的石井、官桥和水头的用电量均呈负增长。原本对 2014 年市场充满信心的大型石材企业也不得不谨慎应对，调整发展战略。除部分规模企业略有增长外，大部分企业的经营状况与上年持平或有下降，还有相当一部分中小企业处于停产或濒临破产状态。

2. 行业缺乏创新、转型动力不足

我国的经济发展方式正在从规模速度型粗放增长转向质量效率型集约增长，在当前市场增长放缓、竞争不断加剧的形势下，不少企业仍不愿摆脱长期以来对传统经济增长方式和原有企业发展模式的依赖，抱残守缺，希冀市场再度转暖，不愿去改变固有的经营模式。

行业发展不规范、行业内的低价恶性竞争普遍存在，低端企业过多、竞争压力层层下传，没有形成上下游相互提升的创新机制。由于担心同行的仿造和低价恶性竞争，一些企业在新产品开发和新装备投资方面踟蹰不前，企业创新的意愿被扼制，这在天然石和人造石企业中都很普遍。

此外，企业基础差，能力弱、缺乏技术人才和政策支持不到位等也是制约企业创新的重要原因。

3. 行业管理水平低制约行业发展

长期以来，石材开采、加工企业特别是中小型企业，始终延续着粗放式的生产经营模式，在资源节约、环境保护、职工健康方面缺乏社会责任意识、疏于管理，致使行业背负了脏、乱、差，污染环境的恶名。与石材加工相比，无论是行政管理、企业管理还是市场经营，开采行业都更加粗放。

石材行业中，家族式企业占据了大多数。随着企业规模的发展壮大和市场竞争的激烈化程度不断增加，家族式管理的一些弊端逐渐显现，虽然现在的石二代掌门人在知识水平、经营理念等方面与他们的父辈都有了很大的提升，但行业整体管理水平低的现状与发展现代石材业的要求还有很大差距，不利于企业的组织结构调整、人才培养和科学决策，制约了企业的发展。

三、建议及对策

1. 认清形势、积极开拓国内外市场

从出口市场看，与韩、日、欧、美等传统市场相比，东盟、中亚近年来增长迅猛。石材企业应加强相关市场调研，积极利用好中国–东盟自贸区优惠政策、探索国家“新丝绸之路经济带”发展战略的市场商机，积极开发国外矿山，抓住时机“走出去”，利用好国内外两个市场、两种资源，实现企业的发展壮大。

绿色发展、循环发展、低碳发展已经成为重大国家战略，2013 年《绿色建筑行动方案》发布，《2014 ~ 2015 年节能减排低碳发展行动方案》中提出到 2015 年新增绿色建筑 3 亿 m^2。各地方政府纷纷发布了地方的绿色建筑行动方案。2014 年 5 月住建部和工信部两部委联合发布了《绿色建材评价标识管理办法》(建料 [2014]75 号),《绿色建筑评价标准》(GB/T 50378-2014) 也经住建部批准成为国家标准，自 2015 年 1 月 1 日起开始实施。“绿色建筑”必将成为众多房地产商实现转型升级的抓手。石材是天然的绿色建材，具有节能、环保的自然属性，生产环节的能耗仅相当于 0.3t 标准煤，在所有建材产品中是最低的，其生命周期成本与陶瓷、木材相比也具有相当的优势。很多企业已经看到其中的巨大商机，环球石材、鹏翔岗石等已经率先通过“绿色建筑选用产品”审查，入选了《绿色建筑选用产品导向目录》。获得市场的相关认证认可将成为今后石材企业提高市场竞争力提供重要途径。

进军家装市场已经成为行业发展的共识，加快探索进入家装的有效途径，是石材行业亟待解决的重要课题。石材行业长期以来适应市场有余而影响市场不足。作为提档升级的装修材料，石材未来要进入家装，必须要实现石材行业对石材消费需求的引领，需要行业做好宣传，让社会全面认识、了解石材，了解石材的安全、环保、节能、高档天然属性，认识石材浑然天成的自然之美。拓展石材的家装市场，还需要企业以质量为根本，积极打造石材品牌，以中高收入群体需求为主，推出适合家装的标准化、规格化产品，加强与设计师的合作、通过对石材设计师的培养引导消费者放心使用。

2. 鼓励创新、加快行业转型

创新能力是我们与意大利等石材强国的最大差距。中国石材要实现强国梦，必须要创新，通过产品创新、技术创新、营销创新和管理创新，提升产品质量和设计水平，才能使“中国制造”赢得国内外市场。

2014 年我们看到石材行业巨头和新崛起的领军企业进行了一系列转变，高时集团积极完善专卖店体系，探索进入家装新渠道；环球集团布局人造石市场，溪石集团在深耕细作“石材与装饰”一体化的同时，推出了“溪石国际石材展销中心”；康利集团推出石尚空间，与意大利知名石材企业联手抢占国内的高端石材市场；以宗艺石材领军的规格化复合板在市场中异军突起。

在今后石材业的发展中，企业应加快向精、专、特、优的方向发展，实现差异化经营，提高核心竞争力，从而实现从规模速度型粗放增长向质量效率型集约增长的转变。

3. 提升管理水平，推进产业升级

石材行业转型升级，迫切需要在全行业推行清洁生产，而清洁生产的实现，离不开企业管理水平的提升。

《饰面石材露天矿山技术规范》和《石材行业清洁生产技术规范》（CSBZ 001-2013）等标准的颁布和实施，为企业加强管理提供了依据，金刚石绳锯、链臂锯、矿山锯的开发应用，为企业提高效率、保护资源和提高资源利用率提供了保障；与石材生产过程中的废水、废渣、粉尘相关的污水处理、收尘以及综合利用技术已经十分成熟。解决上述问题的关键不在技术而在管理。改变石材行业小、散、乱，噪声、污染的现状，并非是艰深的课题，而是需要政府加强监管、企业家转变观念，使得行业整体管理水平得到提升，加快石材行业向现代企业转变。

令人鼓舞的是，在行业转型升级中，既有大企业的率先垂范，也有小企业的勇于担当。浙江省遂昌县云峰镇连头石材工业园区建设过程中践行有序开发、集聚加工和资源综合循环利用，为石材园区的建设树立了榜样。

协会将继续推动石材标准体系的健全和完善，加强现有标准的宣贯，推动政府加强监管，提高标准的执行力度和行业准入门槛，加快淘汰落后，为守法经营的企业营造公平的竞争环境，扩大企业国内外的市场空间，促进行业的健康持续发展。

四、发展趋势预测

2015 年，是承上启下的一年，是力争实现“十二五”规划目标、为“十三五”规划实施打好坚实基础的关键一年。

展望 2015 年，世界经济仍将呈缓慢复苏态势，经济整体表现将好于 2014 年。其中，美国仍将保持较强的复苏态势，发达国家及新兴市场经济体有望加大基础设施投资力度。与此同时，随着日本及欧元区国家采取更为积极的货币政策，以及美元的走强，全球汇率的波动风险加大；中东地区的动荡以及乌克兰危机也将继续影响区域经济贸易的发展。

2015 年，中国经济增长将在新常态下的合理区间运行，改革将继续深化，产业结构及投资消费结构将继续得到优化。根据中国社会科学院发布的经济蓝皮书：《2015 年中国经济形势分析与预测》，预计 2015 年，中国 GDP 增长 7.0% 左右，固定资产投资将达 59.4 万亿元，名义增长 14.7%，增速比 2014 年进一步回落；综合考虑到国内外需求因素及大宗商品价格因素，预计 2015 年出口和进口分别增长 6.9% 和 4.6%。

中国正在由“世界工厂”向“世界市场”转变。正确认识我国经济发展的新常态，适应国内市场的需求变化，是石材企业面临的紧迫任务。未来一段时期，广大石材企业将顺应产业转移、产业转型、产业升级的发展趋势，把握和抓住国家的西部开发、中部崛起、东北振兴、东部率先的区域发展总体战略以及“一带一路”、京津冀协同发展、长江经济带三大战略带来的市场机遇，积极适应市场变化，以提高质量和效益为中心，突出创新驱动，逐步实现产品结构调整、管理模式调整、营销模式调整和从业人员素质的提高，由依靠投资拉动的公装市场向依靠消费拉动的家装市场转变。

据此，我们预计，2015 年石材行业的转型升级将进一步加快，石材行业仍将保持平稳增长，增速将继续回落。规模以上石材企业大理石、花岗石板材等，主营业务，实现利润比上年增长 10% 左右。随着更多投资进入石材行业以及现有企业的升级改造，加工投资仍将保持快速增长。石材进出口将继续保持增长，增速预计在 3% 左右。

第三章　2014年瓷砖行业发展回顾及未来趋势分析

近年来，中国陶瓷产业经历了怎样的发展，生产企业数量、生产线数量、产品结构、产能规模都经历了怎样的变化？中国陶瓷砖产能最新数据，引发多方关注。

一、全国瓷砖产能整体情况

数据显示，截至2014年（本次调查）全国共有陶瓷砖生产企业1452家，同比2011年（上次调查）的1364家增加88家，增长6.45%；2014年全国陶瓷砖生产线3621条（含西瓦生产线181条），同比2011年的3279条增加342条，增长10.43%。

2014年全国陶瓷砖日产能达4503.6万m^2（不含西瓦），若以310天的生产周期计算，年产能达139.6116亿m^2，同比2011年的108.0629亿m^2增加31.5487亿m^2，增长29.19%；与此同时，2014年全国在线喷墨机数量达2636台；此外，2014年全国西瓦生产线共181条，总日产能1756.13万片。

其中，广东省陶瓷砖日产能1328.82万m^2，同比2011年增长18.86%，占全国总产能29.5%；福建陶瓷砖总日产能559.5万m^2，同比2011年增长28.21%，占全国总产能12.4%；山东陶瓷砖总日产能521.89万m^2，同比2011年增长4.05%，占全国总产能11.6%；江西陶瓷砖总日产能460.89万m^2，同比2011年增长38.99%，占全国总产能10.2%；四川陶瓷砖总日产能266.75万m^2，同比2011年增长6.3%，占全国总产能5.9%；河南陶瓷砖总日产能222万m^2，同比2011年增长82.57%，占全国总产能4.9%。

2014年全国实际保有陶瓷砖生产线3621条（另有180余条西式瓦生产线，年产量超过2亿m^2），实际有效产能超过130亿m^2（在表2-3-1，图2-3-1）。在2013年市场需求意外好转的刺激下，导致2014年十多亿m^2的新增产能冲击市场，加剧了市场份额的竞争和价格战的形成，全国建筑陶瓷产能供给超过需求增长的矛盾更加突出。

表 2-3-1：全国陶瓷厂及生产线数量（以建成）概况

序号	地区	生产线数量（含西瓦）				企业数量			
		2014 年（条）	2011 年（条）	增减（条）	增长幅度	2014 年（家）	2011 年（家）	增减（家）	增长幅度
1	广东	1062	1079	–17	–1.58%	223	214	9	4.21%
2	福建	554	489	65	13.29%	246	201	45	22.39%
3	山东	512	555	–43	–7.75%	199	314	–115	–36.62%
4	江西	342	226	116	51.33%	134	115	19	16.52%
5	四川	241	276	–35	–12.68%	147	136	11	8.09%
6	湖北	114	70	44	62.86%	49	38	11	28.95%
7	河南	112	96	16	16.67%	68	47	21	44.68%
8	辽宁	102	90	12	13.33%	55	53	2	3.77%
9	河北	89	62	27	43.55%	51	38	13	34.21%
10	广西	86	26	60	230.77%	47	18	29	161.11%
11	湖南	74	49	25	51.02%	27	16	11	68.75%
12	陕西	48	48	0	0.00%	31	29	2	6.90%
13	山西	46	41	5	12.20%	31	27	4	14.81%
14	云南	39	28	11	39.29%	16	12	4	33.33%
15	浙江	39	24	15	62.50%	10	8	2	25.00%
16	新疆	29	21	8	38.10%	19	16	3	18.75%
17	安徽	26	18	8	44.44%	22	19	3	15.79%
18	江苏	18	12	6	50.00%	14	15	–1	–6.67%
19	甘肃	17	6	11	183.33%	15	7	8	114.29%
20	重庆	17	9	8	88.89%	8	8	0	0.00%
21	贵州	14	12	2	16.67%	13	10	3	30.00%
22	内蒙古	14	13	1	7.69%	10	5	5	100.00%
23	宁夏	8	7	1	14.29%	3	3	0	0.00%
24	上海	7	13	–6	–46.15%	2	3	–1	–33.33%
25	吉林	5	4	1	25.00%	6	6	0	0.00%
26	黑龙江	3	1	2	200.00%	3	3	0	0.00%
27	海南	1	1	0	0.00%	1	1	0	0.00%
28	西藏	1	1	0	0.00%	1	1	0	0.00%
29	青海	1	2	–1	–50.00%	1	1	0	0.00%
总计		3621	3279	342	10.43%	1452	1364	88	6.45%

注：此处年产能按 310 天计。

在产品品种的变化上，最引人注目的2011年全国共有1081条抛光砖生产线，而2014年全国抛光砖生产线总数为837条，下降23%。类似下降的还有外墙砖生产线（2011年608条；2014年589条）。与之相反，仿古砖生产线2011年有381条，2014年498条；全抛釉生产线2011年未作品类，2014年有318条。这些产品品类生产线数量的变化，都展示着我国瓷砖产品品类结构的变化方向。

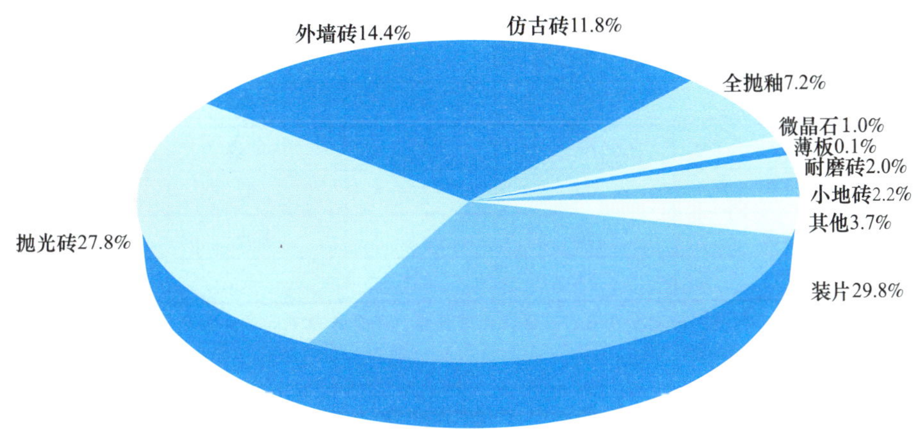

图 2-3-1　各类瓷砖产能占全国产能比例

2014年喷墨打印技术已经发展成为瓷砖印花装饰主流技术，喷墨印花设备已经在全国各个瓷砖产区普及应用。调查数据显示，目前全国上线喷墨花机达到2636台，加上其他陶企使用的试验机、砖坯再装饰使用的喷墨花机，全国估计达到近2800台（表2-3-2）。其中，喷墨机在线使用上百台的产区有：广东省上线喷墨机数量为536台，山东省为488台，福建为345台，江西省为290台，四川省为181台，辽宁省为143台，河南省为134台，广西为109台。但2014年喷墨花机的增长速度大幅度下降，可以认为，我国瓷砖生产所应用的喷墨花机总量已经接近平衡点，以后喷墨花机的发展应用主要表现在更新换代方面。在喷墨花机的生产制造中，国产装备已经占据了绝对优势，与喷墨印花相对应的陶瓷墨水，国产化的比例2014年已经快速上升，至2014年国产墨水市场份额已经大大超过50%，也因此陶瓷墨水价格2014年出现全面跳水，特别是进口墨水价格已下降逼近国产同等墨水的市场价格。陶瓷墨水功能化，喷釉技术在2014年也有了一定的发展。

原料制备方面，干法制粉、连续球磨、神工快磨三大技术全面登场，将全面推进原料制备技术的革新进步。

表 2-3-2　全国各省份在线喷墨机数量

序号	省、市、自治区	喷墨机（台）	序号	省、市自治区	喷墨机（台）
1	广东	536	14	云南	31
2	山东	488	15	陕西	29
3	福建	345	16	新疆	21

续表

序号	省、市、自治区	喷墨机（台）	序号	省、市自治区	喷墨机（台）
4	江西	290	17	安徽	20
5	四川	181	18	贵州	14
6	辽宁	143	19	甘肃	11
7	河南	134	20	黑龙江	11
8	广西	109	21	重庆	5
9	湖北	82	22	宁夏	3
10	山西	63	23	内蒙古	2
11	河北	49	24	上海	1
12	湖南	36	25	青海	1
13	浙江	31	总计	——	2636

注：江苏、吉林、西藏、海南等4省、自治区无喷墨机，不列入此表。另私抛厂、抛晶砖等工厂的喷墨机数量未列入该统计。

广东省仍然是我国瓷砖的最大生产制造产地，生产线总量相对2011年减少17条，达1062条，生产线总数的比例也略有下降。广东省拥有佛山、肇庆、清远、恩平等重量级的瓷砖生产基地，拥有全国瓷砖生产线总数的约30%，目前仍然没有可以与相提并论的瓷砖生产制造大省。全国拥有瓷砖生产线第二多的省份福建省仅有瓷砖生产线554条，相对2011年增加65条，增长13.29%。全国各产区产能占比如图2-3-2所示。

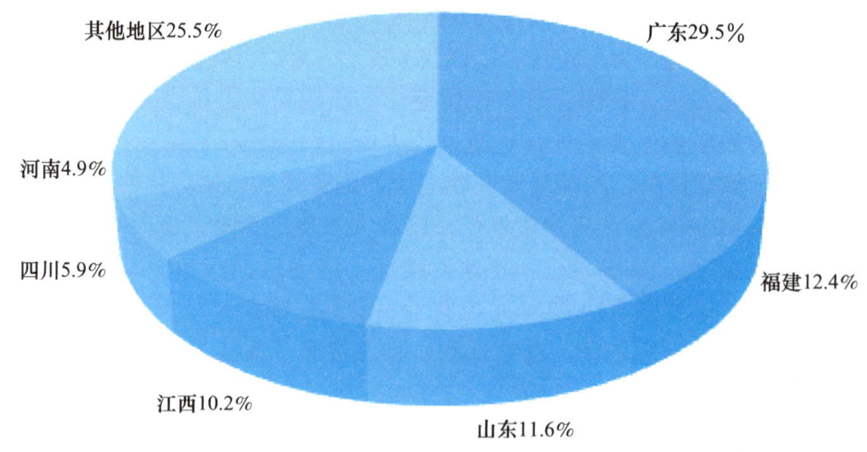

图2-3-2 全国各产区产能所占比例

在全国各产区陶瓷厂使用的主要燃料中，水煤气依旧占据着最大的比重，约为80.14%。随着天然气基础设施建设以及相关工作的推进，天然气的比重也逐步加大，约为 18.62%，目前，使用天然气的陶瓷企业较多位于福建晋江、广东佛山、上海、浙江杭州、重庆、湖北咸宁等地。

此外，也有少数企业使用其他燃料（包括焦化气、液化气、煤层气等），这部分占据了约 1.24% 的比重（图 2-3-3）。

图 2-3-3　各类燃料占比示意图

2014 年全国各地各级政府加大了节能减排和环境治理工作的执行力度，福建泉州地区建筑陶瓷企业大部分完成了清洁能源的改造工程；山东淄博地区根据“淘汰一批、改造一批、提升一批”的政策规划，淘汰了 1/4 的建陶落后产能；广东清远和肇庆、江西高安、辽宁法库、四川夹江等建陶主产区政府根据当前节能减排的形势对发展当地建陶产业的政策与思路着手进行重新梳理和规划。

2014 年全国陶瓷行业环保减排最严重的事件是上半年“肇庆事件”与“晋江事件”。由于 2014 年第一季度广东省 21 个地级市加顺德区的空气质量排名中，肇庆市环境空气综合质量指数再次排名倒数第一。2104 年 4 月肇庆市环境综合治理领导小组下发通知，要求肇庆市未完成“煤改气”，或环保达标治理的陶瓷企业须在 4 月 15 日后减产 50%。福建省晋江及南安地区陶瓷生产企业，在 2013 年基本完成了“煤改气”替代。但在 2014 年 5 月，晋江相关燃气供应公司由于供气量不足，向晋江市政府提交“关于分片区停供天然气的紧急报告”，报告要求将晋江建陶用户分为 6 个片区进行轮流停供，每个片区停供时间为 15 天。这样的燃气停供，将严重影响瓷砖生产企业的连续生产，而给陶企造成极大的损失，因此导致了 5 月 29 日晋江、南安两地陶企近 200 人聚集燃气公司讨说法的群体事件。

2015 年 1 月 1 日，被称为“史上最严”的新环保法正式实施。被公众认为是高能耗、高污染的陶瓷行业，也再次感受到更强的环保政策压力，倒逼陶瓷企业转型升级，迫使企业加大环保设施投入，行业的平均生产成本上移，但由于产能过剩，难以向下游消费用户转移成本。最终，环保成本将大部分由企业来承担，淘汰落后企业，实行兼并重组将成为今后行业的新常态。

二、全国十大建陶产区及各类瓷砖十大产区（图 2-3-4 ~ 图 2-3-11、表 2-3-3 ~ 表 2-3-11）

2014 年，在全国各陶瓷产区中，广东肇庆、广东佛山、福建晋江、山东淄博、江西高安、广东清远、山东临沂、广东江门、四川夹江、辽宁法库等 10 个产区瓷砖日产能均破百万，入围全国建陶产区前 10 强，成为了构建中国建陶产业新版图的重要组成部分。十产区产能占全国总产能的 55.64%。

而在 2014 年全国建陶产区前 10 排行榜中，广东除有佛山产区居全国第二之外，广东肇庆、佛山、清远、江门四产区均上榜，肇庆产区（瓷砖日产能 392.6 万 m^2）、清远产区（瓷砖日产能 248.1 万 m^2）以及江门产区（瓷砖日产能 166.4 万 m^2）经过近年来的发展跻身至全国 10 大产区之列，分别位列第一、第六以及第八。由此可以看出，即使是在佛山陶瓷大部分外迁转移、全国各产区蓬勃发展的当下，广东陶瓷的霸主地位依然无可撼动。

此外，福建晋江、山东淄博、四川夹江三大产区在历经了近几年转型升级的改造后，在 2014 年的调查统计中，分别以瓷砖日产能 327.3 万 m^2、308.68 万 m^2、156.15 万 m^2 位列全国第三、第四、第九大产区；江西高安作为承接佛山陶瓷转移的重要产区之一，自 2007 年后蓬勃发展，此次凭借 261.64 万 m^2 的瓷砖日产能成为全国第五大建陶产区；山东临沂、辽宁法库则以日产能 197.21 万 m^2 和 117.85 万 m^2 的成绩跻身第七、第十名。

表 2-3-3　抛光砖产能前十产区

序号	省市	生产线（条）	日产能（万 m^2）
1	广东	485	688.6
2	江西	78	125.9
3	河北	47	94.4
4	山东	58	62.5
5	河南	27	59.5
6	湖南	24	39.4
7	湖北	20	37.7
8	广西	19	36.5
9	四川	25	32.1
10	辽宁	21	31.7

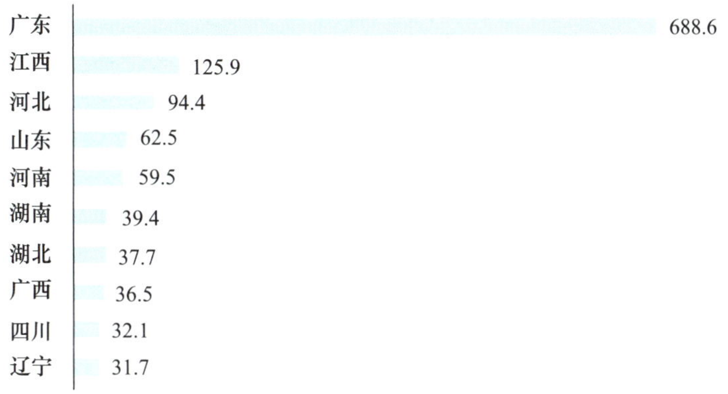

广东
688.6
江西
125.9
河北
94.4
山东
62.5
河南
59.5
湖南
39.4
湖北
37.7
广西
36.5
四川
32.1
辽宁
31.7

图 2-3-4　抛光砖产能前十产区（万 m^2）

表 2-3-4　仿古砖产能前十产区

序号	省市	生产线（条）	日产能（万 m^2）
1	广东	151	132.25
2	福建	105	104.9
3	江西	48	69.15
4	山东	60	51.4
5	四川	37	44.4
6	广西	17	28.3
7	湖南	14	19.7
8	湖北	13	18.3
9	云南	8	10.6
10	贵州	5	8.1

广东
132.25
福建
104.9
江西
69.15
山东
51.4
四川
44.4
广西
28.3
湖南
19.7
湖北
18.3
云南
10.6
贵州
8.1

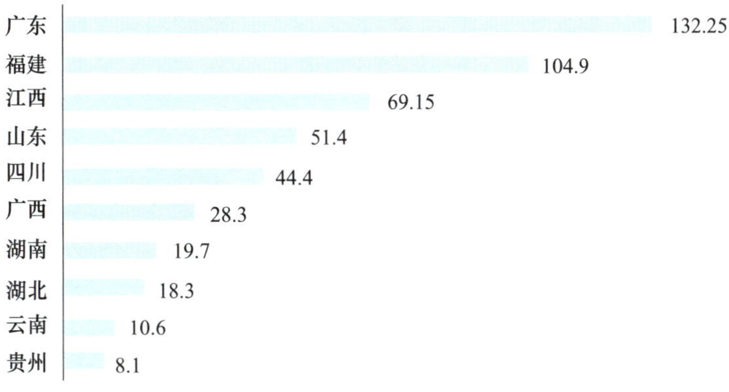

图 2-3-5　仿古砖产能前十产区日产能（万 m^2）

表 2-3-5　瓷片产能前十产区

序号	省市	生产线（条）	日产能（万 m^2）
1	广东	150	253
2	山东	165	210.11
3	江西	55	113.7
4	福建	72	108.1
5	河南	39	99.7
6	四川	62	92.55
7	辽宁	49	92.4
8	广西	24	72.4
9	湖北	30	58.1
10	河北	24	36.5

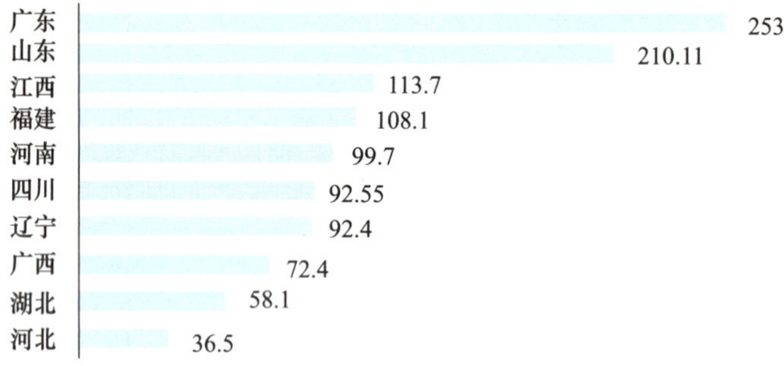

图 2-3-6　瓷片产能前十产区日产能（万 m^2）

表 2-3-6　外墙砖产能前十产区

序号	省市	生产线（条）	日产能（万 m^2）
1	福建	304	308
2	江西	43	62.6
3	广东	73	60.65
4	四川	47	47.8
5	河南	17	30.6
6	湖北	18	24.2
7	云南	13	17.6
8	陕西	9	14.3
9	湖南	9	14.2
10	广西	10	12

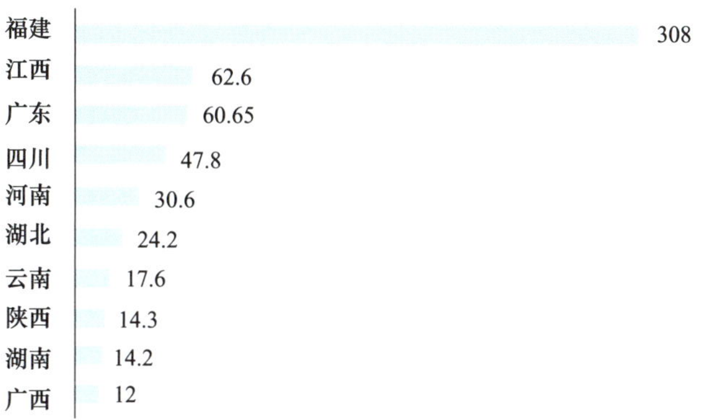

图 2-3-7 外墙砖产能前十产区日产能（万 m^2）

表 2-3-7 全抛釉产能前十产区

序号	省市	生产线（条）	日产能（万 m^2）
1	广东	118	126.3
2	山东	78	69.45
3	江西	44	41.13
4	四川	20	19.7
5	福建	10	10.7
6	河南	8	10
7	广西	7	9.6
8	辽宁	7	9.4
9	河北	4	7.1
10	湖北	7	6.1

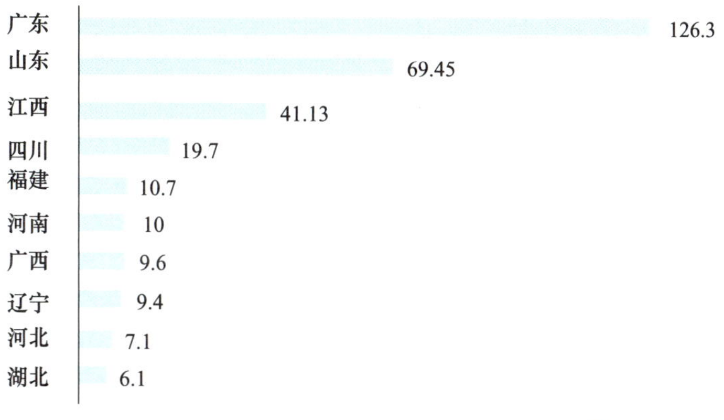

图 2-3-8 全抛釉产能前十产区日产能（万 m^2）

表 2-3-8　其他地砖产能前十产区

序号	省市	生产线（条）	日产能（万 m^2）
1	广东	61	56.97
2	江西	29	41.41
3	山东	43	33.65
4	四川	23	20.85
5	福建	18	15.6
6	广西	9	14.9
7	河北	9	13.7
8	辽宁	8	8.2
9	河南	8	7.6
10	新疆	6	7.5

注：其他地砖包括小地砖、水晶砖、微晶石、广场砖、薄板、陶板等。

图 2-3-9　其他地砖产能前十产区日产能（万 m^2）

表 2-3-9　其他产品产能前十产区

序号	省市	生产线（条）	日产能（万 m^2）
1	山东	94	85.58
2	陕西	7	11.2
3	广东	11	10.85
4	福建	17	10.1
5	四川	11	9.35

续表

序号	省市	生产线（条）	日产能（万 m^2）
6	江西	5	7
7	河南	7	6.2
8	吉林	1	4
9	陕西	2	2.2
10	甘肃	1	2

注：其他产品包括腰线、地脚线等。

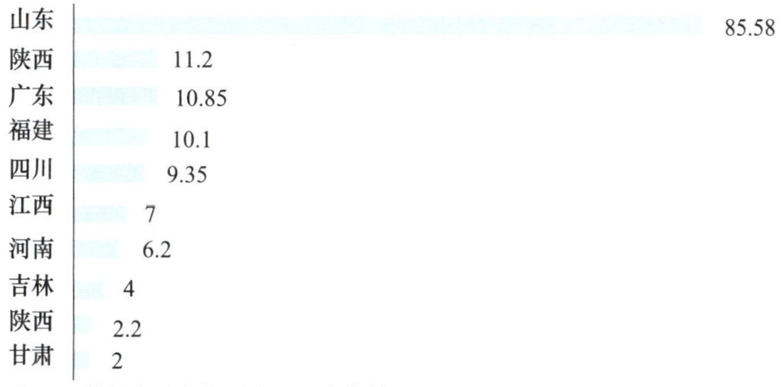

图 2-3-10　其他产品产能前十产区日产能（万 m^2）

表 2-3-10　西瓦产能前五产区

序号	省市	生产线（条）	日产能（万片）
1	江西	40	608
2	四川	16	198.6
3	湖北	21	192.1
4	湖南	11	130
5	江苏	11	102

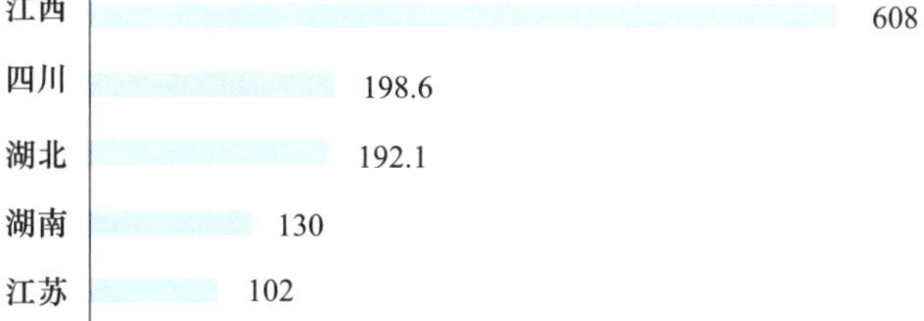

图 2-3-11　西瓦产能前五产区日产能（万 m^2）

三、全国瓷砖重点省区产能具体情况

广东共有陶瓷企业 223 家，现已建成生产线 1062 条（含西瓦），日总产能 1328.82 万 m^2。其中，全抛釉生产线 118 条，日产能 126.3 万 m^2；抛光砖生产线 485 条，日产能 688.6 万 m^2；外墙砖生产线 73 条，日产能 60.65 万 m^2；瓷片生产线 150 条，日产能 253 万 m^2；仿古砖生产线 151 条，日产能 132.25 万 m^2；小地砖生产线 2 条，日产能 0.9 万 m^2；微晶石生产线 35 条，日产能 23.5 万 m^2；水晶砖 18 条，日产能 27 万 m^2；薄板生产线 3 条，日产能 1.37 万 m^2；广场砖 5 条，日产能 4.4 万 m^2；其他生产线（包括色砖、黑砖等）11 条，日产能 10.85 万 m^2。此外，广东地区共有西瓦生产线 11 条，日产能 42.3 万片。

另据统计，广东省在线使用喷墨机 534 台。

福建目前拥有建筑陶瓷企业数量 246 家，共有 554 条生产线，日总产能 559.5 万 m^2（不含西瓦）。其中，瓷片 72 条（含 1 条改建中），日产能 108.1 万 m^2；仿古砖 105 条，日产能 104.9 万 m^2；外墙砖 304 条，日产能 308 万 m^2；小地砖 6 条，日产能 10 万 m^2；全抛釉 10 条，日产能 10.7 万 m^2；陶土板 8 条，日产能 2.8 万 m^2；薄板 3 条，日产能 1.7 万 m^2；微晶石 1 条，日产能 1.1 万 m^2；抛光砖线 3 条，日总产能 2.1 万 m^2；西瓦线 25 条，日总产能 74.8 万片（筒瓦：件）；其他（包括太阳能、墙地砖、劈开砖、腰线）生产线 17 条，日产能 10.1 万 m^2。在线喷墨机 345 台。

山东建陶产业散布于 7 个地级市，16 县（市、区），除淄川、张店、周村、罗庄产业布局相对较为集中、集聚效应明显之外，余下大部分地区各仅有 1 ~ 3 家陶瓷企业。整个山东产区瓷砖日产能达 521.89 万 m^2，西瓦日产能 37 万片。

尤其是淄博建陶产业分布于 4 个区（县），除淄川区、张店区产业布局相对较为集中，集聚效应明显之外，余下大部分地区仅有 1 ~ 3 家陶瓷企业。

淄博产区瓷砖日产能总计 306.68 万 m^2（不含西瓦），其中抛光砖生产线 32 条，日产能 29.1 万 m^2；瓷片生产线 98 条，日产能 94.11 万 m^2；仿古砖生产线 50 条，日产能 42.5 万 m^2；外墙砖生产线 9 条，日产能 8.1 万 m^2；微晶石生产线 20 条，日产能 13.05 万 m^2；全抛釉生产线 65 条，日产能 55.45 万 m^2；西瓦生产线 4 条，西瓦日产能 37 万片；其他线（包括小地砖、薄板、耐磨砖、腰线、水晶砖、K 金砖)79 条，日产能：64.37 万 m^2。

淄博在线喷墨机为 300 台，无规划待建生产线。

临沂建陶产业散布于 6 个县（区），除罗庄区产业布局相对较为集中，集聚效应明显之外，余下大部分地区仅有 1 ~ 3 家陶瓷企业。瓷砖日产能达 197.21 万 m^2

临沂产区瓷砖（不含西瓦）日总产能 197.21 万 m^2。其中，瓷片生产线 62 条，日产能 108.8 万 m^2；抛光砖生产线 16 条，日产能 25.2 万 m^2；仿古砖生产线 7 条，日产能 7.4 万 m^2；全抛釉生产线 13 条，日产能 14 万 m^2；其他瓷砖产品（包括小地砖、薄板、耐磨砖、腰线、K 金砖、水晶砖）生产线 38 条，日产能 41.81 万 m^2。

临沂产区规划中无待建生产线，上线喷墨机 174 台。

临沂产区作为山东省的第二大建陶产区，也是国内重要的内墙砖生产基地，临沂建陶主要集中在罗庄区。近年来，罗庄产区发展态势迅猛。从早前的在国内名不见经传到现在的倍受行业关注，足见临沂建陶产业的发展速度。

山东省其他产区（淄博、临沂以外）已建成生产线 19 条，瓷砖日产能达 18 万 m^2

山东其他产区瓷砖（不含西瓦）日总产能 18 万 m^2。其中，瓷片生产线 5 条，日产能 7.2 万 m^2；抛光砖生产线 10 条，日产能 8.2 万 m^2；外墙砖生产线 1 条，日产能 1.1 万 m^2；仿古砖生产线 3 条，日产能 1.5 万 m^2。

山东其他产区无规划待建生产线，上线喷墨机 14 台。

江西产区共有陶瓷企业 134 家，已建成生产线 342 条（含西瓦），陶瓷砖日总产能（不含西瓦）460.89 万 m^2，西瓦日总产能 608 万片。其中抛光砖生产线 78 条，日产能 125.9 万 m^2；瓷片生产线 55 条，日产能 113.7 万 m^2；仿古砖生产线 48 条，日产能 69.15 万 m^2；全抛釉生产线 44 条，日产能 41.13 万 m^2；外墙砖生产线 43 条，日产能 62.6 万 m^2；小地砖生产线 18 条，日产能 31.7 万 m^2；其他瓷砖产品（包括水晶砖、微晶石、陶板以及地脚线）生产线 16 条，日产能 16.71 万 m^2；西瓦生产线 40 条，日产能 608 万片。

江西产区目前在建的生产线有 36 条，上线喷墨机 290 台，已预定 8 台。

四川建陶产业主要分布在乐山（夹江、沙湾、犍为、井研、峨眉）、眉山（丹棱、洪雅、仁寿）、自贡（沿滩区、荣县）、内江（威远）、宜宾（珙县）、达州（竹县）、广安（邻水）等地区，其中夹江、丹棱、威远、洪雅等地区陶瓷企业分布相对集中，占整个四川产区企业约 90%。

截止目前，四川产区瓷砖（不含西瓦）日总产能 266.75 万 m^2。其中，瓷片生产线 62 条，日产能 92.55 万 m^2；抛光砖生产线 25 条，日产能 32.1 万 m^2；全抛釉生产线 20 条，日产能 19.7 万 m^2；仿古砖生产线 37 条，日产能 44.4 万 m^2；微晶石生产线 2 条，日产能 1.2 万 m^2；外墙砖生产线 47 条，日产能 47.8 万 m^2；小地砖生产线 6 条，日产能 3.95 万 m^2；水晶砖（耐磨砖）生产线 15 条，日产能 15.7 万 m^2；其他瓷砖产品（包括脚线、广场砖、薄板、腰线等）生产线 11 条，日产能 9.35 万 m^2；西瓦生产线 16 条，日产能 198.6 万片。

此外，当期四川产区规划中待建生产线 22 条，其中在建生产线 4 条，上线喷墨机数量 168 台。

河南产区现有建陶企业 68 家，瓷砖日总产能 219.3 万 m^2。其中，瓷片生产线 39 条，日产能 99.7 万 m^2；抛光砖生产线 28 条，日产能 62 万 m^2；外墙砖生产线 16 条，日产能 28.6 万 m^2；仿古砖生产线 5 条，日产能 6.4 万 m^2；全抛釉生产线 8 条，日产能 10 万 m^2；其他瓷砖（小地砖、马赛克、抛金砖、地脚线、耐磨砖、劈开砖）生产线 14 条，日产能 12.6 万 m^2。

规划待建生产线 79 条，其中在建生产线 9 条，上线喷墨机 126 台。

湖北产区瓷砖（不含西瓦）日总产能149.05万m^2。其中，瓷片生产线30条，日产能58.1万m^2；抛光砖生产线20条，日产能37.7万m^2；外墙砖生产线18条，日产能24.2万m^2；仿古砖生产线13条，日产能18.3万m^2；全抛釉生产线7条，日产能6.1m^2；其他瓷砖产品（包括小地砖、薄板、耐磨砖、腰线）生产线5条，日产能4.65万m^2；西瓦生产线21条，日产能192.1万片。

湖北产区规划中待建生产线45条，其中在建生产线4条，上线喷墨机82台。

辽宁建陶产业主要分布于沈阳及朝阳两个地级市的4个县（市、旗），除沈阳市法库县、朝阳市建平县产业布局相对集中，集聚效应明显之外，朝阳市喀左旗现有4家在建企业，计划明年建成投产，朝阳市凌源市有1家西瓦生产企业，已长期处于停产状态。

辽宁产区瓷砖日总产能为157.55万m^2（不含西瓦）。其中，瓷片生产线49条，日产能92.4万m^2；抛光砖生产线21条，日产能31.7万m^2；外墙砖生产线5条，日产能8.1万m^2；仿古砖生产线5条，日产能5.9万m^2；全抛釉生产线7条，日产能9.4万m^2；微晶石生产线1条，日产能1.2万m^2；其他瓷砖产品（包括小地砖、薄板、耐磨砖、腰线）生产线9条，日产能8.85万m^2；西瓦生产线5条，日产能50万片。

辽宁产区规划待建生产线7条，在线喷墨机143台。

河北产区瓷砖（不含西瓦）日总产能154.8万m^2。其中，抛光砖生产线47条，日产能94.4万m^2；瓷片生产线24条，日总产能36.5万m^2；地砖生产线5条，日产能8.8万m^2；全抛釉生产线4条，日产能7.1万m^2；外墙砖生产线2条，日产能1.9万m^2；仿古砖1条，日产能1.2万m^2；耐磨砖生产线4条，日产能4.9万m^2；西瓦生产线2条，日产能15.4万片。

河北产区规划待建生产线21条，其中在建生产线3条，上线喷墨机49台。

广西共有47家陶瓷企业，其中38家企业已建成投产，3家企业在建，6家企业签约待建（其中来宾市迁江镇华侨农场两家企业已签约入驻）。整个广西产区已建成投产86条生产线，6条生产线在建，规划待建28条生产线。86条瓷砖生产线日总产能达到173.7万m^2，其中，瓷片生产线24条，日产能72.4万m^2；抛光砖生产线19条，日产能36.5万m^2；仿古砖生产线17条，日产能28.3万m^2；外墙砖生产线10条，日产能12万m^2；全抛釉生产线7条，日产能9.6万m^2；耐磨砖生产线6条，日产能12.5万m^2米；薄板生产线2条，日产能1.6万m^2；微晶石生产线1条，日产能0.8万m^2。此外，喷墨机在线使用数量达109台。

第四章　2014 年地板行业发展回顾及未来趋势分析

一、木地板行业发展状况

经过 20 多年的发展，我国木地板行业已形成包括实木地板、强化木地板、实木复合地板（多层实木复合地板、三层实木复合地板）、竹地板、软木地板五大品类，多种规格，从生产到销售、铺装、售后服务等完善的产业体系，我国已成为世界上最大规模的地板生产国和消费国。目前我国从事木地板生产的企业约有 1500 多家，目前我国木地板企业主要分布在江苏、浙江、上海、辽宁、广东、山东等地区，且不同地区的主导产品不同，强化木地板主要分布在江苏和辽宁，各占强化木地板生产事业总数的 33% 和 17%；实木地板集中分布在浙江、上海、江苏、广东 4 省，依次各占实木地板生产企业总数的 42%、19%、11% 和 10%；实木复合地板则分布在浙江、广东、上海 3 地，分别各占实木复合地板生产企业总数的 27%、21% 和 15%。有浙江南浔实木地板集群、江苏横林强化木地板集群、浙江安吉竹地板集群、东北三层实木复合地板集群等。我国地板企业的集中度也越来越高，部分主流企业在世界上享有一定的知名度。

2014 年我国复合木地板产量为 57664.31 万 m^2，同比增长 19.48%；实木地板产量为 9166.31 万 m^2，恢复性增长 6.01%。

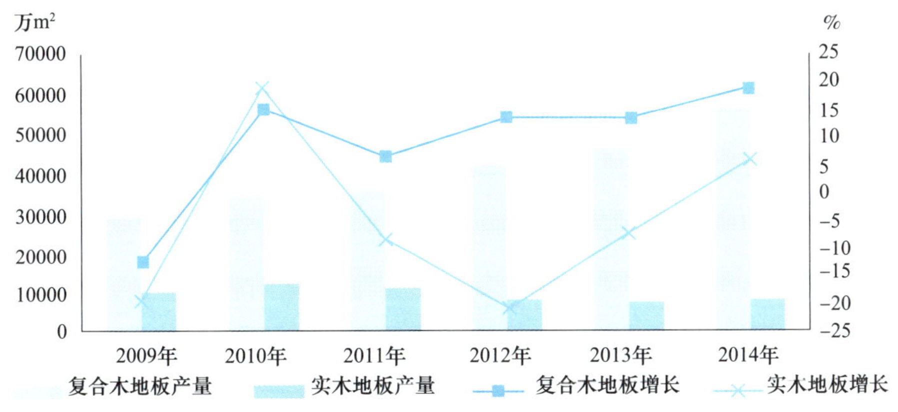

图 2-4-1　2009-2014 年中国木地板产量及增长

数据来源：国家统计局

表 2-4-1　2009-2014 年中国木地板产量及增长

	复合木地板产量（万 m^2）	同比增长（%）	实木地板产量（万 m^2）	同比增长（%）
2009 年	30041.88	-12.19	10456.53	-18.53
2010 年	34890.71	16.14	12467.54	19.23
2011 年	37031.26	6.14	11465.64	-8.04
2012 年	42462.43	14.67	9226.6	-19.53
2013 年	48262.39	13.66	8646.97	-6.28
2014 年	57664.31	19.48	9166.31	6.01

数据来源：国家统计局

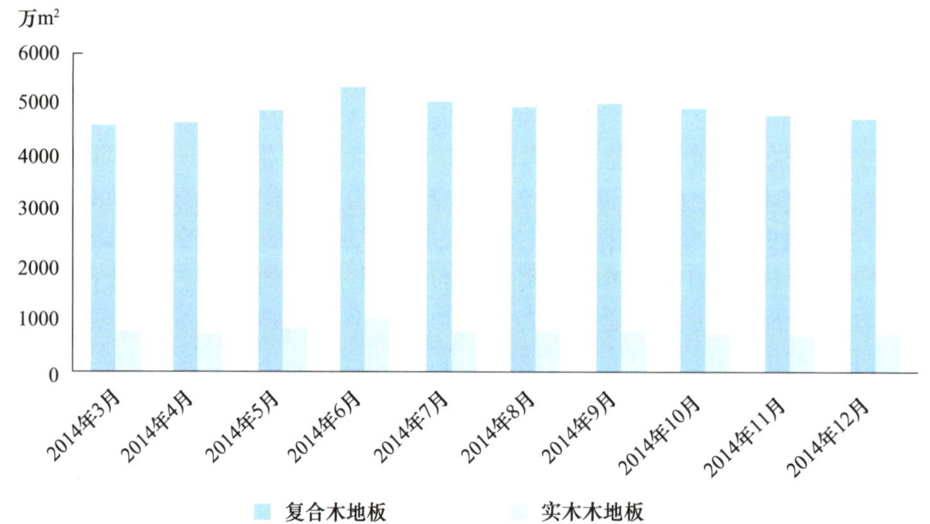

图 2-4-2　2014 年全国木地板产量分月度统计图

数据来源：国家统计局

表 2-4-2　2014 年全国木地板产量分月度统计表

时间	复合木地板（万 m^2）	实木木地板（万 m^2）
2014 年 2 月	—	—
2014 年 3 月	4624.6	791.51
2014 年 4 月	4706.29	718.92
2014 年 5 月	4911.57	813.4
2014 年 6 月	5353.03	1000.23

续表

时间	复合木地板（万 m^2）	实木木地板（万 m^2）
2014 年 7 月	5075.89	760.08
2014 年 8 月	4992.78	755.29
2014 年 9 月	5054.59	768.64
2014 年 10 月	4981.58	732.34
2014 年 11 月	4792.09	703.85
2014 年 12 月	4751.7	724.27

数据来源：国家统计局

表 2-4-3　2014 年 1 ~ 12 月全国实木木地板产量分省市统计表

地区	12 月（万 m^2）	1 ~ 12 月止累计（万 m^2）	12 月同比增长（%）	1 ~ 12 月累计同比增长（%）
全国	724.25	9166.28	-3.37	-0.19
北京	-	-	-	-
天津	-	-	-	-
河北	6.58	86.75	-10.34	360.88
山西	-	-	-	-
内蒙古	-	-	-	-
辽宁	59.68	961.21	-23.51	-12.7
吉林	44.3	805.4	-5.76	-16.28
黑龙江	23.88	382.01	-37.03	-22.97
上海	83.92	749.34	25.92	8.76
江苏	25.24	316.95	-4.43	15.85
浙江	248.08	3019.02	-11.7	-1.48
安徽	5.02	64.64	323.68	418.73
福建	6.2	109.81	-5.35	28.38
江西	-	-	-	-
山东	0.64	6.74	-49.58	-74.64
河南	40.37	422.76	65.26	52.8
湖北	2.99	34.84	1991.47	34.08

续表

地区	12 月（万 m^2）	1～12 月止累计（万 m^2）	12 月同比增长（%）	1～12 月累计同比增长（%）
湖南	4.92	44.68	571.26	58.13
广东	135.18	1734.33	3.45	1.04
广西	9.6	69.12	29.01	7.66
海南	–	–	–	–
重庆	–	–	–	–
四川	25.53	320.75	-1.16	7.92
贵州	–	2.01	–	-64.43
云南	2.12	35.92	-58.04	31.4
西藏	–	–	–	–
陕西	–	–	–	–
甘肃	–	–	–	–
青海	–	–	–	–
宁夏	–	–	–	–
新疆	–	–	–	–

数据来源：国家统计局

表 2-4-4　2014 年 1-12 月全国复合木地板产量分省市统计表

地区	12 月（万 m^2）	1-12 月止累计（万 m^2）	12 月同比增长（%）	1-12 月累计同比增长（%）
全国	4751.68	57664.31	-0.19	11.33
北京	3.22	60.00	-71.81	-52.86
天津	15.76	418.62	-3.93	203.16
河北	–	–	–	–
山西	–	–	–	–
内蒙古	2.43	233.28	–	19.17
辽宁	501.67	7204.11	-10.83	10.56
吉林	269.27	4128.1	-5.21	4.3
黑龙江	54.14	507.48	-23.97	3.55

续表

地区	12 月（万 m^2）	1-12 月止累计（万 m^2）	12 月同比增长（%）	1-12 月累计同比增长（%）
上海	160.56	2458.96	-36.93	-4.48
江苏	1265.11	15605.24	-2.47	7.64
浙江	651.39	6519.73	6.08	3.63
安徽	354.2	4786.78	-0.21	17.46
福建	67.21	801.14	18.98	19.48
江西	94.53	685.77	2249.27	1554.30
山东	451.29	5417.43	7.39	17.25
河南	227.17	2038.74	-5.48	0.49
湖北	394.29	4282.47	4.16	18.51
湖南	13.79	176.79	56	56.29
广东	152.61	1628.34	15.19	24.58
广西	-	-	-	-
海南	-	-	-	-
重庆	-	-	-	-
四川	36.84	361.02	16.94	14.58
贵州	10.87	141.22	18.84	28.43
云南	25.33	209.09	99.64	87.04
西藏	-	-	-	-
陕西	-	-	-	-
甘肃	-	-	-	-
青海	-	-	-	-
宁夏	-	-	-	-
新疆	-	-	-	-

2015 年 4 月，FPI30 综合指数为 58.1%（2014 年 4 月为 58.8%，2013 年 4 月为 67.4%），比 2015 年 3 月下降 8.7 个百分点。FPI 地板综合指数为 53.8%（去年 4 月为 58.6%，2013 年 4 月为 64.5%），比 2015 年 3 月下降 15 个百分点。2015 年 4 月，FPI30 指数和 FPI 地板指数双双走低，但仍位于临界值以上，显示 FPI30 指数所代表的优势林产品企业和 FPI 地板指数所代表的优势地板企业经营形势较上月仍在扩张但增幅收窄，具体见下图。

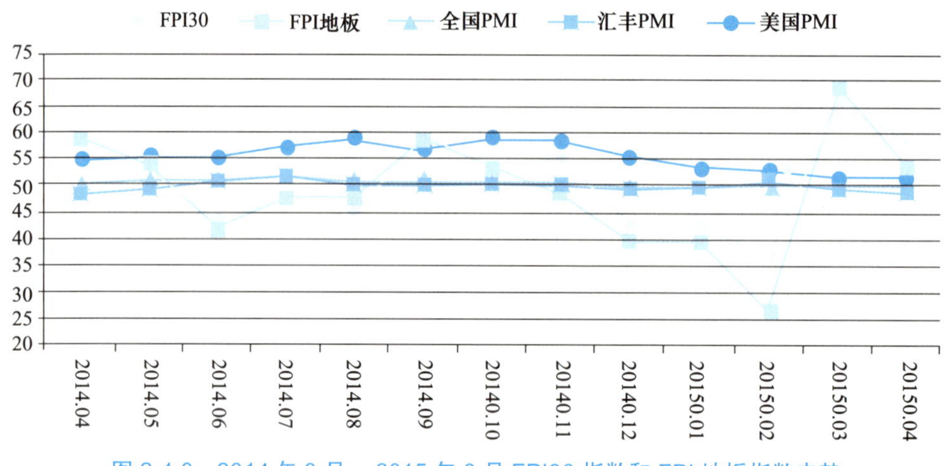

图 2-4-3　2014 年 3 月 ~ 2015 年 3 月 FPI30 指数和 FPI 地板指数走势

二、中国地板产业特征

1. 品类齐全，品种丰富

目前我国地板已形成了包括强化木地板、实木地板、实木复合地板（多层实木复合地板、三层实木复合地板）、竹地板、软木地板、弹性地板、室外地板等品类的地板产业，产品品类齐全，每类地板都有不同规格、花色、款式的品种。随着木地板的树种的选择、饰面工艺、耐磨性能、企口形状、结构设计、手工技术等改进，产品越来越多样化，个性化产品得以涌现，在促进产业规模扩大的同时，也给消费者带来更大的选择空间。从实用性，到功能性、美观性、艺术性等方面，以消费者需求为导向，企业越来越注重产品设计与研发，以产品为发展基点，满足消费者日益变化与多样化的需求。在这些品类的地板中，实木复合地板销量近年来稳步增长，其中的三层实木复合地板表现更为抢眼。

2. 技术、装备与工艺不断进步

随着地板行业不断发展，我国逐渐从地板制造大国变为地板制造强国，我国地板产业的技术、装备与工艺也在不断创新与进步，为确保地板产品的质量、单个生产企业的生产规模、优秀品牌的产生，打下了坚实的基础，更为生产出满足消费者需求的地板产品提供了保障。

3. 标准体系逐渐完善，产品质量不断提升

目前我国地板行业已形成了比较完善的标准体系，包括国际标准、国家标准、行业标准、企业标准。地板产品的质量逐步提高，近 2 年国家抽检合格率达到 94% 以上，而检验形式也越来越多种多样，包括国检、行测、送检、自检等。中国主流地板企业的地板标准已经全面融入国际社会，达到了 ISO 等国际标准。

4. 工业体系完整配套

地板产业形成了由资源、采伐、运输、初加工、深加工到销售、安装、售后服

务等完整产业链。原材料、装饰纸、油漆、胶黏剂、装备和包装印刷等成套配置，机械化和自动化程度日益提高。

5. 单一工业化地板产品向大家居发展

随着市场消费模式的变化以及消费能力的不断提高，企业为适应市场，逐渐做大做强，部分木地板企业开始从经营单一地板产品向经营多品类地板产品发展，部分木地板企业也开始从经营单一工业化地板产品向大家居的其他制品发展，如木门、木质墙板、橱柜、衣柜、木楼梯等。

6. 技术创新不断加强

中国林业产业创新奖中，有 64 个地板项目获奖；18 家地板企业被认定为国家高新技术企；生产出耐磨、耐划痕、阻燃、耐水、抗菌、负氧离子、同步花纹、直接印刷、仿古、碳化地板、地采暖地板和大豆胶地板等新产品。

三、中国地板进出口情况

在 2005 年以前，我国木地板进口量比较大，2005 年开始，随着我国地板产量的提高、质量的提升，进口量大幅下降。发展至今，我国已成为世界上木地板生产、消费、出口大国，我国地板的进口量不足出口量的几十分之一。

据中国林产工业协会地板专业委员会 2013 年对 212 家企业出口区域情况调查显示，我国地板产品主要出口区域包括北美、欧洲、中东、日韩东南亚等区域。其中，北美、欧洲、日韩是主要的也是传统的出口市场，中东、东南亚等区域是新兴市场。

1. 北美

出口北美的企业中，出口比例超过 50% 的企业有 52 家，占出口北美企业总数的 68.42%。可见，北美是我国木地板的主要出口区域之一，超三成被调研的企业在北美出口，对这些出口北美的企业来说，约有近七成企业在北美出口的比例超过 50%。

2. 欧洲

出口欧洲的企业中，出口比例超过 30% 的企业有 49 家，占出口欧洲企业总数的 69。可见，欧洲是我国木地板的主要出口区域之一，超三成被调研的企业在欧洲出口，对这些　出口欧洲的企业来说，约有近七成企业在欧洲出口的比例超过 30%，可见，欧洲是大部分企业最主要的出口市场。

3. 日韩

出口日韩的企业中，出口比例低于 20% 的企业有 18 家，占出口日韩企业总数的 69.23%。可见，日韩是我国木地板的主要出口区域之一，但对这些出口日韩的企业来说，近八成企业在日韩出口的比例低于 20%。可见，绝大部分出口企业在日韩的出口比例并不高。

4. 中东

出口中东的企业中，出口比例低于 20% 的企业有 27 家，占出口中东企业总数的

93.10%。可见，中东是我国木地板的主要出口区域之一，但对这些出口中东的企业来说，超九成企业在中东出口的比例低于 20%，中东作为近年来新开辟的我国地板产品出口市场，目前还在开拓中，目前绝大多数地板企业在中东出口的比例都不高。

5. 东南亚

出口东南亚的企业中，出口比例低于 20% 的企业有 28 家，占出口东南亚企业总数的 82.35%。可见，东南亚是我国木地板的主要出口区域之一，对这些出口东南亚的企业来说，超八成企业在东南亚出口的比例低于 20%，可见，东南亚作为近年来新开辟的我国地板产品出口市场，目前还在开拓中，绝大多数地板企业在东南亚出口的比例都不高。

我国生产的主要地板产品以实木地板、强化木地板、实木复合地板三种地板产品较多，竹地板、软木地板次之。我国出口地板产品中，同样以实木地板、强化木地板、实木复合地板为主。

2014 年 1 ~ 9 月我国出口木制品中，出口纤维板 190.5 万 t，同比增长 8.6%，竹地板、实木地板出口 29 万 t，同比下降 2.1%，木门出口 26.6 万 t，同比增长 4.4%。

数据显示，亚洲、北美洲和欧洲是我国木地板的主要出口市场。

表 2-4-5　2014 年 1 ~ 9 月出口木制品

	胶合板（m^3）	纤维板（万 t）	竹木地板（万 t）	木门（万 t）
亚洲	478.4	68.1	6.1	10.3
非洲	75.5	23.1	0.2	2.7
欧洲	138.6	37.7	4.6	6.3
中南美洲	32.4	10.5	0.5	0.5
北美洲	138.6	47.7	15	6.6
澳洲	8.6	3.4	2.6	0.2
总计	872.1	190.5	29	26.6

从上市公司年报可窥一斑。大自然 2014 年报显示，本年度内继续加强了美国业务发展，开拓了更多销售渠道，因此，大自然集团美国木地板产品的贸易销售额得到强劲增长，大自然集团木材及木制品贸易业务收入约为人民币 36267.2 万元（2013 年约人民币 25495.7 万元），大幅增长 42.2%。

四、行业存在的主要问题

1. 生产成本上升

近年来国内的原材料价格、劳动力成本、运输等成本的不断提升，增加了企业的生产成本。此外，对于出口型企业来说，国际贸易壁垒意味着今后中国木地板出口成本增加。人民币升值，出口退税率降低，同样使得出口企业将将负担更高的成本。

2. 出口难度加大

对木材产品贸易影响较大的非关税壁垒有绿色贸易壁垒和技术性壁垒，比如各种认证、雷斯法案、反补贴、反倾销等，加大了地板的出口难度。

3. 国内竞争加剧

由于国际经济形势整体呈弱势，部分木地板企业由出口为主转向以内销为主。这些原来出口型为主的企业，加入到国内市场，加大了国内地板市场的竞争激烈程度。

4. 其他铺地材料发展迅速

木地板、瓷砖、地毯是主要的地面铺装材料。数据显示：2014 年全国瓷砖产量 102.3 亿 m^2，增长 5.57%。瓷砖、地毯产量的增加对地板产业发展产生了较大的影响。

5. 国际社会环境保护意识增强

由于木材产业对木材资源的需求不断增加，为满足木材原料的需求，一些森林资源丰富的国家，对森林资源的过度开采和输出却使本国森林锐减、土壤退化、生态恶化、资源浪费、物种减少。国际社会保护森林的呼声异常强烈，联合国环境与发展大会通过了《关于环境与发展的里约热内卢宣言》、《21 世纪议程》、《气候变化框架公约》、《生物多样性公约》和《关于森林问题的原则声明》等一系列文件，我国是这些文件的缔约国，并承诺共同承担起保护全球森林与生态的责任。总之，国际环保意识的增强一定程度上会影响到珍贵阔叶材供应量，约束木地板产业的发展。

五、2015 年行业发展展望

经过十多年的发展，中国地板行业已经逐渐进入成熟期，行业面临着新的机遇和挑战。未来我国地板行业的发展，将向以下几个方面发展：

1. 地板产业新常态

新常态下的中国经济，模仿型排浪式消费阶段基本结束。个性化、多样化消费渐成主流。新常态下的地板产业，呈现出规模稳定、效益增加，竞争激烈、不断整合，更多利用人工林资源，质量和标准不断提高，环保和安全要求提高，监管力度加大，消费嗜好不断变化和分化，新技术，新模式，新业态不断涌现等特征。

2. 材料多样性与产品多元化，技术工艺不断创新

科学技术的进步将促进新产品的不断涌现，技术工艺不断更新，为市场提供更多更好更环保的优质产品；专利技术不断产生，核心技术逐步自有化。更多企业将拥有自己的研发中心，不断加大投入力度，增加研发能力进行技术和工艺研究开发，将产品设计与我国文化进行对接、与目标市场进行对接根据目标市场进行适宜的外观设计、开发适宜的实用技术，从结构设计、材料选用、工艺开发、技术开发等各方面为产品占领市场提供发展动力。

3. 产品的标准化、个性化与定制化

随着消费者对地板质量要求越来越高，以及政府有关部门对木地板质量的高度重视和规模企业市场份额的提升，木地板的加工质量、铺装质量和服务质量将进一步提高，地板的标准化将得到进一步的贯彻。

4. 关联产品多元化经营，销售渠道多元化

随着行业平均利润率的下降，消费者多元化需求越来越明显，单品销售愈加困难，单一品类地板经营企业将向多品类地板经营发展；大型品牌规模企业将在地板主营业务的基础上适当向家居相关产品延伸，比如木门、衣柜、楼梯等，通过关联产品的多元化经营进一步增大企业规模与实力，同时将加速行业整合，强者愈强，推动产业集中化。

5. 更加重视产品质量、铺装质量和服务质量为主的综合质量体系建设

木地板产品质量是地板企业赢得市场竞争的前提。目前，地板产品质量合格率较高，今后地板企业在做好产品质量的同时，需要同时关注踢脚线、龙骨用材料、地垫、扣条、安装中的胶粘剂等原辅材料产品的质量，这些材料也需要达到相关标准的要求。

6. 产业结构进一步调整，品牌企业市场优势更加明显

结构调整和转型升级是企业发展的必由之路。“十二五”是我国经济结构调整的重要时期，随着我国经济发展方式的转变，今后我国地板行业中一些小型企业，由于原料供应的不稳定，加工效率不高，研发能力不强，服务理念落后，将逐步转向为大型企业配套或贴牌生产为主；而那些专业化程度高、有先进的经营理念、拥有原料基地和先进的加工设备，且重视研发不断创新的企业将继续发展壮大。规模企业将进一步提高市场占有率，品牌企业市场优势更加明显，技术创新能力、综合质量水平、品牌美誉度将成为市场竞争的关键砝码。

7. 重视社会责任工作

随着木地板企业的不断发展，企业将更加重视社会责任。目前已有部分企业发布了社会责任报告，今后会有越来越多的企业发布自己的社会责任报告。在追求企业利润的同时，将更加关注员工成长问题、节材节能问题、环境污染问题、产品质量问题、社会福利问题等，企业对除股东之外的更广大利益相关方承担负责，以实现可持续发展。企业发布企业社会责任报告实际上就是一个建立预警机制的过程，它促使企业发现顾客、供应链、社区等管理过程中存在的风险和问题，有助于管理层防患于未然，在可能产生危害的隐患成为负面突发事故之前就对其进行控制。

8. 拓展融资渠道，进入资本市场谋求发展

未来几年，通过资本市场杠杆引导兼并重组，建立规范的法人治理结构，提高产业集中度，培育一批拥有国际知名品牌和核心竞争力的大中型地板企业，将成为我国地板行业的发展趋势。抓住黄金发展机会，利用好资本市场，有效整合全球资源，引导上下游企业专业化分工协作，将有一批企业跨入世界先进地板企业行列。

第五章　2014 年木门窗行业发展回顾及未来趋势分析——调结构、稳增长、新常态、新征程

一、2014 年行业总体运行情况

2014 年在我国经济下行进入新常态的形势下，木门行业在风雨中磨砺成长，总体看，发展稳步而健康。但供需趋于饱和、两极分化明显，整合形势愈发突出，市场激烈竞争态势进一步延续，企业对投资扩大规模持审慎态度，增长速度进入换挡期，结构调整面临阵痛期。行业开始步入平稳发展期。

2014 年木门窗行业规模以上企业多数保持增长态势，但较以前增速明显回落。经分析测算，全行业总产值达到 1150 亿元，较 2013 年增长 10.6%。梦天依然是领跑者，产值 12 亿元，Tata 紧随其后达到 9 亿元。中国套装门之都重庆产值 120 亿元，中国木门之都江山 50 亿元、南浔 42.5 亿元，中国原木门之乡厦门产值 16 亿元，除厦门略有下降外，其他地区均比上年有所增长。

2014 年行业出口 7.27 亿美元，较上年增长 10.6%。出口前三甲分别为浙江省 1.85 亿美元、广东省 1.56 亿美元、辽宁省 1.37 亿美元，出口涉及全球 100 多个国家，其中美国 1.51 亿美元，日本 1.22 亿美元，香港 5077 万美元。行业进口 1072 万美元。

二、当前木门窗行业面临的形势

目前木门窗行业以 30 强为核心的主流企业发展总体良好，其中活跃企业前进的步伐加快，大牌门企发力前行，逐步形成大品牌，强势占领市场。这些企业能够紧随形势，不断创新思路，调整经营策略，大胆而谨慎，资金状况良好，企业充满活力，从他们那里看到了行业的前途、看到了行业的未来，这些企业代表了中国门企的希望。

现阶段为数不少的实力及品牌相对较弱的企业仍处于发展初级阶段，缺少生产经营骨干，订单不足，质量难以保证，饱受市场煎熬，举步维艰，勉强维持。摆在他们面前的只能是两条路：一条是调整结构、稳定质量、趋利避害、摆脱困境，跟上主力部队，实现企业发展新高度。另一条是不进则退，被快速淘汰。

近几年，相当数量的小微、作坊式的木门小企业涌入，其劣质低价产品冲击市场，干扰了正常产品经营秩序，他们中多数为过眼烟云，昙花一现，来去匆匆。因此，要引导他们升级转型，提高质量、提高产量，稳步发展起来。

一些企业扩张速度过快，但管理跟不上，企业失去控制。或是负债过重，运转不灵，大型设备引进后，不能及时发挥效用，事与愿违。同时由于人才、后备队不足，思维、管理等方面滞后，拖累了企业的发展。

多数企业发展到一定阶段，依旧停留在工厂化经营，没有新思路，只是围绕工厂自身制造产品，管理的重点也停留在企业内部，而未达到公司化经营，缺乏整体生产运营、质量管理、营销模式、企业文化、发展规划等系统化管理。

一些企业发展后劲不足，不能有效注入活力与动力，领导层年龄老化，意识老化，管理老化，后继乏人。或者负债较重，大量工程拖欠款，包袱越背越重，企业不能良性运转，显现出逐步走下坡路的势头。

创二代子承父业，他们有思想、有魄力、在管理、营销等方面全面推陈出新，特别是利用年龄优势，组建年轻团队，为企业的长远发展储备了人才力量。希望他们虚心吸纳老一辈创业者积累的实战经验和广泛的人脉资源，经风雨见世面，磨练翅膀，早日成熟，把企业的发展提高到新档次。

受市场趋势、利益驱使，整体家居模式漫延，有些企业有条件没条件都要上，形成设计人员、安装人员资源不足的局面。

市场形势严峻，但需坦然面对。中国的木门行业作为发展中的产业，有近 14 亿人的居住环境做依托，这就是我们说话办事的底气。也许中国的房地产行业会有调整，但整体来讲依然是上升的，目前中国城镇化率距离 70% 均衡线还很远，还有近 20% 的发展空间，据有关数据，中国房地产开发企业 8 万多家，即使死掉 90%，还有近万家生存，对于一个成熟的行业这个数字并不算少。有房地产的生存空间就有我们的生存机会，士气宜鼓不宜泄，对自身品牌的自信，就是对市场的自信，就是对中国前途的自信。

各地门业协会纷纷成立，基本上都是由领军大企业、在地方上有一定威信的大企业老板担当会长，这将有利于行业整体发展，便于交流、互相学习。

三、理性发展积极转变

做事要有激情，永不言败，革命意志不能衰退，活力不断，才能让我们的事业充满前行的动力。立足用发展的眼光看待未来，不贪功、不冒险，不求大功、但求无过。

面对即将出现的产能过剩、需求疲软、节能环保日趋严格等问题，企业应该积极应对，通过加大科研投入，加快技术创新，提高产品附加值，实现高端差异化发展。通过管理创新提高企业运行效率，降低成本，由贸易商向服务商转变，单一现货市场向虚实市场相结合转变。这些积极的转变有利于新常态经济形势下增强生存和发展能力。

继续强调理性发展，不宜负债太重，大规模扩建、新建，要量力而行，量体裁衣，适时适量更新设备，用机械设备做产品质量与数量的支撑，就大多数企业来讲应该以增加小型单台设备为主来武装生产各个环节。挖掘内部潜力，提质增效。开发多样化的整体家居产品和环保节能产品以及创新差异化产品，注重设计和安装人员的培养。企业的发展必须注重由外延式发展转化为内涵式发展。

市场在一定时期内是一个杂牌市场，但品牌的力量是无限的，随着消费者认知度的增强，必定是品牌效应占据主流，特别是强势品牌的市场份额会越来越大，杂牌将会逐步淡出。企业应根据自身生产能力，努力扩大经营网点的铺设，实力较强的企业适宜增加面积较大的营业场所，最终让品牌扎根、占领市场。

从终端消费者来看，消费主体正向 80 后 90 后转变，他们不再是简单的功能满足，有设计特色的产品和专卖店体验，必将获得他们的关注和信赖。同时，伴随着他们对产品认知和审美的提升，对品牌和产品也将提出更高要求，这就需要企业不断提升品牌自身附加值，以产品质量为依托，配合多种形式的营销手段和策略，以品牌魅力、影响力、规范的服务赢得顾客。

企业进入微利运营的新常态，传统的商业模式受到严重挑战，移动互联网时代必须关注互联网营销模式，这是营销领域的一场革命而不是赶潮流。不要排斥，要与时俱进，顺势而为。电商不仅仅是扩展了传统营销的概念，而是多了一个品牌宣传的渠道，多了一个销售的渠道，拓展了营销的内涵。有长远意识的企业，不断创新商业模式以适应市场环境的深刻变化，实现线上线下，电商与实体店融合发展。

大气污染问题关乎到国家的生存与发展，必须加以高度重视，环保条例可能还未深入到二三线城市，但环境法的严厉实施势在必然，所以门企要未雨绸缪，早做安排。大力倡导木门行业在环保领域的责任与义务，加大环保设备的投入，改进设施，加强废气、粉尘排放的改造，及时推广宣传油漆性能方面的提升与突破，为祖国的蓝天做出木门人应有的贡献。

注重加速产业升级，管理、工艺、技术、企业文化、机械化水平、营销策略水平与社会发展相适应。整体家居要量力而行，首先做好主业，不宜多业。

清理工程拖欠款，不能让拖欠款阻碍企业发展乃至拖垮企业，不可老帐未清又添新帐，要逐步消化旧账，没把握的工程单宁肯不做也不冒险，而且应该首先满足经销商的订单。

培育接班人队伍，有计划引进人才，注重培养年轻骨干，给企业补充能量，让企业充满活力。建立一支高效、忠诚、高素质经销商核心团队，实行淘汰制，优胜劣汰，保证经销商队伍的质量。

四、2015 年协会工作安排

（1）办好《中国木门报》、微信平台、网站，提高覆盖率，快速及时，专业的阵地反映专业的事情，使其真正成为行业的喉舌，涵盖上下游产业链，充分接地气，信息及时。

（2）持续强化 30 强品牌宣传，发布会后将在搜房、搜狐、新浪等主流大网站开展专题访谈会，现场直录直播，扩大知名度，提升影响力。

（3）为促进新常态形势下木门企业管理与产业升级、企业持续快步发展，结合环保改进措施以及电商业务的开展，拟定 4 月、8 月在知名优秀企业举办两次高峰论坛，重点探讨从加强内部管理要发展、要效益的稳健型，到大手笔快速扩张、活力四射等方面探讨在我国经济进入新常态形势下木门行业如何持续健康发展。

（4）产品的创新是企业整体创新中的一个重要环节，要不断创新产品才能满足市场不断发展变化的个性化需求，因此 2015 年恢复传统保留节目——设计大赛，希望有更多新产品问世。

（5）我国的木门企业在设备、工艺、设计理念等方面与国际木门制造业发达的国家相比还有一定差距，随着中国木门产品知名度在国际上不断提升，每年出口小幅稳步增长，国际市场大有可为。我们将有计划地组织企业到国外走出去进行国际交流、开拓国际市场。

（6）召开各地木门协会秘书长联席会议，探讨联合开展活动以及如何深层次、高质量为会员企业做好服务工作。

当今，是一个欢乐与忧愁交织、智慧与实力交汇的时代。千帆竞渡，百舸争流，让我们紧跟国家大势、强化信心，根据自身情况，调整产业结构，实现产业升级，稳中求进，良性发展，保护好来之不易的成绩。努力改变经营模式，提高内部管理水平，在新常态下，实现木门行业发展新的突破。

第六章　2014 年硅藻泥行业发展回顾及未来趋势分析

硅藻泥作为一种新型安全、环保、有利于舒适健康的装饰材料，已经被百姓、投资方、装饰行业认可。它是墙面装饰材料的一匹黑马，脱缰而出，迅速吸引了消费者和投资商的眼球，为改善建筑室内环境的安全性、舒适性和健康性作出了应有的贡献；为装饰材料的多元化、品位化和民族产业的发展作出了贡献；为我国建筑材料的粗放型向环境效益型转化，实现装饰产业发展的“新常态”将作出应有贡献。

一、行业发展现状

2014 年，硅藻泥行业表现出惊人的发展速度，几乎每周都有几个新的品牌在网络上出现。据不完全统计，全国已有 500 多家企业从事硅藻泥装饰材料生产或经营，而 2013 年只有 300 家左右。个别龙头企业经销商达到千家以上，硅藻泥装饰材料的产值过亿元，终端销售几亿元。除了西藏、新疆等地区没有硅藻泥企业的经销点之外，在一些中等城市，以及发达地区的个别县级城市也出现了从事硅藻泥经营的企业。硅藻泥装饰行业的产业链较长，粗略估计，目前整个行业产值应达几十亿元的规模。

应该说行业的发展在近两年速度之快超过想象，因为我们不能忘记一个基本事实，这个行业从起步到现在仅有十年的时间。

二、行业发展条件分析

行业的快速发展应符合几个条件：市场有需求、技术要成熟、资本可图利、符合国家产业政策。硅藻泥产业已经符合这些条件的要求。

环境污染无处不在，随着我国经济的快速发展，广大百姓对饮食安全、空气安全、居住环境安全等问题日益重视。居住环境安全性问题和百姓对高品位家居装饰的追求为行业的发展提供市场条件。由于产品的环境安全性，接触过硅藻泥装饰产品的消费者很快就接纳了这个产品。2014 年我国住宅装饰装修总产值为

1.6 万亿元左右，住宅涂装行业的市场份额估计应在 2000 亿元，如果硅藻泥涂装业产值在 20 亿元，这就是说整个行业在建筑住宅墙面装修中占的份额仅为 1%，市场发展空间非常大。如果硅藻泥在涂装市场中占有 10% 的份额，那就有 180 亿元的增值空间。

硅藻泥涂装技术是集现代多种材料技术于一体的高新技术，涉及超细粉体加工、硅藻土精加工、湿度调节理论、空气净化材料、抗菌防霉材料技术、艺术涂装技术等，集成了中国建筑材料科学研究总院十几年的多方面研究成果，从产品制造到新型标准检测技术完全成熟，对行业起到了很好的指导规范作用。企业借鉴传统涂装工艺和传统墙面装饰（印、刻、画）技术，形成了自己独特的艺术风格。所以，在技术层面已经完全成熟。

从投资方来看，行业的资本回报率较高。目前，从事本行业的企业来源于几个方面：从事家居产品的原有企业，从事传统涂装的转型企业，也有从事其他行业的多种资本进入本行业。目前，国外在中国的龙头涂料企业公司也瞄准硅藻泥产品的开发与推广。虽然行业小，但硅藻泥企业中也在进入社会资本渠道上市融资。

从行业的发展速度来看，只有行业对资本的回报率足够高才有吸引力，才能把企业资本吸引到本行业中来。行业中也不乏有许多青年在其中创业，非常适宜中小企业的生存，投资风险相对较小，未来可以形成以中小企业为主的产业群，更好地服务于社会就业和人民安居乐业。

从国家经济结构调整的形势来看，产品完全符合国家的产业政策，将在建材发展步入“新常态”中发挥积极作用。中国房地产业的发展已经趋缓，水泥、玻璃等传统行业已经出现了产能过剩，以资源消耗型为主的经济发展模式具有不可持续性。在这种情况下，建材工业已经开始进行结构调整，这为新材料的发展提供了契机。装饰产业会逐渐向环境效益型转变，而硅藻泥正是这样的产品，在产业结构和资源的市场化调整和资源重新配置过程中，硅藻泥产业具有极大的优势。这也就回答了为什么传统产业在收缩，而硅藻泥产业却在发展的现象。

三、行业发展展望

行业的快速发展应符合上面的条件，但这些条件是必要的，而不是充分的。一个行业没有统一的规范管理，就不可能形成行业，也不可能发展长久。在 2000 年左右的“纳米热”，最终没有形成气候，原因在于技术的成熟性差和缺乏监管与引导。硅藻泥行业不能步其后尘。

硅藻泥产品生产设备成本相对较低，比较适宜中小企业生产销售。但是生产门槛越低，越容易导致假冒伪劣产品的出现。

虽然硅藻泥产品生产投资门槛低，但配方的组成和科学设计是关键，配方设计不合理会导致“形似而神不似”，不能满足产品的有害物质限量、调湿性能、吸附净化性能、抗菌防霉性能等要求。在这种情况下，行业标准的执行，产品质量监督和行业诚信就显得尤为重要。现在行业发展还处于初期，针对行业问题，协会的规范引导工作尤为重要。

一个行业协会应把握两头，“技术”和“市场”。不掌握技术的协会是无源之水，不能给行业以技术支撑和技术规范；不掌握市场动向的协会，企业不能从中得到源动力。生态建材分会以中国建材总院为依托，制定了行业标准；以科技引导市场，进行大量的行业宣传使产品的功能性植根消费者。

在2014年生态建材分会，本着“技术”和“市场”两头抓的原则，完成了加强国际技术交流、协助企业加强技术开发研究、组织了硅藻泥培训班、申请建立《硅藻泥装饰壁材施工与验收规范》国家行业标准、分会主办召开了第二届硅藻泥行业发展论坛，成立了硅藻泥技术专业委员会、《中国建材报》硅藻泥专版开版等工作，取得了卓有成效的成果。

2015年，生态建材分会将要进行的主要工作：与建材职业培训中心合作进行广泛职业技术培训；推广生态环境建材分会会标、调湿、净化标识的使用，为企业和消费者之间搭建一个信任的桥梁；加强产品与设计师的对接和在装饰企业的宣传推广；对会员企业进行市场质量抽查，进行监督；进行科普宣传工作。

我们相信硅藻泥行业在生态环境建材分会组织、协调、领导下将阔步向前，迈向更为美好的明天。

第七章　中国石膏建材行业发展报告

一、石膏建材产品特性

天然石膏是单斜晶系矿物（$CaSO_4$），分为两种结晶体（α 和 β 石膏），用途主要分为工业材料与建筑材料。工业方面主要是水泥添加剂、陶瓷模型、医疗食品、纸张、涂料与日化用品；建筑材料主要是室内天花与墙体。其中 α 石膏还有防水高强轻质的特性，其强度相当于 β 石膏的十倍（相当于人造大理石）。

石膏建材产品具有环保、高强、轻质、防火、隔音、保温、造型可塑性强、无放射性等多种优良性能。石膏制品易于加工，施工为干作业，文明、快捷。同时，石膏建材还与粘土墙一样，具有很好的呼吸功能，即室内湿度高时，墙体吸收水分而不显潮湿，室内湿度低时，墙体向外释放水分而不显干燥，这种特殊性能是其他所有新型建筑材料所不具备的。

其次，石膏建材的建筑物在拆除时，其石膏建材可以回收用作原材料循环使用，即使不回收，作垃圾处理，也可自然转入土壤，不会带来环境影响。另外，天然石膏对人体无毒无害，无腐蚀性，加工过程所掺合的材料全都是天然无机材料，因而，其建材产品是绿色环保的。

再次，粉刷石膏是一种最新的室内专用的环保型抹灰材料，可与建筑上任何基底的墙体材料配合使用，尤其在非粘土墙体上不需界面剂和任何建筑胶水作界面处理即可粉刷，且无空鼓、开裂现象，更适用于光滑的砼墙、顶、柱及各种吸水力较大的轻质墙板、加气轻质砌块及砼砌块，具有质地细腻、光滑、不掉灰等特点，并具有良好的防水、防火性能，且施工方便、快捷、硬化快、粘结强度高、硬化后结构稳定，抗挠曲性能好。另外，粉刷石膏还具有防裂、不腐蚀、不掉粉、不脱皮等优点，并具备良好的透气性，能调节室内湿度、隔声、耐火，适于作饰面层。

二、我国石膏建材产品结构

石膏建材种类繁多，用途广泛。我国目前生产的石膏建材主要有：纸面石膏板、装饰石膏板、石膏空心条板、纤维增强石膏板及防火防水石膏板、装饰石膏线、纸面石膏线等。在这其中，又以纸面石膏板和装饰石膏板、石膏线发展的最为迅速和成熟。

纸面石膏板是以石膏料浆为夹芯，两面用纸作护面而成的一种轻质板材。纸面石膏板质地轻、强度适合、防火、防蛀、易于加工。普通纸面石膏板用于内墙、隔墙和吊顶。经过防水处理的耐水纸面石膏板可用于湿度较大的房间墙面。如卫生间、厨房、浴室等贴瓷砖、金属板、塑料面砖墙的衬板。

装饰石膏板是以建筑石膏为主要原料，掺加少量纤维材料等制成的有多种图案、花饰的板材，如光面板、花纹板、微孔板、穿孔吸音、镂空透光等，是一种新型的室内装饰材料，具有轻质、防火、防潮、易加工、安装简单等特点，适用于中高档装饰。

石膏空心条板是以建筑石膏为主要原料，掺加适量轻质填充料或纤维材料后加工而成的一种空心板材。这种板材不用纸和粘结剂，安装时不用龙骨，是发展比较快的一种轻质板材，主要用于内墙和隔墙。

纤维增强石膏板是以建筑石膏为主要原料，并掺加适量纤维增强材料制成，这种板材的抗弯强度高于纸面石膏板，可用于内墙和隔墙，也可代替木材制作家具。

三、我国石膏建材行业发展现状

石膏建材是一种重要的轻质建筑材料，属于大力推广的节能型建筑材料之一。2003 ~ 2012 年，中国石膏板产量从 1.73 亿 m^2 快速增长至 21.21 亿 m^2，年复合增速 28.48%。2013 年中国石膏板产量为 27.00 亿 m^2，同比增长 23.66%，2014 年中国石膏板产量为 34.44 亿 m^2，同比增长 13.3%。未来中国石膏板市场需求仍将保持在 10% ~ 15%，其中增量市场来自于城市化率提升、市场渗透率提升，存量市场来自于房屋重新装修。下面，简单阐述一下我国纸面石膏板和石膏装饰建材的发展现状。

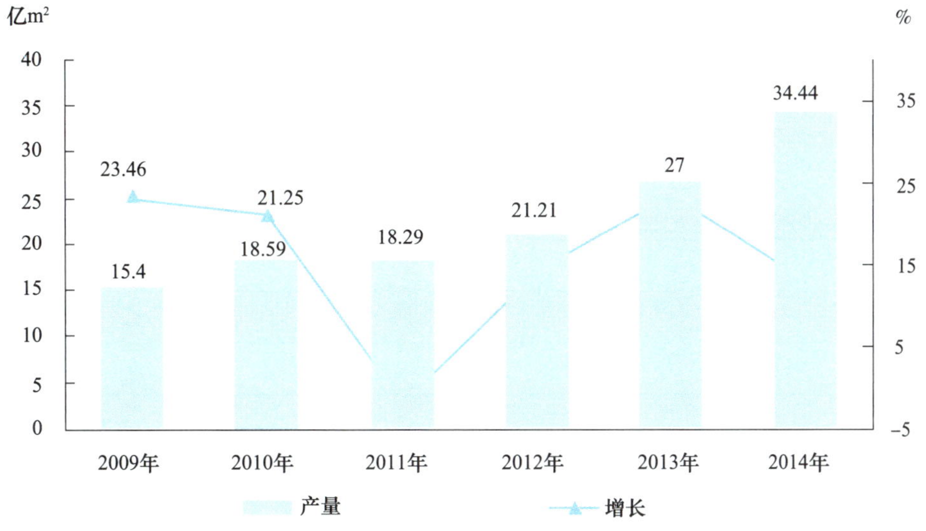

2009 ~ 2014 年我国石膏板产量及增长情况

数据来源：国家统计局

2014年1～12月全国石膏板产量分省市统计表

地区	12月（万 m^2）	1～12月止累计（万 m^2）	12月同比增长（%）	1～12月累计同比增长（%）
全国	30664.2	344429.79	8.45	13.3
北京	279.06	4523.12	-10.11	-4.2
天津	135	1973	——	13.07
河北	669.26	7206.91	15.5	2.42
山西	600	4613	42.18	30.42
内蒙古	178	2304	-29.08	-6.3
辽宁	335.6	6422.7	-51.3	-4.74
吉林	——	——	——	——
黑龙江	——	——	——	——
上海	572.07	6804.84	-17.7	-6.87
江苏	1827.28	21735.01	-4.14	9.36
浙江	485	6977.62	2.57	28.97
安徽	2051.76	20166.89	53.38	53.89
福建	209.97	1807.83	180.75	187.63
江西	119	1234	1.71	5.2
山东	8092.36	102369.28	-2.54	4.17
河南	1759.88	29271.6	32.31	22.18
湖北	6308.38	56357.33	12.45	12.25
湖南	1041.55	7894.73	47.82	17.71
广东	496.97	4297.47	57.55	17.52
广西	——	——	——	——
海南	——	——	——	——
重庆	1418.84	13905.56	28.75	19.25
四川	2158.4	19792.88	-14	-1.51
贵州	552.48	4914.39	114.11	88.41
云南	434.75	4512.16	8.01	11.95
西藏	——	——	——	——

续表

地区	12月（万 m^2）	1-12月止累计（万 m^2）	12月同比增长（%）	1～12月累计同比增长（%）
陕西	368	3428	35.05	-6.85
甘肃	110	7984.05	-54.17	291.2
青海	——	——	——	——
宁夏	371.59	3268.59	7.81	7.52
新疆	89	664.83	242.31	109.09

数据来源：国家统计局

1. 纸面石膏板发展现状

我国纸面石膏板是伴随着改革开放的前进步伐，从无到有、从小到大逐步发展起来的。三十多年来，纸面石膏板作为一种轻质建筑板材，以其高强、质轻、防火、环保、装饰效果好、便于加工等特质，主要用于建筑物的室内吊顶、轻质隔墙和装饰装修，成为建筑装饰装修领域节能利废、绿色环保、最具发展潜力的新型建筑装饰装修材料。

20世纪70年代后期，以中国新型建筑材料工业杭州设计研究院为主自主研发的第一条年产400万 m^2 纸面石膏板自动化生产线投产，填补了我国的空白。八十年代和九十年代是我国纸面石膏板行业大发展、生产技术大提升的兴盛时期，其中北新建材从德国KNAUF公司引进了具有国际先进水平的年产2000万 m^2 的纸面石膏板自动化生产线，把我国纸面石膏板行业发展推向一个新阶段。与此同时，山东、河北、山西、四川、湖南等地企业纷纷投资建厂，国产纸面石膏板自动化生产线的设计产能逐步提高到年产1000万 m^2，国产纸面石膏板的产量得到了大大提高。

进入21世纪后，我国纸面石膏板产量实现了跨越式发展。到现在，纸面石膏板的产品品种从墙体材料到吊顶、装饰材料已形成系列配套。轻钢龙骨及其吊挂件等配套应用产品，已形成符合中国国情的建筑部件系列。纸面石膏板相关的产品标准、施工规范、设计施工图集等基础研究趋于完善。纸面石膏板应用的施工机具品种多样化、国产化，质优价廉，完全能满足实际需要。据统计，截至2014年，仅龙头企业北新建材的石膏板产量就已达到了17.8亿 m^2，其2015年的战略目标是将石膏板产业布局达扩到25亿 m^2。从这些数据不难看出，石膏建材将继续有着新一轮持续、快速发展的契机及广阔的市场空间。

2. 石膏装饰建材发展现状

（1）我国石膏装饰建材发展历程及现状

我国石膏装饰建材行业的发展起于20世纪70年代后期。1976年，湖南省建材研究院与湖南省属企业邵东石膏矿及平江石膏矿成功研制玻璃纤维石膏板，并安装在长沙火车站的天面上，标志着我国石膏装饰建材开始起步。1978年，中国第一个装饰石膏板厂，平江县石膏板一厂诞生。1985年，全国首个国营石膏板公司“平江石膏板公司”成立。1987 年，国家建材部组织国内专家与湖南石膏板厂等企业共同制定了《装饰石膏板国家标准》(GB 9777-1988）。1988 年，首家民营石膏板企业“湖南美特建材有限公司”成立。1989 年，中国首家装饰石膏线企业“广州广得建材有限公司”成立。1998 年，上海银桥公司、广州金穗华公司与上海建科院专家成功编制装饰石膏线第一个企业标准。2004 年，上海恒豪工贸有限公司从国外引进 GRG 产品技术，并成功应用在上海东方文化艺术中心项目，这是国内第一个 GRG 项目。2007 年，广州金穗华石膏制品有限公司自行研发制造的国内第一条装饰石膏线条生产线的正式投产，开创了石膏线机械化生产的新纪元，彻底改变了石膏线生产行业技术落后、人工操作程度高、劳动强度大、材料浪费严重、效率低下的落后状况。2010 年，广州金穗华、浙江万立、上海银桥与国家建筑装饰材料检测中心共同编制装饰石膏线及纸面石膏线国家标准《石膏装饰条》（JC/T 2078—2011），广东美穗在这年也成功研发了 3D 艺术背景墙板与无机高强隔声、吸声、装饰板，我国石膏装饰建材行业进入一个新的发展阶段。

到现在，我国石膏装饰行业发展日趋成熟，主要表现在以下几个方面：

①产业规模持续扩大。2013 年石膏板材天花墙体产量为 30 亿 m^2，石膏线为 25 亿米，3D 艺术墙板与 GRG 高档产品比例虽不大，但也占有一席之地，特别是一些城市的重点标志建筑上的应用。

②集群式发展观念与抱团式发展观念开始树立。现阶段，各自为政的发展严重影响企业的扩大与品牌的建立，集群发展模式是大势所趋。

③产品研发技术不断创新，装备水平不断提升，其中 GRG、3D 艺术墙板、纤维增强石膏大板已达到发达国家水平，且具有自主知识产权，生产工艺已由手工制作向机械流水线生产转变，节能减排成效显著，三废污染极少，是绿色建筑（建材）首选。

总之，石膏装饰建材企业经过这些年的发展，部分企业已拥有自身的核心竞争力，整体行业产品质量稳中向好，服务品质不断在提升，营销模式也不断在创新。门店卖场、工程采购、电商三大销售渠道，现已成为现在石膏装饰建材行业的发展趋势。

（2）存在的问题与不足

①产业集中度低，生产专业化程度也不高，尚不能达到规模经济。与钢材、石化等行业的高度集中化还存在很大的差距，加之专业化程度低，大多数企业都是小而散或是大杂烩，板材、线条，什么都想做，但没有一样做出规模与品牌，专业分工不明确导致不能形成规模经济。

②市场竞争无序，价格战激烈，市场环境急需改善。近年受 PVC 贴面板与矿棉板的影响，一些低端产品如普板、硅钙板的厂家已无法生存，而且会相继倒闭，但中高档产品又无力持续投入，那么只有两条出路，一是转型升级，二是退出行业。行业结构性矛盾加剧，重复建设与产品同质化严重，加之市场无序竞争，导致利润微薄，研发投入少，又没有自身的知识产权，只能恶性循环。

③研发技术与装备受局限，自主创新能力依然薄弱，产品升级换代自有核心技术不足，生产工艺严重依赖手工作业，生产机械装备水平不高，技术改造任务艰巨。

④品牌与营销系统建设力度薄弱，各自为阵发展，不能形成龙头企业与品牌连

锁效应，更谈不上跨界营销与产融战略。

（3）石膏装饰建材发展建议

①统一制订与修改完善国家行业标准，建立材料设计与工艺数据库，建立石膏装饰建材综合大数据，使生产企业能开发各种精准模型，缩短开发时间，共享技术成果，促进新产品的开发应用与工厂复制，为规模化扩张铺垫基础。

②制定行业规则，加强行业自律，净化培育良好的竞争经营环境，积极组团与定期筹办石膏装饰建材的建材展览会与专家论坛，扩大行业自身影响力，增加行业话语权，走出国门向国际同行交流学习，拓展外贸渠道，引进国际先进技术，提升产业竞争力。同时，借助装饰协会平台，规范石膏原材料、龙骨配件的采购供应，建立集中采购平台与信用评价机制，稳定原材料价格，创新更多优质的供应渠道，降低成本又保证品质。

③通过协会平台进行行业资源整合，重组或创建一批石膏装饰建材的龙头企业与高端连锁品牌。我们的行业虽然南有美穗、康纳、绿意雅、穗华，北有银桥、星宇、隆湘、羊城、辰光等一批知名企业，但在国内还没有产值上十亿的中国名牌企业，在国际市场上，基本上以可耐福、拉法基、圣戈班、加勒斯比等欧美品牌为主，这种状况严重制约了企业的做大做强，在研发技术与装备方面已有了较大发展的条件下，如能争取政府的产业扶持政策，鼓励企业强强联合、抱团发展，整合资源、跨界营销，携手组建现代企业，打造高端品牌，是行业未来跨越式发展的良好契机。

四、我国石膏建材行业发展方向

石膏建材符合国家新材料、新技术、新工艺政策，和人民生活水准的需要，特别是 α 石膏结晶体新材料的广泛应用，犀牛等三维建模软件，CNC 数码雕刻、3D 打印机等先进设备的应用，为文化创意主题建筑个性发展，充分突显石膏建材作为造型艺术以及建筑声学的优良载体的优点。

国家城乡建设部与工业信息化部大力倡导开展绿色建筑行动，严格执行建筑节能，推进资源节约与环境友好两型社会建设，为石膏装饰建材迎来了新的发展机遇。生态城市与绿色人居是科学发展的主流，人类文明的特征。随着市场需要继续扩大，结构转型升级带来了新机遇，根据工信部《新型建材工业十二五发展规划》提出：石膏板材 2010 年的产量为 20 亿 m^2，我国城乡新建与改造中石膏板材的市场份额年均增长 30%。伴随房地产的健康稳定发展，中国的城镇化的提升普及，石膏建材业至少有 10 ~ 15 年的机遇，市场巨大，值得作为。

1. 以“住宅产业化”、“建筑工业化”、“绿色建筑”三大关键词为导向，走出一条石膏装饰产业化与绿色化结合的路线

产业化是企业发展壮大的根本，绿色化是企业持续发展的保障。现阶段，绿色环保已成为人们普遍关心的问题，国家也高度重视环保相关事宜，如国家实施绿色建筑行动计划、完善绿色建筑标准及认证体系、扩大强制执行范围及绿色建筑装饰的市场需求等。石膏建材行业要想持续发展，需以“住宅产业化、“建筑工业化”、“绿色建筑”三大关键词为导向，走出一条石膏装饰产业化与绿色化结合的路，在这

样的发展状态下，才会有物质与政策的双重保障。

2. 采用集群发展模式，打造一条集产品研发、制作、推广、销售等多功能于一体的石膏建材产业链

集群发展模式可以让企业充分发挥自身优势，有效利用行业资源，做到优势互补、抱团发展。现阶段，石膏建材行业多以中小型企业为主，集群产品销售具有极强的市场渗透力，部分集群在发展过程中形成了产业集群和地区专业市场互动发展的局面。石膏建材行业正处于发展扩大阶段，可借助各大企业集群发展带来的资源，树立行业品牌，打造一条集产品研发、制作、推广、销售等多功能于一体的石膏建材产业链，增加产品的附加值，创造一系列的经济效益。

3. 充分发挥“互联网+”思维，实行线上线下双重渠道营销

随着互联网工业革命的到来，电子商务迅猛发展，营销渠道越来越宽，80后、90后逐步成为石膏建材产品消费的主力军。他们更崇尚个性化，更具参与设计意识，销售实现与之互动显得尤为重要。石膏建材行业需充分发挥“互联网+”思维，实行线上线下全渠道营销模式，营销模式将从产品、服务全面向数字化、移动互联化转移，多平台整合运营。众多企业将在实体渠道、电子商务渠道和移动电子商务渠道布局，线上线下融合。未来将出现深度整合厂商优势资源的供应链体系的石膏建材渠道平台，精准营销、库存计划、甚至包括上游的生产计划、采购计划、设计施工的全面协作，带来行业的重大变革。

4. 加强多层次专业技能人才与产业工人的培养

产业要发展，人才是关键。随着行业发展，从事石膏与相关建材基础理论与应用研究的人才不足问题越来越突出，同时行业内也缺少专业技术的熟练操作蓝领工人。在这样的情况下，石膏建材企业可与高校开展技术创新合作，建立产学研教学、实习、就业基地，作为校企合作通路与企业发展人才库，造就一批能胜任石膏装饰建材产业发展，懂技术、有市场开发能力、有行业使命感担当的人才充实到队伍中来。同时可聘请一批建筑声学、室内设计、建筑设计大师、文化艺术名人、材料专家等作为企业的设计与研发顾问，从产品研发、市场推广到品牌形象全方位给力支持与塑造提升，助力企业健康快速发展。

5. 以产业加资本模式，打造产业之王

市场经济的进一步发展，带来了资本在全球市场的流通和配置，资本市场是市场经济发展的另一个阶段。企业的发展扩大，也就意味着生产规模的扩大，而生产规模的扩大是一个周期性的过程，在这个过程中，资金的周转极为重要。因而石膏建材企业要想做大做强，就不能仅仅依靠银行的商业贷款，需借助多方资本，多渠道融资，如上市就是吸纳资金，促进企业发展的一种方式。企业的持续发展离不开资金的支持，灵活的资金链条不但给予企业充分发展的物质保障，而且能够给企业带来新的发展机遇，更加发挥企业管理者的主观能动性，打造行业内的一批龙头品牌。

第八章 2014年照明灯具行业发展回顾及未来趋势分析

一、2014年行业基本状况

2014年的中国照明灯具行业，总的来说，是负重前行的一年。所谓“负重前行”是指，行业市场消费在整体萎缩，行业产能却在继续增长；传统照明行业在不断萎缩，新兴照明LED产业在增长；出口贸易阴晴不定，贸易壁垒和障碍不断出现，但俄罗斯、印度、越南等新兴国际市场在快速崛起，希望犹在；产能在增长，甚至部分企业销量也在增长，但利润却在下滑。

2014年，中国照明灯具行业的年产值大约为5200亿元，制造企业约8万家，县级以上专业灯具市场约400家，经销商约25万家，从业人员约1000万人。

行业利润参差不齐，约10%～30%，总的来说，利润是在下滑。相比较而言，装饰灯饰（俗称花灯）利润较高，毛利最高可达40%甚至更高；LED流通产品利润较低，最低低至毛利5%左右。就整个行业来讲，2014年企业普遍盈利率不高，大多数企业不赚钱，只能维持正常经营。比例大约为：赚钱的企业占20%；不赚不亏的企业占50%；亏损的企业占30%。

二、行业的投资现状

1. 政府投资

过去10年，政府把节能照明产业，特别是LED照明产业作为新兴节能科技产业进行扶持，一度提到了很高的地位。国家和地方政府的财政补贴也一年高过一年。但2014年，国家各部委逐渐趋于理性，让市场回归市场本身。但地方政府对企业的补贴仍不一而足。比如厦门三安，2014年12月30日就收到厦门火炬园区拨付的扶持款1.5亿元。

三安光电在过去的三年中，拿到了近30亿元的政府补贴。该公司老板为“厦门首富”林秀成，拥有11亿美元资产。

在数百家上市公司中，三安光电是连续几年登上补贴排行榜的民营企业。

公开资料显示，2010年，三安光电累计收到政府补贴达7亿多元；2011年，三安光电拿到的政府补贴较上年翻了一番，达到18.29亿元；在2012年，三安光电又拿到了不少于 3 亿元的补贴。

三安光电的主要产品为 LED 外延片及芯片等，属于 LED 产业链的上游。2008 年借壳上市后，公司产能扩张的步伐先后延伸到天津、芜湖、淮南、泉州等多个地区。

三安光电几乎每到一地，都能以低廉的价格获得土地，购买核心生产设备 MOCVD（生产 LED 外延芯片的关键设备）也能获得每台 800 万到 1000 万的补贴，地方政府同时还拿出数亿元，采购三安光电的产品——LED 路灯。

如此大幅度的补贴优惠，与政府对 LED 产业的扶持有关。2009 年，国家发改委出台《半导体照明节能产业发展意见》。同时，按节能环保产业被定为“十二五”规划的七大新兴产业之一。在政策号召下，地方政府对 LED 行业表现出了极大的热情。

同年，江苏省扬州市政府推出了 MOCVD 补贴政策，企业每引进一台 MOCVD 机，给予财政补贴 1000 万元。随后，其他地方政府纷纷效仿。

政府的另一种投资行为是大量开发建设节能照明产业园与市场。很多省都有自己的省级照明产业园，尤以广东、福建、浙江、江西为甚。以江西为例，先后投资省级照明科技产业园的有武宁、万载、新干等地，其中武宁、万载产业园开发都达万亩之上，开发投资达数亿元至数十亿元不等。

2. 行业投资与资本投资

2014 年，资本市场对中国照明灯具市场的整体投入呈减缓趋势，跟过去几年大量热钱进入行业形成较为鲜明的对比，但这并不意味着行业投资与资本投资的停止。

2014 年 LED 照明产业十大并购案例为：

（1）同方股份收购真明丽，THTF ES 持有 51.6% 的股权

6 月 19 日，同方股份通过下属全资境外子公司 THTF Energy-Saving Holding Limited 按照 0.9 港元 / 股的价格认购真明丽控股有限公司增发的 10 亿股新股（每股面值 0.1 港元）。本次认购价格共计 9 亿港元。完成本次股份认购，则同方股份将通过 THTF ES 持有真明丽 51.6% 的股权，并向真明丽股东发出全面要约收购。

在这场整合浪潮中，同方股份 9 亿港元入主真明丽也是业内颇具代表性的一宗企业整合案例。

（2）鸿利光电曲线收购斯迈得

10 月 13 日晚，不满足国内领先的白光 LED 封装企业称号的鸿利光电宣称由于收到中国证监会关于不予核准公司向安茂领等发行股份购买资产并募集配套资金的决定，公司决定修改方案拟斥资 1.7 亿元现金收购深圳斯迈得公司，以强化优势。

据了解，鸿利光电的该收购事宜于今年 9 月 1 日经证监会上市公司并购重组委关于召开的工作会议审核中，公司发行股份及支付现金购买资产并募集配套资金的

重组事项并未获得通过，审核意见为股权变更及其披露不清晰。

斯迈得在产品、客户、销售渠道等多方面与鸿利光电均有一定的互补性。其资产优良，具有良好的发展前景和较强盈利能力，有利于提高上市公司的价值，并为上市公司的股东带来更好的回报。

通过此次交易，鸿利光电不仅获得了斯迈得的优质资产，更将斯迈得的管理团队纳入上市公司，有利于上市公司长期持续发展。斯迈得在客户、销售渠道等多方面与鸿利光电形成互补，双方将在技术、市场、管理、财务等方面进行深度整合，发挥协同效应。

（3）茂硕电源近2亿购方正达55%股权

11月18日深圳茂硕电源发布公告，公司拟以每股8.64元的价格定向发行1870万股股份并支付3009.60万元现金，购买方笑求、蓝顺明合计持有的湖南省方正达电子科技有限公司55%股权。同时，公司拟以同样的价格向宗佩民、曹国熊各发行311.665万股股份，募资5385万元用于支付现金对价及中间费用，剩余部分向方正达增资。

方正达主营柔性印制电路板（FPC）研发、生产和销售，产品主要应用于LED节能照明领域，而FPC新的应用领域是移动智能终端及可穿戴领域。

方正达未来的发展战略，除在LED照明领域巩固和扩大目前的市场地位外，还会加强技术研发，逐步加大在移动智能终端和可穿戴设备领域FPC的投入，积极开拓海外市场。

（4）洲明科技“以小博大”收购蓝普科技

2014年9月底，洲明科技却发布公告称，为实施做大做强公司主LED显示业务的公司战略，进一步提高公司在小间距产品及海外高端租赁LED屏等细分市场的竞争力和市场份额，借助深圳蓝普科技有限公司已有的项目资源和业务网络的相关优势，通过协同效应打造细分市场的竞争优势，公司拟与占红水、方荣梓、吴悦胜、余四林、翁小勇、深圳市招商局科技投资有限公司、华西金智投资有限责任公司、北京博瑞胜德创业投资有限公司、深圳招科创新投资基金合伙企业（有限合伙）共九名股东签订《股权转让协议》，约定以自有资金6800万元收购蓝普科技100%股权。

洲明科技表示，报告期内，公司上下坚定贯彻落实年初既定的战略方针，导入精细化管理模式，大力推进各项工作的进展并取得成效，经营效率不断提升，公司综合实力与核心竞争力持续增强。目前LED显示与照明应用两个市场都处于快速上升期，挑战与机会并存，而公司紧紧把握住LED显示与LED照明的发展趋势。

（5）晶元并购璨圆迈向整合之路

6月30日晶元和璨圆两家公司召开董事会，通过将以3.448股璨圆普通股，换发1股晶电，换股后新晶电股本将超过百亿元（新台币），股份转换基准日暂定为

2014 年 12 月 30 日。通过转换案后，璨圆光电将成为晶元光电持股 100% 之子公司。以晶电及璨圆今天收盘价分别为 74 元及 18.25 元计算，溢价幅度约 17.6%。台湾龙头磊晶厂璨圆光电股份有限公司与 LED 上游制造厂龙头企业晶元光电通过股份转换案，开始迈向整合之路。

（6）联建光电 9.5 亿并购友拓公关、易事达

9 月 26 日，联建光电发布重组预案，公司拟以支付现金及发行股份相结合的方式收购上海友拓公关顾问有限公司（以下简称友拓公关）、深圳市易事达电子股份有限公司（以下简称易事达）各 100% 股权，并募集配套资金，标的资产整体作价约 9.5 亿元。重组完成后，公司将进一步强化上市公司传媒业务的服务能力，公司将完成大户外传媒产业链的布局，同时巩固和提升 LED 显示应用领域的竞争优势，大户外传媒集团的雏形初现。

（7）珈伟股份 1.22 亿收购品上照明 100% 股权

5 月 21 日晚间，珈伟股份公告称，公司 19 日与中山品上照明有限公司全体股东签署了股权转让协议，约定以现金方式受让品上照明 100% 股权。协议各方以品上照明的预估值 1.225 亿元为初始转让对价。待评估机构出具正式评估报告，若评估结果较标的资产的初始转让对价差异在 10% 以上，协议各方将另行协商确定标的资产的转让对价；否则，标的资产的初始转让对价即为转让对价。7 月 16 日，珈伟股份再传好消息，宣告以现金方式成功收购品上照明 "100% 股份，这次收购不仅可以使其实现相关资源的有效整合和优势互补，更为其进一步巩固及深化在 LED 照明市场中的地位和份额迈出坚实一步。

（8）雪莱特豪掷 4.95 亿并购富顺光电

9 月 10 日晚间，雪莱特披露了发行股份及支付现金购买资产的重大资产重组事项，拟通过向特定对象非公开发行股份和支付现金相结合的方式购买陈建顺、陈建通、王朝晖、福建三禾创业投资有限公司（以下简称 " 三禾创业 "）、上海安益文恒投资中心（有限合伙）（以下简称 " 安益文恒 "）、漳州市银福伟业投资有限公司（以下简称 " 银福伟业 "）、杨伟艺、黄志刚、曾晓峰、杨佰成、陈金英、杨文芳、林建新、张志鹏、林丽姝、何仲全、戴龙煌、蔡维杰、林竹钦、蔡志忠共 20 名富顺光电科技股份有限公司（以下简称 " 富顺光电 "、" 标的公司 "）股东所持有的富顺光电 100% 股权并募集配套资金。

本次交易完成后，雪莱特在业务规模、盈利能力方面均将得到大幅提升，利用上市公司资本运作平台，通过发行股份及支付现金的形式并购国内领先的 LED 照明与显示应用领域解决方案提供商富顺光电，将有助于雪莱特积极把握 LED 应用领域高速发展的重大行业机遇。

（9）勤上光电收购彩易达 51% 股权

勤上光电 17 日午间公告，为丰富完善公司产业链条，拓展市场占有领域，公司拟使用自有资金 3761.25 万元，收购北京彩易达科技发展有限公司（简称 " 彩易达 "）

51%股权。收购完成后，彩易达将成为公司控股子公司。

彩易达亦是优秀的渠道销售商，彩易达通过下属渠道在印尼LED显示屏工厂、租赁市场市场综合竞争优势明显，占有率居首。

（10）万润科技收购日上光电100%股权

8月14日公布非公开发行预案，公司拟以10.76元/股价格，向李志江、华信嘉诚等10名投资者发行不超过6，606万股股份。此次拟募集资金不超过71，080.56万元，用于收购深圳市日上光电股份有限公司100%股权和补充流动资金。其中，39，000万元用于收购日上光电100%股权。日上光电评估增值率为148.33%。

万润科技9月2日公告，股东大会同意以10.76元/股定增不超6606万股，募资不超过7.11亿元，其中3.9亿元用于收购日上光电100%股权，其余补充流动资金。

此次收购的日上光电同样走的中高端路线，系中国中高端LED标识照明领军企业，专注于为中高端客户提供广告标识照明产品设计、个性化定制等系统化解决方案，通过多年技术积累，已率先开发出智能化LED广告标识照明系统，实现了远程控制、检修和光源亮度调节等多项智能化管理。符合公司中高端定位。

放眼国内LED照明企业，不少背后已有庞大靠山，国内企业争斗正酣之时，LED企业兼并收购确实可以通过资本的力量迅速将企业做大，前提是如果不能有效地整合资源，买回来后会问题重重。

回看照明行业，2012年，在雷士照明创始人吴长江、投资人阎焱纷争时，王冬雷于12月底果断出手，通过吸收吴长江个人股份的方式，一举成为雷士照明的第一大股东。雷士和德豪润达的联手，正是战略联姻、借力资本，德豪润达雷士照明意欲打造一个LED帝国。雷士照明与德豪润达的并购，给LED产业带来危机感。但8月以来"雷士风波"闹得沸沸扬扬，也给LED并购企业有一定的警醒和忠告：很多企业参与兼并和并购，看的是财务业绩，看的是成本收益，看的是收入上的提升，而没有看到文化、语言、管理风格上的诸多不同。兼并收购一定要发挥双方优势，比如技术、对企业文化的理解，集合自身优势及他人的优势，充分利用和发挥直销渠道和代理商渠道两种销售模式各自的优势，强强联合，扩大在LED市场规模，实现销售收入同比较大增长。

LED时代给照明灯饰行业带来新契机，促使行业变化的步伐越来越快，企业和领头人必须跑得更快才能在竞争激烈中生存下去。未来LED照明行业进入的门槛会越来越高，发展也非常迅速，其他没有巨头撑腰的同行将逐渐被挤压出市场。

今后照明企业的发展趋势之一就是买卖和兼并，企业必须依靠买卖和兼并来提高市场占有率，不仅是同类企业之间的买卖和兼并，很可能是更多的上下游企业之间实现并购，未来产业发展多样化超乎想象！

三、2014 年中国照明灯饰行业产业情况

2014 年面临经济下行的风险，稳增长、调结构的大环境下，国内照明产业也经历了深刻的变革，在替换渗透的过程中，内销出口不断增长，产业结构不断升级。

1. 照明产业：进入平稳增长期

2014 年全国规模以上的照明企业达到 2499 家，照明产品销售额为 5200 亿元人民币，同比增长 10.6%。出口额为 415.5 亿美元，同比增长 15.4%，其中 LED 照明产品销售额为 950 亿人民币，同比增长 43.9%。随着需求的增长，照明产值增长迅速，LED 照明由工程市场逐渐走向家用市场，对传统照明空间进一步压迫，LED 市场空间进一步扩大。

在产品方面，行业主营收入向下游聚集，其中照明灯具制造占比 64.23%，电光源制造占比 27.56%，灯用电器附件及其他照明器具制造占比 8.21%。传统电光源产品普遍下滑。出口上，白炽灯出口量减少约 10%，CFL 减少 7.4%，其他荧光灯减少 8.6%，HID 灯中的汞灯、金卤灯均有不同程度减少，只有卤素灯仍维持 6% 增长。LED 照明产品则呈现大幅增长，尤其以室内照明产品的球泡、灯管、MR16 等，以及灯具中的吸顶灯、筒灯、平板灯等均大幅增长。

2. 国际市场：形势变化巨大

2014 年整个国际出口形势的变化也值得关注，传统出口地区逐渐转向新兴市场。对欧美出口增速持续下滑，其中美国市场从 2013 年的 13.77% 下滑到 2014 年的 7.98%，德国市场从 2013 年的 16.31% 下滑到 2014 年的 8.08%，这也从侧面反映了该地区经济增长速度的放缓。对香港、日本等地区则出现负增长，其中对香港市场完成累计出口额 14.32 亿美元，同比增长 –1.39%，反映了香港地区市场的风险加大。对俄罗斯、东南亚等新兴市场的出口则出现高速增长，反应了该地区市场强劲的市场增长潜力。

中国照明电器协会副理事长陈燕生认为，针对各地区出口格局的变化形式，出口企业也应有针对性的调整国外市场布局，把握新兴市场的机遇与风险，尤其是要关注市场的汇率和地区形势。

3. 市场预估：产值增长进入“新常态”

伴随着 2015 年经济增长进入“新常态”，照明产业增长也将渐趋理性，另一方面社会消费水平的平稳增长也对照明产品消费起着重要拉动作用。中国轻工业联合会数据估计，2015 年全国照明行业规模以上企业主营业务收入将突破 4000 亿元大关，稳定在 4500 亿左右。全国照明行业规模以上企业利润将突破 300 亿元。

出口增长不仅出现了“新常态”，从过去的高增长转为与 GDP 大致同步的温和增长，而且月度、季度间增长极不稳定，连续几年都出现了“过山车式”的波动，加上我国传统制造比较优势在减弱，而新的国际比较优势还尚未形成，因此预计 2015 年全国照明行业出口会超过 460 亿。

“除了出口，今年政府将在基础设施建设上投资加大，也为照明企业提供了商机，企业也应对国内市场给予关注”，陈燕生认为，“不管是出口内销，企业首要应该注重练好内功，注重产品质量，这是今后企业面对的最重要问题”。

四、照明灯饰产业转型升级分析

从2004年以后，行业就开始逐步进入转型升级期；2010年开始，转型升级呼声日高；2014年，转型升级已经处于风口期。

那么，行业应该怎样转型？怎样升级？

1. 提升企业的科技和创新含量

目前，照明灯饰行业主要以中小企业为主，规模以上企业不到3000家。各企业大致以简单的组装、制造为主，没有自己的核心竞争力。而行业要取得根本性的改变，必须在技术、设备、研发上下功夫。

（1）提升差异化竞争优势，不能一味靠低价恶性竞争生存。

目前市场上的产品，是高度同质化的产品，唯一能够取胜的途径是价格低。而价格低导致的质量问题比比皆是。更严重的是，企业盈利水平低下，自然没有力量投入到研发创新中去，所以市场竞争力也很弱。如果要改变这种现状，必须在产品差异化上下功夫。

（2）强化品牌附加值。

由于照明灯饰行业的竞争主要是产品和渠道上的竞争，所以品牌的附加值还没有凸显出来。至今为止，市场耳熟能详的品牌还是飞利浦、欧司朗、GE、欧普、雷士、宝辉、金达、华艺、开元、东方、胜球、奥斯哥纳、佛山照明、浙江阳光等不足100家。

所以，强化品牌影响力和辐射力，是产业升级的关键。

（3）强化渠道竞争力。

虽然目前中国照明灯饰行业的企业多达数万家，但能够在全国拥有渠道通路的不到10%。因此，如何由区域品牌发展到全国品牌，是企业和行业都必须努力实现的目标。

（4）扩大企业规模，改变大行业小企业的现状。

行业将近80000家企业，规模化的不到3000家，多数企业年产值300万至3000万不等。更多的小微企业，年产值只有几十万。上亿的企业不到300家，突破10亿的不到50家。所以，实现规模提升才能改变行业散、乱、差的现状。

（5）国家和省市做好统筹与规划，不再重复投资、重复建设。

过去10年，照明行业每年都以20%～30%的速度增长。到了2014年，行业渐渐饱和，厂家和商家生意越来越难做。但奇特的是，各地的照明、LED产业园还在风起云涌般地发展着，有些省甚至有好几个庞大的照明产业园和市场。这种重复规划、重复建设必须刹车，国家、省、市在产业规划上必须做到统筹规划、合理布局。

五、传统照明企业转型升级思考

在国家地方政策补贴“强心针”之下，各地照明企业开始“亮剑”，LED 照明产品、渠道战拉开序幕。面对政企如火如荼的开展 LED 照明产业，照明企业在进入 LED 照明行业及传统照明企业转型期，经历了热发展、冷遭遇、降价潮之后，如何调整自身的目标及产品战略定位，依然面临重重问题。

面对国家地方政府“大刀阔斧”推广 LED 照明普及，而 LED 灯“叫好不叫座”，消费者面对新生事物，不敢贸然接受。传统照明企业在“矛盾”中前进，既想抢占“先机”，又需要靠传统照明业务作为支撑。传统照明企业雷士照明艰难转型就是一个例子，经历高层动乱、底层罢工、渠道分合，现在仍处于磨合期。尽管三大高管一致齐心发力于发展 LED 照明，但路漫漫其修远兮，需将上下求索。因此，传统照明企业如何平衡传统照明及 LED 照明的”守与攻”之道，如何更好抓住市场机遇、发挥渠道优势，寻找 LED 的成功转型，仍是传统照明企业需深思问题之一。

1. 同质化之殇

LED 照明除了节能环保低碳以及寿命长光效好等优点，主要它能更好实现智能照明系统智能控制，感应调光技术，可以先有灯具再设计光源等。但是 LED 照明产品与传统照明产品缺乏创新改变，灯具设计同质化，消费者不洞悉光源的差别，面对同样的灯具，当然更倾向于原有消费习惯。同质化的 LED 照明产品叩问照明企业如何针对细分市场打造出具有特色的照明产品是照明企业创新首要法则。

2. 价格战之殇

芯片技术提高，原材料产能过剩等造成 LED 照明产品降价本属行业发展趋势，但是市场上存在众多浑水摸鱼的商家，以次充好、假冒伪劣等行为，打着低价旗号伤了消费者心，也造成行业不公平竞争。如此价格之战势必会打击消费者对新兴事物的信心，照明企业如何重塑消费者信心，打造具有性价比的产品，如何开展宣传及渠道活动仍是照明企业重头戏。

3. 质量问题之殇

9 月份，广东省质量技术监督局对 LED 照明产品进行了抽检，抽查了广州、深圳、珠海、佛山、中山、惠州、东莞等 7 个地市 21 家企业生产的自镇流 LED 照明产品，共 23 批次，检验不合格 17 批次，合格率不足 30%。甚至一些比较有名的品牌也出现不合格产品。尽管 LED 照明具有寿命长、光效好等优点，但是这都是需要具有良好的原材料及封装技术基础上才有的。质量问题再一次叩问企业研发技术、封装技术、散热技术是否达标。

照明灯饰行业未来的发展趋势：

照明灯饰行业的发展趋势已经日益明显，总的来说，专业化、规模化、品质化、品牌化、差异化、细分化、资本化是为未来的发展方向！

六、2015 年世界照明灯饰行业流行趋势

1. 2015 年，小美式还将持续热销。以“美式全铜”为龙头，小美式将逐渐走向多元化并形成小气候，材质不乏树脂、铜艺、铁艺，款式更加多样化，更加贴近中国商住 2 米 8 层高和中端消费者。原来意义上的欧式灯则化开三枝：欧式、美式、小美式。

2. 新中式成为中式灯的黑马，走势强劲。新中式突破了老中式木艺、羊皮纸、陶瓷、竹艺 4 大件，材质开始结合铝材、云石、铁艺，中西元素糅合，更加现代时尚，深受年轻消费者和设计师喜爱。颜色丰富（以浅色见长）、款式现代、质感好是这类灯饰的共同卖点。

3. 与此同时，传统中式灯将从源远流长的中国传统文化和家居文化里吸取营养，工艺更传统精湛，历史文化穿透力更强。这样的产品能赢得底蕴深厚的小众消费者的喜爱。这样的灯饰一般跟红木、紫檀、黄花梨等高端古典家具搭配销售。代表品牌有莱韵达、海菱等。

4. 现代简约时尚家居照明成为主流产品，传统家居照明渐渐式微。以面包灯、光源产品为核心的传统家居从 2003 年开始逐渐走向没落，多数二三线品牌专卖店生存艰难，而简约时尚家居逐渐受到青睐，代表品牌有松伟、新特丽、遇见等。

5. 低压灯产品 2015 虽然不会太流行，但依然依然会局部走俏。

6. 水晶灯 2015 年继续向时尚现代方向倾斜，款式和风格都倾向多样化，装饰效果越突出越有市场。2015，水晶灯材质组合更加丰富，24K 金、铜材、琉璃、玉石都成为水晶灯的组合元素，不仅雍容华贵，而且时尚大气代表品牌有宝辉、金达、琪朗、开元等。传统黄水晶份额继续缩小，但与佛教情境和华丽美学相结合的经典款式依然畅销。

7. 商照产品全部 LED 化已毋庸置疑，但却没有任何一种商照产品可以一统江湖。由于商照环境非常宽泛和复杂，对产品需求千差万别，因此细分化反而是 2015 年商照最大的趋势。服装照明、珠宝照明、酒店照明、水果照明、食品照明，不一而足。谁在细分领域下功夫，谁就会活得很滋润！

8. 路灯的总体份额近两年总体呈下降趋势，但 2015 年会有适当增长，但竞争依然非常激烈，分到个厂家的蛋糕还会缩小。从市场趋势上来说，中西部市场潜力更大。

9. 大功率集成的 COB 和模组化产品，让 LED 迅速成为工矿照明的主流方向。因此，2015 年，LED 工矿灯对传统工矿灯的替换量将增大。

10. 特种照明方面，医用照明、植物生长灯、汽车和航空照明是细分领域的巨大

蛋糕，空间巨大

11. 办公照明将迎来巨大的发展空间，LED 面板灯、灯带产品广泛用于办公空间，迅速挤占格栅灯的地位。由于人们对办公环境舒适度的要求越来越高，见光不见灯应该是未来 10 年的发展趋势。

12. 市场销售模式的在发生深刻变革，OTO+ 连锁 + 会员制将成为今后 10 年的主流趋势。2015 年，可以看做世界照明灯饰行业 OTO 模式的元年。

13. 智能化照明是未来 10 年照明行业跟 OTO 有着同样巨大机遇的两大领域之一。智能照明 2014 年已经萌芽，2015 年将逐步开花。

14. 并购与整合在 2014 年已初露锋芒，2015 年将持续发酵。2015 年的并购将集中在产业链的垂直整合上。

15. 众筹将成为梦想者迅速崛起的利器。照明灯饰行业将持续分化，一部分企业做细分领域，专注于做专做精，有的企业甚至只专注于为大企业 OEM。另一部分企业将不安于现状，不按常规出牌，通过抱团投资迅速把盘子做大。

2015 年开始，世界照明看中国，已经开始慢慢显露雏形！

第三部分　专题报告

第一章　建材家居业科技创新与新材料新产品发展

第一节　陶瓷薄板技术应用

目前，建筑陶瓷行业刮起了绿色环保、践行低碳的风潮。在国家产业政策、行业协会推进引导等多种有利因素驱动下，PORCELA'BOBO 陶瓷薄板顺势而行，进入了发展的加速期。

1. 陶瓷薄版的发展历程

20 世纪 80 年代，日本作为资源匮乏型国家最早提出了陶瓷薄板概念。直到 2002 年，意大利的西斯特姆公司（System）首创薄板技术，将陶瓷薄板的厚度减薄到 3mm，实现了陶瓷薄板工业生产。2004 年，西班牙也研制了相关的技术，并将陶瓷薄板推向了市场。到 2007 年，欧洲 70% 以上的陶瓷品牌都有涉及陶瓷薄板的生产。当前，国外生产陶瓷薄板的企业主要集中于意大利和西班牙。国外的陶瓷薄板规格主要为 1000mm × 3000mm × 3.0mm，产品规格大，施工存在难度，价格相对较高，在国内难以被接受和推广。

在国内近几年才推出陶瓷薄板这种新型绿色环保建筑装饰材料。仅仅数年的时间，不论是规格还是厚度，与传统的瓷砖呈现出截然不同的面貌，这是生产技术进步的一个具体体现，也是企业社会责任感的提升。

2006 年国家日用及建筑陶瓷工程技术研究中心华夏建陶分中心、景德镇陶瓷学院及广东科达机电股份有限公司在国家“十五”重点攻关项目支持下，共同研制出的第一块陶瓷薄板（1000mm × 1800mm × 3.0mm），2007 年国内企业生产出了 900mm × 1800mm × 3.5mm 和 900mm × 1800mm × 5.5mm 的陶瓷薄板。我国是陶瓷砖生产和消费大国，但陶瓷砖行业的总体技术水平和国外发达国家相比还有一定的差距。目前国内推出陶瓷薄板的企业只有十余家，而形成规模化生产的不超过五家，全国陶瓷薄板的年产能不超过 2000 万 m^2。国内具有生产薄板能力的企业，更多的时间和精力尚用在生产传统陶瓷砖上。

基于国家创新、绿色、可持续发展战略，特别是降耗节能减排、绿色低碳环保的世界潮流，以及我国建设“资源节约型、环境友好型”社会的总体要求，广西新高盛薄型建陶有限公司瞄准“陶瓷薄型化”这一选题，自筹经费，课题组于 2007 年开展陶瓷薄板的研究和开发，至今已形成了多项专利和自主知识产权的生产技术，并于 2009 年注册了 PORCELA’BOBO 这一薄板品牌，开始了陶瓷薄板产业化之路。2011 年广西新高盛薄型建陶有限公司注册成立。公司专注于陶瓷薄型化、建筑轻量化事业，专心于陶瓷降耗节能减排、绿色低碳环保技术，专业于陶瓷薄型化装备及技术研发、产品设计和制造生产。通过课题组多年的潜心研发和近两年产业化推进，公司已成功完成了 4.8mm 厚度陶瓷薄板的大规模生产，该产品可广泛应用于建筑内外墙体、地面以及家居中，可广泛地替代传统的建筑陶瓷、花岗岩、大理石、铝塑板、木板、壁纸、高档油漆涂料等饰面材料；目前，公司已经具备日产陶瓷薄板 2 万平米的生产制造能力。陶瓷薄板技术研发、生产和市场应用对于节约能源和资源，改善环境污染具有十分重大的现实意义。

2. 陶瓷薄板的优势

图 3-1-1　陶瓷薄板的优势

（1）节能降耗：BOBO 陶瓷薄板产品薄且轻，厚度只有 4.8mm，是传统陶瓷的 1/3、石材的 1/5，重量不到 12kg/m^2；BOBO 陶瓷薄板的整个生产过程都在节约资源，与传统同规格陶瓷砖相比，每平方米要节约 60% 的矿产资源、50% 的电力、40% 的燃料消耗、减少 60% 的废气排放。

（2）环保安全：产品使用无机材料经 1200 度以上的高温烧制而作，在使用过程中不会释放任何有害物质，无毒、无害、无辐射，不会与空气发生化学反应，从根源上杜绝了装修材料中的污染，是人类文明发展业已证明最安全稳定可靠的材料首选。

（3）省钱省时：由于轻薄，可直接薄法湿贴或挂贴、锚贴，省去干挂龙骨结构的高昂辅料、施工和维护费用，大大降低了业主的综合成本和施工人员的劳动强度，省料、省工、省力、省空间、省面积，缩短了工期。

（4）经久耐用：由无机材料高压成坯、高温煅烧成型，耐酸、耐碱、耐腐蚀、耐氧化，耐热、耐冻、耐磨、耐划痕，防水、防火、防滑，特别适合于公共建筑空间，如学校、医院、地铁、车站、机场、文体中心和商场、酒店等场所使用。产品生命周期与建筑物同长，产品全周期长寿命社会综合成本最低。

（5）减少负荷：有效减少建筑物自身荷载，能减少混凝土、沙石以及钢筋的使用量，针对高层建筑工程效果更明显，大大降低施工材料成本和工期。

（6）节省空间：由于轻薄，与传统同规格陶瓷砖相比，100m^2 的房屋使用薄板装修可少占用 2 ~ 4m^3 米以上使用空间，多出 1m^2 以上使用面积。BOBO 陶瓷薄板能节约 60% 的贮运空间，极大的降低了储存及物流成本。

（7）加工便利：由于产品全瓷质、全玻化和轻薄的特点，切割、钻孔、磨边等加工方便，可在施工现场用玻璃刀或拉刀轻松完成，噪声极小、无扬尘，方便实现设计师无限设计创意。

（8）防水易洁：对液体的抵挡性超强，吸水率低于 0.1%，优于国家标准 5 倍以上，可用任何化学清洁剂进行清洗保洁，污液无法渗入，污迹很难渗透成斑痕，有利卫生和健康，也大大降低使用中的日常维护劳动强度和成本。

（9）效果丰富：采用先进的喷墨打印技术，清晰度极高，色彩、图案丰富稳定，板面效果多姿多彩，装饰艺术性更强。既能量身订做、个性化突出，更能高仿石材、墙纸、木板、涂料、水泥墙等传统饰面材料表面效果，仿真度高达 95% 以上。

（10）用途广泛：除可广泛用于建筑内、外墙体、地面、天花外，更可运用于新型家居如门、柜、桌等板状部位，以及室内外的背景墙、门匾、告示牌等。特别是 BOBO 陶瓷薄板与聚氨酯、玻化微珠等外墙节能保温材料复合一体后，在城市建筑外墙节能保温装饰一体工程上应用更是独揽头筹，轻松满足国家规范和客户要求。PORCELA'BOBO 陶瓷薄板与传统饰面材料的性能对比和与传统饰面材料在立面应用优势对比见表 3-1-1、表 3-1-2。

表 3-1-1　PORCELA'BOBO 陶瓷薄板与传统饰面材料的性能对比

项目 \ 材料		BOBO 陶瓷薄板	石材	铝塑板	木板	墙纸 / 油漆
	吸水率（%）	≤ 0.08	≥ 10	不吸水	大量吸水	透水没有抗水性
	抗折强度（MPa）	＞ 53	≥ 30	≤ 15	≤ 10	没有强度
	表面强度	6 极以上	4 极以下	4 极以下	3 极以下	差
	抗污性	抗污，不氧化不需特殊维护	不抗污，容易氧化，需维护	表面容易脏容易氧化	不抗污	不抗污
	耐用性	与建筑同寿命 50 年以上	外墙用 5 年可看出有氧化，出现水斑	5 年内看出有明显的氧化，变形，陈旧等	容易老化，变色有异味	不耐用，容易老化，容易发霉

表 3-1-2 PORCELA’BOBO 陶瓷薄板与传统饰面材料在立面应用优势对比

项目 材料	BOBO 陶瓷薄板	天然大理石	传统陶瓷	备注（PORCELA’BOBO 的优势）
每平方材料重量	11KG	50KG	30KG	更轻，降低劳动强度
规范安装方式	湿贴 / 挂贴	干挂系统	干挂系统	更简单
安装的辅材要求	陶瓷粘贴剂	钢龙骨，专业挂件，建筑结构胶	钢龙骨，专业挂件，建筑结构胶	更省成本
安装工序	直接湿贴或挂贴 – 填封	打钢龙骨 – 安装保温层 – 材料开孔 – 挂件扣装和上胶 – 填封	打钢龙骨 – 安装保温层 – 材料开孔 – 挂件扣装和上胶 – 填封	工序简单，缩短工期
产品切割加工	玻璃刀干切	电动锯刀	电动锯刀	快捷简单，无噪音，无污染

3. 陶瓷薄版的应用与施工技术

PORCELA’BOBO 陶瓷薄版的应用范畴广泛，主要包括以下几点：

（1）作为现代建筑物内、外墙面及地面铺贴装饰材料；

（2）作为现代建筑物内轻质薄型的间隔墙体材料；

（3）作为现代建筑外立面维护结构材料；

（4）作为家具制品及电器产品的饰面材料；

（5）作为特殊环境中防腐、耐酸碱及防菌的装饰材料。

一般认为：一定功能的建筑空间，只有采用与之相适应的空间装饰形式，才能满足人独特的生活及精神需要。因此，对空间功能、格局、装饰的创新，是 PORCELA’BOBO 的最大使命。

PORCELA’BOBO 陶瓷薄版的各项应用优势决定了施工的简单、快捷，针对不同的要求，施工方案也有所不同：

（1）室内墙地面使用 PORCELA’BOBO 陶瓷薄板采用薄法施工；

（2）外立面 24 米以下使用 PORCELA’BOBO 陶瓷薄板采用薄法施工，超过 24 米以上采用挂贴法施工；

（3）外立面有保温要求的项目，使用 PORCELA’BOBO 陶瓷薄板可采用保温复合一体板使用挂贴法施工；

（4）外立面需做幕墙结构的项目，使用 PORCELA’BOBO 陶瓷薄板可采用铝合金隐框或者明框进行干挂施工。（注：具体操作方法可咨询 PORCELA’BOBO 陶瓷薄版专业人士）

此外，薄板由于自身特性，室内室外、贴地上墙均可使用，然而多数陶瓷薄板企业已并不再把它定位成一种瓷砖，而是一种用途范围十分广泛的材料，如建筑幕墙、隧道、橱柜等。使用范围有多宽广，也就意味着市场的潜力有多巨大。而众多陶瓷薄板企业也纷纷表示，希望有更多的企业、经销商参与进来，带给消费者不一样的体验，并改变他们的环保理念。

第二节　硅藻泥材料的开发应用

家装市场伴随着房地产行业蓬勃发展、随着国民收入水平的提高，以及互联网时代讯息的高度透明，消费者对于家居环保的关注度越来越高。家装以及家具带来的甲醛、苯系物等污染成了家庭的最大威胁，硅藻泥壁材因为其可以媲美墙纸的美观装饰性、乳胶漆的方便耐用性以及独特环保健康功能性作用，受到更多的关注。

我们知道，传统的墙体（内墙）壁材乳胶漆、墙纸等材料已被人们成功的应用了数十年，其优越的性能，早已被消费者认同和接受。随着时代和科学技术的不断进步，党和政府对低碳、环保、健康事业倍加重视，广大消费者也对环保、健康的需求日益强烈，对寻找更健康、环保、安全的建筑装饰材料就变的更加迫切。

对于室内装修的污染，其主要污染是来源于装饰材料、施工过程和家私家具，其中主要污染物有甲醛、苯、氨、VOC 等挥发性有害气体。这些挥发物由于使用的地点、气候特征和施工使用情况不同，其挥发时间不同，一般长达 8 ~ 15 年，甚至可达 30 年以上。

相关权威部门介绍了一组数据：

（1）中消协 2009 年公布了一项惊人的调查结果，在北京和杭州等地分别对 100 户家庭的室内空气进行了检测，竟然没有一家合格。

（2）世界卫生组织调查显示：68% 的疾病与室内污染有关，其中 40% 的患者是 5 岁以下的儿童。

（3）美国国家科学院在对室内空气的检测中，共发现 500 多种挥发性有机物，其中致癌物质就有 20 多种，致病菌 200 多种。

（4）中国儿童保健疾病防治指挥中心主任戴耀华在“首届中国室内环境污染与儿童身体健康研讨会”上披露，目前中国每年因装修污染引起上呼吸道感染而死亡的儿童约有 210 万，其中 100 多万儿童死因与室内空气污染有关。

（5）北京儿童医院调查发现，90% 的小儿白血病患者家中近期都装修过。

（6）68% 的孕妇胎儿畸形是与新装房甲醛超标有关。

（7）35.7% 的呼吸道疾病与室内空气污染有关。

（8）22%的慢性肺病由室内空气污染所致。

（9）15%的气管炎、支气管炎和肺癌由室内空气污染所致。

（10）68%的癌症都与室内空气污染有关。

以上的数字，真让我们惊心动魄。

我们这里介绍的“硅藻泥壁材”，目前都是粉末状的，使用时只需要直接加入清水，搅拌成膏状，人工涂抹或气压喷涂于应用的墙面和天花。硅藻泥在施工和应用时不释放有毒有害气体，而且还是净化空气、耐潮防霉、调整湿度、释放负离子、隔热节能的功能性墙体装饰材料。硅藻泥是由一系列天然无机物和有机物，经过专业科学的选材，高科技的配方，通过纯物理方法，经过高效的捏合工艺，生产而成，其主要成分是硅藻土及数十种功能性材料，其中包括碳、硅、钙、钠、镁、铝的化合物等物质材料，而且这些物质都是比表面积较大，性能稳定、环保，自然界存量丰富，产量高的材料，同时，还能再生重复使用，是一种更健康、环保、安全的建筑装饰墙体材料。

硅藻泥壁材的生产工艺中需要严格控制原材料的品质，主要在骨架材料、粘合材料、功能材料、着色材料和成型工具材料等方面必须按使用要求和标准进行配方设计和生产，包括正确的施工。

“硅藻泥壁材”在日本、欧美等发达国家已流行使用数十年，在我国也有了十多年的推广应用。硅藻泥壁材的最大的特点体现在它的环保、装饰和功能性等方面，主要功能有：空气净化、耐潮防霉、舒适调湿、防火无烟、隔音吸音、释放负离子、隔热节能、不占灰清洁方便、省工省料，这是很多内墙壁材望尘莫及的。

1. 空气净化：硅藻泥壁材的微孔结构和应用复合材料，能够有效地去除空气中的甲醛、甲苯等有害气体，以及烟草、垃圾、宠物所产生的异味，达到净化空气、吸味祛味的作用。

2. 耐潮防霉：材料自身呈弱碱性，霉菌等微生物无法存活，同时有良好的透气性，每m^2硅藻泥壁材能吸收数百mg的水份，能保证墙面不结露、墙角不积水、不怕潮湿、不长黑毛、不会发霉，真正达到耐潮防霉的作用。

3. 舒适调湿：硅藻泥壁材上的超微细孔和毛细效应能够自动吸收空气中的水分并储存起来，如果室内空气的水份减少、湿度下降，硅藻泥能够将储存的水份释放出来。这一收放过程具有调节人体离子平衡、活化细胞并提高免疫力的作用，北方冬季干燥可以给墙壁喷水，增加空气湿度，确保人体自然舒适湿度，使空气中水分子达到动态平衡。

4. 防火无烟：达到国家A1级的检测标准。当温度达到1200℃以上时，硅藻泥只有熔点没有燃点，不燃烧、不冒烟、无异味，是真正安全环保的好壁材。

5. 隔音吸音：多孔物质，比表面积超大，吸音、隔音，营造宁静安逸的生活环境，提高休息质量。

6. 环保节能：完全由天然材质制成，不含有机合成物质成分，具有隔热保温性能，并采用无机颜料，可减少空调、抽湿机、加湿机、加热器的使用，能有效节约制冷或制热过程中发生的能源浪费，进而减少电费的支出，施工时没有任何粉尘，是真正意义上的环保节能建材。

7. 清洁方便：不带静电，不吸附灰尘，具有优异的耐水性和耐污性，即使凹凸处有灰尘停滞，一口气就能吹掉，日常可用海绵加水直接清洗，涂鸦可用橡皮擦拭。施工中、施工后均可入住。

8. 省工省料：正常涂刮两遍，不但省时、省工，还省料，当天材料未用完，可作封装，数天后仍可使用，亦可重复使用，不造成浪费。硅藻土所有颜色都是无机原料，质色纯朴、材料稳定、永不褪色，二次修补也无明显色差，可真正做到节能减排、省工省料。

硅藻泥壁材中的主要原材料——“硅藻土”是什么呢？我们做个简单的介绍。硅藻（又称海藻）是最早在地球上出现的一种单细胞藻类生物，生存在海水或者湖水中，形体极为微小，硅藻是海洋或湖泊中一类最重要的浮游生物，分布极其广泛，常常以惊人的速度生长繁殖。因为硅藻种类多、数量大，硅藻靠光合作用可以释放出大量的氧气，因而被称为海洋的“草原”。据统计，地球上有70%的氧气是浮游生物释放出来的，浮游生物每年制造的氧气就有360亿t，占地球大气氧含量的70%以上。由于硅藻数量占浮游生物数量的60%以上，因此可以推算，假设现在地球上没有了硅藻，不用3年，地球上的氧气就耗干了。届时，动植物和我们人类也就都没法呼吸、无法生存了。同时，硅藻在生长过程中也吸收海水中巨量的硅元素。硅藻死后，其坚固又多孔的躯壳不会分解，而会沉于水底，经过亿万年的积累和地壳变迁，原先的海洋变成了陆地，再经过亿万年的矿化，就成为硅藻土。硅藻土是一种白色的软沉积石即蛋白石，质轻而软，易研磨成粉末。显微镜下可观察到天然硅藻土的特殊多孔性构造，硅藻土具有孔隙度高、比表面积大、质轻、坚固、隔音、隔热、耐磨、耐酸和热传导性低等特性，同时，它的吸附能力非常强，可吸收超过其自重数倍重量的液体。正因为硅藻土有诸多功能及特点，所以硅藻土被广泛应用于建材、保温材料、啤酒生产、制药、农业杀虫除虫、水处理、饮食、化妆品、能源等行业，可制成水处理剂、助滤剂、吸附剂、隔热材料、色谱固定剂等，是近代工业不可缺少的材料。至今为止，人类尚未找到能够替代硅藻土各种功能的物质。

硅藻土富含多种有益的矿物质，质地轻软。电子显微镜下显示其粒子表面具有无数微小的孔穴，孔隙率高达90%以上，比表面积高达$65m^2/g$，是活性炭的5000～6000倍，硅藻泥具有超级吸附能力。正是这种特殊的“分子筛”结构，决定了其独特的功能，具有极强的物理吸附性能和离子交换性能，硅藻泥的主要成分是二氧化硅（SiO_2）。

在过去的2014年里，我国硅藻泥壁材的市场发展非常迅速。据不完全统计，目前全国硅藻泥的各类品牌或牌子约有 300 ~ 500 个，可生产厂家确远远没有这么多，很多的品牌都不是自己生产，或者，都有可能不是硅藻泥生产工厂的产品。目前，这些品牌绝大部分都分布在北方，特别集中在东北，市场的普及率同样也是北方高于南方。

通过市场这十几年的不断发展，硅藻泥壁材的市场销售量随着人们的认识和需求，也在快速的增加。从 2003 年硅藻泥壁材引进和进入我国，到了 2014 年，我国硅藻泥行业已初步形成，根据网络的报道，2014 年硅藻泥市场销售额可能及近 300 亿元，占到了涂料、墙纸市场每年约 3000 多亿元的约 10%。随之，市场竞争也越来越激烈，在终端市场的低端产品的价格竞争，可用白热化来形容。2015 年，这种低端品牌激烈的竞争的事态不会减弱，主要原因是受大环境的影响，加上硅藻泥产品本身同质化现象严重，直接导致了硅藻泥行业竞争激烈，靠打价格战来迎战市场。好在硅藻泥产品空白市场还很大，乳胶漆、墙纸和硅藻泥三分天下的格局已逐步形成。大型公共应用市场正在悄悄启动，如星级宾馆、学校、医院、房地产商精装房等，中高端品牌硅藻泥仍处于整体上升态势。目前的硅藻泥行业中，北方有：大津、兰舍、绿森林、盼盼、春之元、川一等品牌，南方有：好环境、氧宜多、卡西米、克洛斯威、斯米利亚等品牌。他们都纷纷确立自己企业快速发展的规划，加强品牌建设，不断投入人力、物力，研发市场上性能更优越、更能满足环保健康需求的产品。这些知名品牌中，有些企业在新的一年刚刚开始时，就在兴建硅藻泥研发、生产基地，研发或采购硅藻泥全自动生产设备流水线，积极把握新的发展契机。我们期待着我国能尽快成长出一批硅藻泥行业中的优秀品牌和领导企业。

2013 年 9 月 1 日，行业标准《硅藻泥装饰壁材》(JC/2177—2013）已正式实施，对硅藻泥行业的健康发展起到很大的作用。但是，如何使硅藻泥企业严格按行业标准来要求产品，企业会不会执行标准，怎么来检查，什么部门来检查，这是需要企业和监管部门，包括消费者一起要关注的问题。有了好的产品，在施工过程中怎样保证质量，确保成品后使用品质，在这些方面，我们仍需积极努力并行动起来，尽快促成相关的行业协会申报、制定施工验收标准。让我们大家积极行动，一起拭目以待，期望硅藻泥行业能够更加迅速发展起来，真正成长为一个成熟、稳定、美好的环保健康的装饰材料大行业。

第三节　艺术石膏板开发应用

一、中国艺术造型石膏产业发展概述

随着我国石膏建材的快速发展，新技术、新产品的开发与应用层出不穷，现

阶段，石膏建材产品不但注重实用效果，更是在造型美学上有了新的突破，其中以GRG的发展最为显著，GRG在我国的迅速发展，标志着我国石膏建材行业进入注重艺术造型美学的新阶段。

事实上，在国外，特别是经济发达的欧美建筑装饰界，GRG材料的生产和应用已有30多年的历史。闻名世界的悉尼歌剧院、迪拜的七星级帆船酒店等顶级建筑，内装饰都大量采用了GRG材料。2004年，GRG开始传入中国，之后GRG在我国得到大力的推广和使用，迅速发展，如广州太古汇/歌剧院、青岛万达东方影都、北京凤凰卫视媒体中心等大型地标项目都应用了GRG材料，GRG材料逐步成为各大设计师的首选。

二、GRG产品介绍

GRG的英文名字是Glass Fiber Reinforce Gypsum，全称是预铸式玻璃纤维加强石膏板，是一种无机复合材料。主要是由α高强石膏粉和玻璃纤维通过模具浇注而成，基材是使用专门的添加剂改良而成的α型半水高强石膏粉，筋材是专用的玻璃纤维短切毡。石膏是世界上三大胶凝材料（水泥、石膏、石灰）之一，GRG研发的思路来自GRC无机复合材料的启发，目前的工艺是通过模具人工浇注而成，也可以通过喷射工艺，制作形成形态各异的GRG产品，它可制作出千变万化、如梦如幻的造型，具有防火、防水、环保、安全、表达丰富创意的特性，得到世界各国的建筑师、室内设计师的青睐，成为塑造美好空间和重大标志性项目的建筑材料。

GRG属于个性化定制产品，基本上都是为工程项目量身打造，即一个工程一个产品。为了促进GRG产品更好的发展，广东美穗实业发展有限公司大力发展GRG模块化标准产品——3D艺术背景墙板。3D艺术墙板主要适用星级酒店、宾馆、大型会所、高档办公、度假村、各大商城、私人别墅等大型公共娱乐场所的电视背景墙、客厅背景墙、沙发背景墙、玄关背景墙、卧室背景墙、展厅背景墙、专卖店背景墙、形象店背景墙、楼递间背景墙、公司前台背景墙、休息厅背景墙等，也可用于卫生间墙面。可独立设计造型及规格，满足小面积使用要求，如：大堂LOGO墙面、走廊墙面特色造型、楼梯厅墙面、背景墙、廊柱、吧台、吊顶等。

建筑师和设计师的创意要通过材料来实现，新材料的出现为建筑师和设计师的创意得以实现。3D背景墙板以GRG材料为基础，有着自身的独特优势，它具有环保、强度高、立体感强、A1级防火等优点，同时板材可做穿孔吸音、镂空透光等效果，表面可做多种涂层，色彩鲜明丰富、纹理多样，最大程度上满足顾客需求。通过精雕工艺与彩绘手法，可以让背景墙呈现立体感受，拒绝呆板。让建筑师和设计师们的创意更加活跃，设计的空间也更加有层次感和多样性。

三、GRG室内装饰的优势

（1）艺术性高，造型千变万化

GRG材料可塑性极高，可任意塑造。超常规造型，形成千变万化的空间形态，如梦如幻，具有很强的空间艺术表现力。

（2）可以无缝对接

GRG可以进行大面积分割、拼装，对接处可以处理得完全看不出接缝痕迹；可以喷漆、彩绘、贴金箔，还可以和各种各样的饰面材料相接。

（3）声学效果极佳

GRG是一种极为优异的声学材料，塑造的空间声学效果极佳，非其他装饰建材可比。

（4）安全性高

GRG产品耐磨、硬度高，有很强的耐火性，防火达到国家消防A1级标准，且防水、防潮、防霉、防静电。不含放射性物质，还有自洁的作用，是一种环保、安全的室内建材。

（5）施工方便快捷

GRG经过设计创造成型，拼接安装施工方便快捷。

（6）性价比优良

GRG适用于高品质空间设计的要求，但价格与其他高级豪华建材相比，具有相当的优越性。

四、GRG的应用范围

（1）影剧院、音乐厅、会议厅、高级会场。

（2）星级大酒店、高级商场、高级会所。

（3）地产开发项目的各种空间（售楼部、大堂等）。

（4）宗教教堂、博物馆、特色度假村等文化建筑。

（5）各种艺术造型家具、办公家具。

（6）各种艺术品和工艺品。

GRG在世界发达国家应用十分广泛，近几年我国的应用范围也在扩大，市场接受度提高，发展十分迅猛。

五、GRG的价值

（1）创造了更高的艺术审美形态空间。

(2)促成室内装饰材料新的变革。

（3）给予设计师更加自由表达个性诉求的空间。

（4）在社会建设中体现创新与技术的价值。

（5）GRG 的未来必将迎来更加巨大的发展空间

广东美穗长期以来一直着眼于 GRG 的材质研究和各种工艺的改进，曾先后参与完成广州歌剧院、广州塔、太古汇等国际级 GRG 项目。美穗国际 GRG 研发团队认为：

（1）将来的 GRG 产品在结构上可以分成面层和结构层，用面层来做颜色和肌理，达到各种效果，同时避免了添加剂和减少成本。

（2）GRG 材料通过肌理和颜色的组合，可以实现各种效果。也可以标准化生产产品，实现机械化、规模化。GRG 材料拓展出一个更为广阔的市场，是企业做大做强的基础。

（3）通过对半水石膏的研究，可以调整石膏的一些性能，从而极大改善 GRG 的工艺，应对更为广阔的市场需求。

国际著名的建筑师扎哈·哈迪德·卡洛斯等均用 GRG 塑造建筑空间，获得巨大成功，赢得世界的赞誉。未来 GRG 的发展，将会应用到更多的室内空间。以前国内的建筑室内装饰 GRG 项目中，几千平方米就算是人的单子，现在上万平方米已经较为常见，这是 GRG 材料超强的空间造型能力，卓越的声学效果，以及防火、防水、环保、安全的性能被市场接受认可的证明。随着设计的创意创新，GRG 未来必将迎来更加巨大的发展空间。

第四节　建筑防水涂料开发应用

建筑防水涂料是指通过涂覆施工而形成的一层具有防水功能的薄膜防水材料的总称。目前我国的建筑防水涂料主要通过工程和零售两个渠道销售。随着家装业主防水意识的不断提高，目前我国家装防水涂料行业发展迅速，新型防水涂料产品逐渐取代了砂浆防水剂、丙纶布等劣质家装防水材料，材料发展更趋多元化、系统化，在材料性能方面更加注重材料的裂缝桥接能力和使用的持久性。

一、建筑防水涂料行业总体运行情况分析

1. 防水涂料继续保持较快增长速度，在防水材料中的占比不断提高

2014 年主要建筑防水材料的总产量达 167255 万 m^2，同比增长 8.5%，增幅比去年同期回落 5.2 个百分点；其中新型防水材料产量达 156179 万 m^2，占建筑防水材料总产量的 93.38%，新型防水涂料继续保持高速增长速度，其在防水产品结构中的占比首次超过 26%，整体销售额约 320 亿元，其中零售市场约占 105 亿，工程市场约占 215 亿（表 3-4-1、图 3-4-1）。

表 3-1-3　2014 年主要防水材料产量完成情况（预测）

产品名称	单位	2014 年（预测）	2013 年	增长率 /（%）
建筑防水材料合计	万 m^2	167255	154205	8.5
其中：新型防水材料小计	万 m^2	156179	142302	9.8
SBS/APP 改性沥青防水卷材	万 m^2	44398	42244	5.1
高分子防水卷材	万 m^2	22930	21490	6.7
防水涂料	万 m^2	44149	38659	14.2
自粘防水卷材	万 m^2	31832	26571	19.8
玻纤沥青瓦	万 m^2	2464	3446	–28.5
其他新型防水材料	万 m^2	10406	9891	5.2
其中：沥青油毡类防水卷材小计	万 m^2	11077	11903	–6.9
石油沥青纸胎油毡	万 m^2	1701	1701	0.0
沥青复合胎柔性防水卷材	万 m^2	9376	10202	–8.1

资料来源：中国建筑防水协会——《中国建筑防水行业月度经济分析报告》

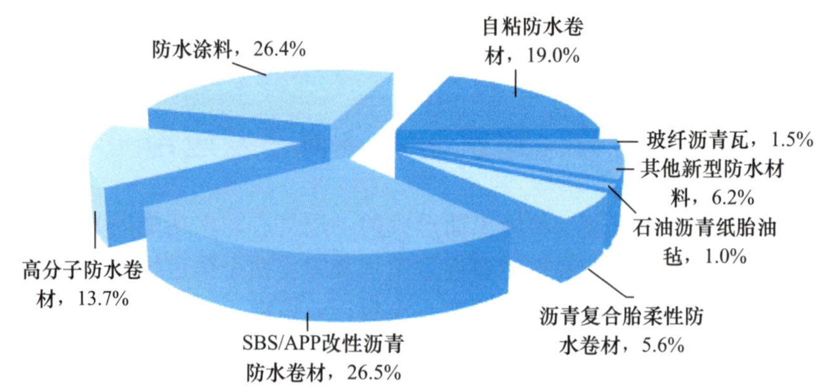

图 3-1-2　2014 年主要建筑防水材料产品结构

2014 年建筑防水行业的主要下游市场，如房屋建筑、房地产、工业地产、公共建筑、保障性住房领域出现明显疲弱，对行业造成较大影响，与往年同期相比增速明显放缓，产量增长下降为个位数。但随着复合防水材料和机械化施工的推广，新型建筑防水涂料在工程和家装零售行业的双重驱动下，表现出了快速增长的态势。聚氨酯涂料、聚合物水泥涂料、非固化沥青涂料和喷涂速凝涂料等增长较快，2014 年全国建筑防水涂料产量比去年同期增长 14.2%。

2. 行业升级加速，市场集中度逐渐提高

产能严重过剩、低水平重复建设严重、行业集中度低是防水涂料行业面临的三大问题。为做好结构调整、产业升级，行业内以东方雨虹为代表的骨干企业积极执行产业政策，从提高生产效率、优化环保设备、履行社会责任入手，建立多个现代化生产基地、引进数十条先进的防水涂料生产线，为市场提供更优质的产品和服务。

（1）新建生产基地及生产线加速发展

2014 年，东方雨虹徐州工厂 20 万吨涂料砂浆全自动生产线、惠州工厂 20 万 t 涂料砂浆全自动化生产线投入使用，开启了防水涂料行业全自动化生产的序幕，极大提升了我国建筑防水涂料行业的装备水平，同年东方雨虹的唐山生产基地和咸阳生产基地正式开工。咸阳生产基地建成后可年产 5 万 t 聚氨脂、聚脲涂料；20 万 t 涂料、砂浆类产品等。唐山生产基地总投资 3.6 亿元，建成后将具备年产 4 万 t 防水涂料的产能。此外，东方雨虹将投资 15 亿在芜湖新建新型建筑防水材料生产研发基地。

深圳朗迈在惠州投建防水涂料新工厂，占地面积 13815m^2，建成后具备年产 2500t 新型水性防水涂料的产能。

广东科顺建立华南新生产基地高明厂，该厂设计年产 2.5 万 t 聚氨酯防水涂料生产线、年产 1.5 万 t 的水性防水涂料生产线、年产 4.8 万 t 干粉砂浆的生产线等。

广州德高石家庄新建防水涂料及砂浆生产线投入使用，具备年产 10 万 t 防水灰浆和砂浆产品的产能。

（2）传统涂料企业纷纷进军防水涂料板块，行业整合速度加快

2014 年，经过多年酝酿之后，以立邦为代表的传统的装饰涂料生产企业纷纷进军防水板块，立邦完成了系列防水灰浆产品的开发，并有效嫁接现有销售渠道，与东方雨虹、德高等传统强势防水品牌展开厮杀，多乐士、嘉宝莉等涂料企业也不同程度地推出了防水涂料产品。大型涂料企业的进驻将联合以东方雨虹为代表的传统系统防水服务提供商（防水行业唯一上市公司）进一步整合家装防水板块，加速该板块的整合速度。

（3）系统防水服务模式引领行业新发展

“防水是一项系统工程，系统解决防水问题”，防水作为一种功能性材料，其使用效果很大程度上取决于设计、选材、施工等多个方面，而目前我国家装防水市场最大的乱象在于施工的不标准、不规范以及业主、工人在材料选择上的茫然。2014 年，东方雨虹率先提出从“供应链“向”需求链“转化，在行业内推行”系统防水服务“新模式”，该模式从解决终端消费者希望房子“不漏水”的诉求出发，打通设计、选材、施工、验收、保险等多个环节，将家装防水涂料行业的竞争推向系统和服务的竞争。

二、新型建筑防水涂料的开发应用及发展趋势

1. 产品应用状况

我国新型防水涂料行业经历近 20 年的快速发展，已经逐步形成了门类齐全、品

种繁多，能够涵盖用于各种建筑类型及部位的防水涂料产品。按照产品组成、性能特点、用途的不同，目前市面上常见的防水涂料可分为四类：①聚合物改性沥青类防水涂料；②反应型高分子防水涂料；③聚合物水泥防水涂料；④聚合物水泥防水灰浆（浆料）。目前，我国有一定规模的新型防水涂料生产厂家约 150 家，每年的生产总量超过 80 万 t，主要用于厕卫间、厨房、阳台、地暖、外墙、屋面和地下室防渗等防水工程。

2014 年 7 月 4 日，中国建筑防水协会与北京零点市场调查与分析公司联合发布《2013 年全国建筑渗漏状况调查项目报告》。本次抽样调查涉及全国 28 个城市、850 个社区，共计勘察 2849 栋楼房，访问 3674 名住户。抽样调查了建筑屋面样本 2849 个，建筑屋面样本中有 2716 个出现不同程度渗漏，渗漏率达到 95.33%；抽样调查了地下建筑样本 1777 个，地下建筑样本中有 1022 个出现不同程度渗漏，渗漏率达到 57.51%；抽样调查了住户样本 3674 个，住户样本中有 1377 个出现不同程度渗漏，渗漏率达到 37.48%。调查结果表明：虽然过去的十年我国在防水涂料产品种类、质量上均取得了快速的发展，但建筑高渗漏率的现状依然没有得到彻底改变，其中，施工过程的偷工减料、涂刷厚度不够、节点强化处理不到位以及所使用防水涂料片面追求低价格、低聚灰比的灰浆类产品的现状是造成这一问题的核心因素。因此，从根本上提高施工人员的防水意识，建立系统防水思维，同时加强市场监管、建立标准、有效串联设计、产品、施工、验收等环节是降低装修渗漏率的有效手段。

2. 产品发展方向及趋势

目前，我国防水涂料在产品类别上相对全面，但在细化和功能化的层面上与欧美等发达国家还有较大差距，结合国外防水涂料的发展现状，可以预见国内防水涂料未来将在以下几个方面获得发展：

（1）研发多功能防水涂料

目前使用的绝大多数防水涂料的功能比较单一，即防水抗渗。国外防水涂料正在向多功能型发展，如美国和法国的铝粉乳液屋面反射涂料和白色丙烯酸屋面反射涂料，本身既具有防水功能，又能对原有的防水层起到保护作用，并能反射紫外线和太阳光，不但可降低顶层的室内温度，节省空调费用，而且可延长使用年限。再如，美国索士兰阻热防水涂料以微泡玻璃球为阻热组分，以特种乳液为成膜组分，具有防水和隔热的双重功能，既可以单独用做防水隔热涂料，又可和柔性防水卷材和刚性防水材料复合使用。其在金属基层上使用时，柔韧性和封闭性能优异，能够堵漏、隔热、防锈；用于沥青屋面时，能够反射 90% 的太阳能，可有效防止沥青讲解，延长防水寿命。另外，日本的自愈性聚合物水泥防水涂料有效利用“木桶”原理，使防水涂料具备独特的龟裂自愈合功能，当混凝土水泥基层出现裂缝时，该材料可以吸收水分发生化学反应，将龟裂缝填补到完全防水的程度，在日本应用广泛。

（2）开发低 VOC 高环保型防水涂料

随着人们对健康家居环境要求越来越高，超低 VOC 含量的高环保型防水涂料将成为趋势，目前国外防水涂料也正向着水性超低 VOC 环保型方向发展，逐渐淘汰溶剂型防水涂料，同时，欧洲传统饰面涂料的“白天鹅”等认证标识也正在被防水行业采纳。

（3）开发施工性能更加优异，更加适合机械化喷涂施工的产品

纵观国外防水涂料的发展趋势，随着家庭 DIY 施工及机械喷涂化施工的加速，势必会对防水涂料的施工性提出更高的要求，目前国内产品的施工性能大多以降低粘度，降低产品立面施工厚度的方式达到，因此，在既保证产品施工后的防水质量，又同时兼顾产品施工的爽滑性和便捷性需求下，开发施工性能更加优异，更适合机械化喷涂施工的产品将成为另外一个重点。

（4）发展纳米复合防水涂料

在涂料中加入纳米材料，可以提高涂料的耐老化、防渗漏、耐洗刷等性能，从而提高涂料的档次，延长涂膜的使用寿命。经纳米材料改性后的防水涂料产品外观显得更加饱满、均和，涂膜光洁细腻，触感优良，防水性好，与基层的粘结力大大提高。

第五节　瓷砖粘结剂的开发应用

一、国际市场起源及趋势

1. 瓷砖粘结剂起源

干混砂浆起源于奥地利和芬兰，于 1893 年问世。1958 年芬兰开始研究薄层砂浆，1961 年开始使用薄层砂浆，同年德国也开始生产干混砂浆。

瓷砖粘结剂起源于欧洲。1936 年瓷砖固定粘结剂开始在英国销售使用，1958 年瓦克化学品有限公司成功开发的适用建筑工地的 Vinnaps 可再分散乳胶粉，由此，干混砂浆品种之一的瓷砖粘结剂诞生。

2. 瓷砖粘结剂发展

干混砂浆问世以后，在欧美国家迅速发展起来。其快速发展的主要原因源于劳动力成本低、质量好、建筑效率高、节省材料和费用、能满足一些新型墙体和建筑材料对砂浆的要求。另外，环境问题亦是促使快速发展的原因之一。

在发展中的拉美国家，瓷砖胶同样获得广泛的应用。巴西瓷砖的消费量 2012 年全球排名第二，其瓷砖胶应用的占比达到 90% 以上。

目前亚洲已成为干混砂浆发展的新兴市场。在东南亚及东亚，干混砂浆的发展集中于大城市，在这些城市内，经济增长迅速，人口增加快，对环境保护的要求越来越高。新加坡、韩国、香港等地瓷砖粘结剂市场份额逐年递增。

新加坡应用干混砂浆已有十余年历史，早期主要依赖进口。到 2000 年，新加坡已拥有 130 万 t 生产能力，近年来生产能力还在增加。由于产能增长过快，新加坡干混砂浆已近饱和。2003 年和 2004 年，新加坡干混砂浆产量均为 130 万吨，2005 年产量呈下降趋势。

香港干混砂浆尚未进入大发展阶段，装修用砂浆大多用进口材料，工地用砂浆部分用商品砂浆，也有部分用进口干混砂浆。现场搅拌砂浆已经限制使用，但未禁止。到目前为止，香港仅有一条上规模生产线，是 E.P. 公司在港投资，设计能力 30 万 t/ 年。

韩国干混砂浆生产开始于 20 世纪 90 年代中期，之前施工一直采用现场搅拌砂浆。鉴于干混砂浆的施工效率和质量都优于传统的现场搅拌，干混砂浆在韩国得以迅速发展。2002 年韩国地面用、装饰用普通干混砂浆年消费量约有 300 万 t。

除此之外，东南亚的越南等国在未来的几年内也会加快干混砂浆发展，这都会对中国干混砂浆市场有影响。虽然经历了金融危机的影响，但东南亚及中国等新兴市场的需求，仍有利于瓷砖粘结剂的稳步发展。

二、中国市场现状

中国建筑市场近十年来出现了飞跃式的发展，随着 2007 年国家出台相关强制使用预拌砂浆的政策出台，预拌砂浆得到迅猛发展。到 2014 年年均预拌砂浆使用量约 10 亿 t（表 2-9-1），瓷砖粘结剂也得到了快速的发展，如果按着 2% 比例进行计算，粘结剂的用量约为 2000 万 t，但实际使用量远远未到此数。

表 3-1-4　不同领域砂浆用量表

工程类别	单位	2010	2011	2012	2013	年平均值	经验用量	砂浆用量
房建竣工面积	万 m^2	277450	316429	358736	389245	335465	0.29t/m^2	97284.9
铁路、道路、隧道和桥梁工程建筑	万 m^2	3786	10751.5	4743.7	14322	8400.8	0.15t/m^2	1260
水利和内河港口工程建筑	万 m^2	508	1682.7	669.8	2445	1326.375	0.15t/m^2	198.96
海洋工程建筑	万 m^2	—	—	—	6	6	0.15t/m^2	0.9
工矿工程建筑	万 m^2	1149	4675.4	1536.9	6840	3550.325	0.15t/m^2	502.55

续表

工程类别	单位	2010	2011	2012	2013	年平均值	经验用量	砂浆用量
架线和管道工程建筑工程建筑	万 m^2	290.9	771.4	408.2	811	570.375	0.15t/m^2	85.56
其他土木工程建筑	万 m^2	1018	2637.9	1551.1	6621	2957	0.15t/m^2	443.55
建筑装饰	万 m^2	80	232.4	401.2	3680	1098.4	0.05t/m^2	54.92
按砂浆使用领域估算的砂浆总用量								99876.34

瓷砖粘结剂的使用与瓷砖的发展速度是离不开的，近年来我国瓷砖生产量和使用量都在不断大比例增长（表 2-9-2）。

表 3-1-5 2004 ~ 2012 我国瓷砖产量、出口的增长

年度	产量（亿 m^2）	增长（%）	出口量（万 m^2）	增长（%）
2004	29.60	25.26	—	—
2005	35.00	18.24	—	—
2006	43.02	22.93	54373	29.20
2007	50.10	16.44	59007	8.62
2008	57.55	14.87	67090	13.70
2009	64.27	11.68	68547	2.15
2010	75.76	17.87	86720	20.96
2011	87.01	14.86	101528	17.07
2012	89.93	3.35	108621	6.99
2013	96.9	7.8	11.48	5.71
2014	102.3	5.57	11.3	-2.0

数据显示，2014 年上半年我国瓷砖产量为 51.56 亿 m^2，同比增长 7.79%，第三季度产量为 30.02 亿 m^2，全年产量达到 102.3 亿 m^2，增长 5.57%。

据统计，2012 年瓷砖胶和填缝剂产量 210 万 t，约 2 亿 m^2 的瓷砖粘贴使用了粘结剂，约占 2.5%；2014 年瓷砖胶和填缝剂产量约 800 万 t，约 8 亿 m^2 的瓷砖粘贴使用了粘结剂，约占 9%。

上述数据统计中，粘结剂的实际用量比预估用量相差甚远，主要原因：

（1）用户对瓷砖粘结剂认知程度还不够。

（2）瓷砖粘结剂市场鱼目混珠，给用户带来一定的负面影响。

（3）缺乏施工工具，施工工法、检验等不规范，影响瓷砖粘结剂的优质使用。

三、中国粘结剂发展趋势

随着中国经济新常态发展、人们生活质量和生活品味的提高，人们对房屋不仅仅是遮风挡雨的一个栖息之地，而是追求家庭生活的品质。瓷砖粘结剂作为粘结瓷砖的一种材料，在房屋建设当中起着很重要的作用。现在，人们对瓷砖粘结剂要求的标准越来越高，不仅仅要求其性能和质量，环保也是人们所注视的，因而瓷砖粘结剂从各个方面得到了发展和提高。现在的瓷砖粘结剂行业可以说是非常的火爆，品牌多、竞争激烈，商家更加重视产品的服务、质量、创新，瓷砖粘结剂的春天已经来临。

要想使瓷砖粘结剂行业发展的更好，必须从原材料到生产严格把关，保证产品质量的稳定性。通过提高产品的技术含量加大自主创新，从源头抓起，才能实现可持续的道路。

目前我国的瓷砖粘结剂行业已经具备较好的基础条件、良好的社会经济环境、广阔的市场空间、完善的工艺配套体系，为行业发展奠定了基础。

（1）品牌多元化为瓷砖粘结剂市场发展奠定了基础

经过几十年的发展，国际产品技术已经成熟。经过十几年的发展，中国产品技术已渐进成熟，市场也在逐步深入发展，尤其是“德高”、“马贝”、“雷帝”、“西卡”、“汉高”、“韦伯”、“亚地斯”等国际品牌的进入，促进了中国瓷砖粘结剂产业的发展。而如“唐姆”、“雨虹”等中国品牌的崛起，带动并推动了瓷砖粘结剂产业的发展。

（2）系统化、系列化、特质化产品满足不同饰面材料的要求，助推产业发展

随着新型饰面材料不断更新，对瓷砖粘结剂的要求越来越高，只有产品系统化、系列化，才能应对变化莫测的饰面材料。“唐姆”等品牌系统化、系列化、特质化产品，能够满足不同饰面材料的应用、能够满足不同用户的需求，使粘结剂的使用更加经济、合理，更加有利于粘结剂应用推广。

（3）施工工具、工法、检验规范的培训与推广，是产业发展的助推剂

当今，欧美的瓷砖粘贴方法几乎全部采用“薄层技术”为基础（即镘刀技术），目前这种新粘贴方法在全球也越来越普及。当然，专业的产品需要专业的施工队伍和专业的施工工具、规范的施工方法以及检验方法，才能发挥瓷砖粘结剂的社会效益和经济效益。“唐姆”经过十几年的研究和发展，全套专利工具、施工工法、检验方法以及系列培训助推产业的发展。

（4）全方位市场布局是行业发展的基石

随着瓷砖产品的不断推新、石材广泛的应用以及新型材料的发展，对粘结剂提出了更高的要求。而中国地域广阔，各地发展不平衡直接影响了粘结剂产业的发展。但是，随着城镇化的推进，中国的生活居住模式出现了变化，几亿的农村人口将过上城市化的生活，这就意味着，这部分人的生活质量将得到提升，对家居生活环境

也就提出了更高的要求，为产业的发展提供了更大的机遇。“唐姆”作为专业的家居生活方案的解决专家，已经完成了市场全方位的布局，目前不仅拥有天津、郑州等六大生产基地，还拥有北京、上海、广州、西安、成都、长春等二十几家分公司。“唐姆”还通过先进的科技技术，不断完善产品和不断的产品创新，为产业的发展添砖加瓦。“唐姆“正在实施产融结合的战略，来完善家居生活的产业布局，为国人造福、为社会创益。

（5）规范行业行为是行业发展的根源

瓷砖粘结剂的春天来了，瓷砖粘结剂乱象也会越来越严重，价低劣质产品、以次充好产品、假冒产品将对粘结剂市场产生冲击，直接影响施工质量、危及用户安全甚至生命安全，给行业发展带来负面影响，不利于行业良好有序持续发展。“唐姆“将携手行业同行，规范市场行为，对价低劣质产品、以次充好产品、假冒产品等进行有效打击。同时，”唐姆“将发挥自身资源和优势，利用产融结合手段整合行业，使行业发展规范化、标准化和规模化，让行业健康发展。

第二章　建材家居业上市公司测评报告

一、建材家居业上市公司总体状况

本报告以在深沪港及境外上市的 76 家建材家居行业上市公司为研究对象，其中包括在深交所上市 41 家、沪交易所上市 18 家、港交易所上市 14 家以及在国外上市的 3 家。其中包含 2014 年上市的公司有 4 家，分别为中国优材、友邦吊顶、东易日盛、富友整木家居；2015 年 5 月前上市的有 5 家，分别是：永艺股份、好莱客、全筑股份、曲美股份、柯利达。考虑到企业所处细分行业的不同状况，将 76 家上市公司细分为厨卫、地板、电气照明、家具、建筑涂料、门窗、幕墙、人造板、水暖管线、陶瓷、装修辅料、装修装饰等大类。详见表 3-2-1 建材家居业上市公司的上市地点分布如图 3-2-1 所示。

表 3-2-1　中国建材家居业上市公司一览表

行业	股票简称	股票代码	上市地址	行业	股票简称	股票代码	上市地址
厨卫	海鸥卫浴	002084	深	幕墙	江河创建	601886	沪
厨卫	浙江美大	002677	深	人造板	永安林业	000663	深
厨卫	航标控股	01190	港	人造板	兔宝宝	002043	深
厨卫	中宇卫浴	JY8	德国	人造板	国栋建设	600321	沪
地板	大亚科技	000910	深	人造板	威华股份	002240	深
地板	德尔家居	002631	深	人造板	平潭发展	000592	深
地板	升达林业	002259	深	人造板	ST 景谷	600265	沪
地板	大自然家居	02083	港	人造板	丰林集团	601996	沪
电气照明	佛山照明	000541	深	人造板	吉林森工	600189	沪
电气照明	雷曼光电	300162	深	人造板	中国优材	08099	港
电气照明	国星光电	002449	深	水暖管线	伟星新材	002372	深
电气照明	雪莱特	002076	深	水暖管线	顾地科技	002694	深
电气照明	洲明科技	300232	深	水暖管线	永高股份	002641	深
电气照明	阳光照明	600261	沪	水暖管线	艾迪西	002468	深

续表

行业	股票简称	股票代码	上市地址	行业	股票简称	股票代码	上市地址
电气照明	飞乐音响	600651	沪	水暖管线	中国联塑	02128	港
电气照明	马仕达国际	08146	港	陶瓷	斯米克	002162	深
电气照明	雷士照明	02222	港	陶瓷	国创能源	600145	沪
电气照明	同方友友	01868	港	陶瓷	江泉实业	600212	沪
家居饰品	中国创意家居	01678	港	陶瓷	东鹏控股	03386	港
家具	索菲亚	002572	深	陶瓷	亚洲陶瓷	ACHP	英国
家具	浙江永强	002489	深	天花吊顶	友邦吊顶	002718	深
家具	宜华木业	600978	沪	天花吊顶	北新建材	000786	深
家具	美克股份	600337	沪	五金	好莱客	603898	沪
家具	喜临门	603008	沪	整体家居	中国家居	00692	港
家具	曲美股份	603818	沪	装饰纸	帝龙新材	002247	深
家具	永艺股份	603600	沪	装修辅料	东方雨虹	002271	深
家具	敏华控股	01999	港	装修辅料	硅宝科技	300019	深
家具	皇朝家私	01198	港	装修装饰	宝鹰股份	002047	深
建筑涂料	彩虹精化	002256	深	装修装饰	金螳螂	002081	深
建筑涂料	渝三峡 A	000565	深	装修装饰	亚厦股份	002375	深
建筑涂料	传化股份	002010	深	装修装饰	广田股份	002482	深
建筑涂料	叶氏化工集团	00408	港	装修装饰	洪涛股份	002325	深
门窗	罗普斯金	002333	深	装修装饰	瑞和股份	002620	深
门窗	海螺型材	000619	深	装修装饰	东易日盛	002713	深
门窗	嘉寓股份	300117	深	装修装饰	全筑股份	603030	沪
门窗	富友整木家居	JSI	英国	装修装饰	柯利达	603828	沪
幕墙	方大集团	000055	深	综合	金隅股份	601992	沪
幕墙	中航三鑫	002163	深	综合	中国建材	03323	港

备注：

1. 分析期内，雷士照明停牌，截至 2015 年 4 月 30 日，2014 年报未公布。本报告未对其纳入分析。

2. 真明丽与同方整合：改名为同方友友，报告期数据 2014 年九个月的数据，暂未纳入分析。

纳入分析的在深沪港三地上市的 71 家建材家居上市公司，截止到 2014 年末总资产规模超 7 千亿元，与上期规模相比增长 13.67%；净资产快速增长，达到 2403.5 亿元，同比增长 25.72%；受经济下行、房地产市场增速放缓的不利因素影响，2014

年建材家居业需求增幅放缓，全年共实现营业收入 3713.7 亿元，同比增长 7.19%；全年共实现毛利 914 亿元，与上期相比增长 11.35%；实现净利润 210 亿元，同比下降 3.93%，出现“增收不增利”的现象（图 3-2-2、表 3-2-2）。

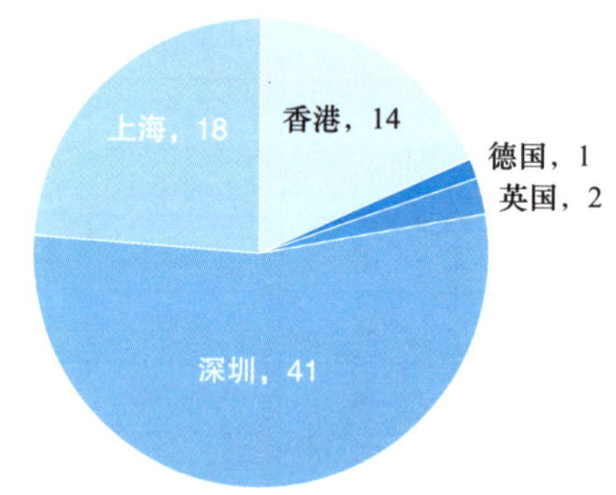

图 3-2-1　建材家居业上市公司上市地点分布（单位：家）

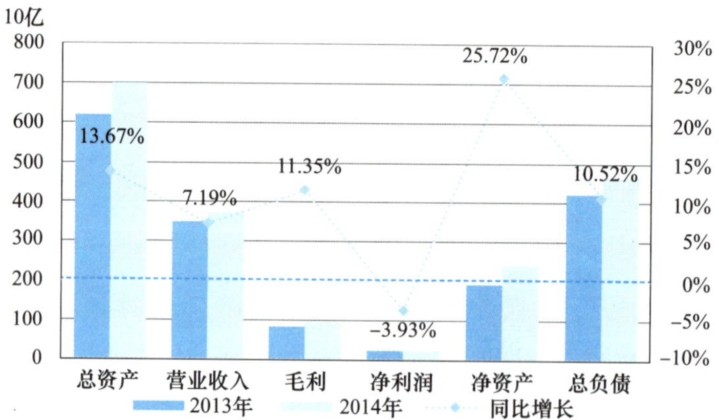

图 3-2-2　2013 ~ 2014 年建材家居业上市公司总体业绩对比

表 3-2-2　2013 ~ 2014 年上市公司业绩总表（单位：亿元）

项目	2013 年	2014 年	同比增长
总资产	6182.30	7027.55	13.67%
营业收入	3464.71	3713.72	7.19%
毛利	820.74	913.90	11.35%
净利润	218.94	210.33	−3.93%
净资产	1911.79	2403.53	25.72%
总负债	4183.95	4624.02	10.52%

深沪两市上市的 59 家建材家居业公司，截止到 2014 年末总资产达 3439.29 亿元，同比增长 19.15%；2014 年全年实现营业收入 2105.28 亿元，同比增长 8.16%；

净利润为 120.67 亿元，同比降低 3.28%（图 3-2-3、表 3-2-3）。

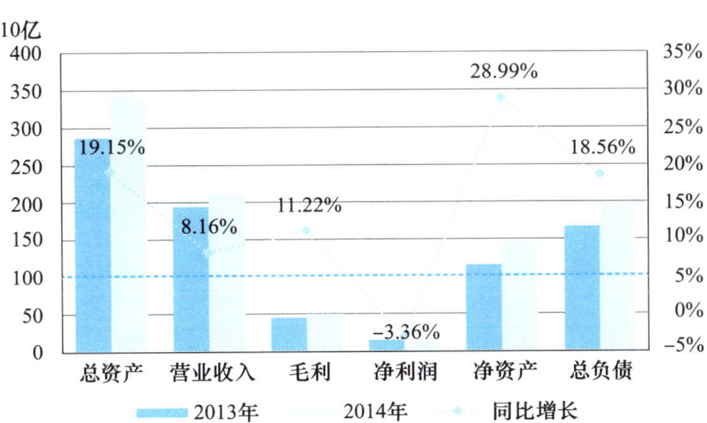

图 3-2-3　2013 ~ 2014 年深沪上市公司业绩情况

表 3-2-3　2013 ~ 2014 年深沪上市公司业绩表（单位：亿元）

项目	2013 年	2014 年	同比增长
总资产	2886.62	3439.29	19.15%
营业收入	1946.39	2105.28	8.16%
毛利	427.98	475.99	11.22%
净利润	124.74	120.67	–3.26%
净资产	1146.48	1478.85	28.99%
总负债	1653.59	1960.44	18.56%

香港上市的 12 家建材家居企业，截止到 2014 年末总资产达 3588.26 亿元，同比增长 8.88%；2014 年实现营业总收入为 1608.44 亿元，同比增长 5.94%；实现净利润 89.66 亿元，同比降低 4.81%（图 3-2-4、表 3-2-4）。

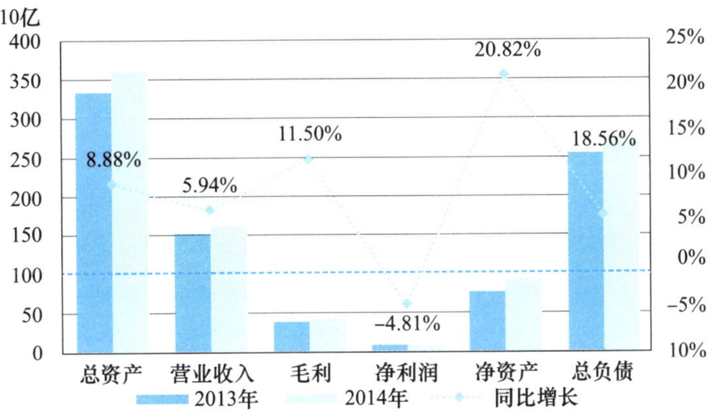

图 3-2-4　2013 ~ 2014 年香港上市公司业绩情况

表 3-2-4　2013 ~ 2014 年香港上市公司业绩表（单位：亿元）

项目	2013 年	2014 年	同比增长
总资产	3295.68	3588.26	8.88%
营业收入	1518.32	1608.44	5.94%
毛利	392.76	437.91	11.50%
净利润	94.19	89.66	-4.81%
净资产	765.32	924.68	20.82%
总负债	2530.36	2663.59	5.26%

二、整体规模快速扩张，业绩增长趋于平缓

1. 资产规模较快增长

截至 2014 年末，71 家建材家居上市公司总资产规模达 7027.55 亿元，同比增长 13.67%；净资产增长快速，达 2403.5 亿元，同比增长 25.72%。71 家公司规模均有增长，其中资产超过百亿的有 9 家，分别为中国建材、金隅股份、金螳螂、江河创建、亚厦股份、中国联塑、北新建材、广田股份、宜华木业，比上期增加 2 家；资产规模在 50 亿元到百亿元之间的公司有 7 家，与上期相比增加 2 家；建材家居业上市公司资产规模主要集中在 10 亿到 50 亿元之间，有 43 个，占整体的 61%；资产规模在 5 亿到 10 亿元之间的公司有 11 家；5 亿元以下的有 1 家（图 3-2-5、表 3-2-5）。截至 2014 年末资产规模前 10 名的上市公司见表 3-2-6。资产规模增幅最大的前 10 名上市公司见表 3-2-7。

图 3-2-5　2013 ~ 2014 年上市公司总资产规模层次图（单位：家）

表 3-2-5　2013 ~ 2014 年上市公司总资产规模层次划分表

总资产	上市公司
超过 100 亿	中国建材　金隅股份　金螳螂　江河创建　亚厦股份　中国联塑　北新建材　广田股份　宜华木业
50 ~ 100 亿	大亚科技　中航三鑫　叶氏化工集团　浙江永强　飞乐音响　洪涛股份　东方雨虹
10 ~ 50 亿	宝鹰股份　敏华控股　阳光照明　传化股份　东鹏控股　海螺型材　美克家居　吉林森工　佛山照明　国星光电　方大集团　嘉寓股份　国栋建设　永高股份　大自然家居　威华股份　伟星新材　索菲亚　顾地科技　中国创意家居　中国家居　斯米克　平潭发展　丰林集团　瑞和股份　升达林业　喜临门　柯利达　罗普斯金　皇朝家私　海鸥卫浴　德尔家居　东易日盛　全筑股份　艾迪西　航标控股　永安林业　洲明科技　江泉实业　帝龙新材　彩虹精化　浙江美大　兔宝宝
5 ~ 10 亿	曲美股份　渝三峡 A　雷曼光电　硅宝科技　雪莱特　友邦吊顶　好莱客　中国优材　永艺股份　ST 景谷　马仕达国际
小于 5 亿	*ST 国创

表 3-2-6　2014 年末资产规模前 10 名的上市公司

股票简称	总资产（元）		同比增长
	2014 年末	2013 年末	
中国建材	316481826000	291631175000	8.52%
金隅股份	115684970677	98839549619	17.04%
金螳螂	21707795061	17852634835	21.59%
江河创建	19822075204	15173891872	30.63%
亚厦股份	17740010829	12695571792	39.73%
中国联塑	14519528000	12297707000	18.07%
北新建材	13372563053	10588926913	26.29%
广田股份	11327217354	8836655421	28.18%
宜华木业	10249656088	8625244227	18.83%
大亚科技	8188920053	8757664288	-6.49%

表 3-2-7　2014 年末资产规模增幅最大的前 10 名上市公司

股票简称	总资产（元）		同比增长
	2014 年末	2013 年末	
飞乐音响	5542806275	2436471571	127.49%
彩虹精化	1226068798	646611856	89.61%
宝鹰股份	4917856428	2790936151	76.21%
友邦吊顶	584832365	333026580	75.61%
洪涛股份	5412821039	3678878673	47.13%

续表

股票简称	总资产（元）		同比增长
	2014 年末	2013 年末	
东方雨虹	5141218866	3520051367	46.06%
全筑股份	1640011254	1161207079	41.23%
方大集团	3662719900	2599557543	40.90%
亚厦股份	17740010829	12695571792	39.73%
东易日盛	1661933941	1190501780	39.60%

2. 营收水平有所提升

受经济下行、房地产市场增速放缓的不利因素影响，2014 年建材家居业需求增幅放缓，全年共实现营业收入 3713.7 亿元，同比增长 7.19%。实现营收超百亿的企业有 6 家，数量与上期持平，分别为中国建材、金隅股份、金螳螂、江河创建、中国联塑、亚厦股份；营收范围在 50 亿到百亿元之间的有 7 家，比上期增加 3 家；10 亿到 50 亿元为上市公司营业收入的主要分布范围，有 34 家，占总体的 49%；5 亿到 10 亿元之间的上市公司数与上期相同，为 16 家；小于 5 亿元的有 8 家（图 3-2-6、表 3-2-8），2014 年实现营业收入前 10 名的上市公司，见表 3-2-9，2014 年营业收入增幅最大的前 10 名上市公司见表 3-2-10。

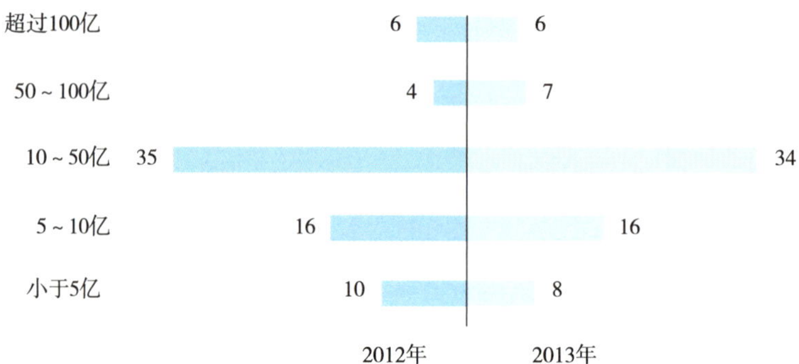

图 3-2-6　2013 ～ 2014 年上市公司营业收入层次图（单位：家）

表 3-2-8　2013 ～ 2014 年上市公司营业收入层次划分表

营业收入	上市公司
超过 100 亿	中国建材　金隅股份　金螳螂　江河创建　中国联塑　亚厦股份
50 ～ 100 亿	广田股份　大亚科技　北新建材　叶氏化工集团　宝鹰股份　传化股份　东方雨虹
10 ～ 50 亿	敏华控股　中航三鑫　宜华木业　海螺型材　东鹏控股　洪涛股份　永高股份　浙江永强　阳光照明　佛山照明　美克家居　索菲亚　伟星新材　飞乐音响　大自然家居　方大集团　东易日盛　柯利达　顾地科技　嘉寓股份　全筑股份　艾迪西　威华股份　海鸥卫浴　国星光电　瑞和股份　吉林森工　兔宝宝　中国创意家居　中国家居　喜临门

续表

营业收入	上市公司
10 ~ 50 亿	丰林集团　曲美股份　罗普斯金
5 ~ 10 亿	洲明科技　永艺股份　好莱客　帝龙新材　航标控股　平潭发展　斯米克　国栋建设　升达林业　皇朝家私　德尔家居　江泉实业　渝三峡 A　硅宝科技　彩虹精化　中国优材
小于 5 亿	浙江美大　永安林业　雪莱特　雷曼光电　友邦吊顶　马仕达国际　ST 景谷　*ST 国创

表 3-2-9　2014 年实现营业收入前 10 名的上市公司

股票简称	营业收入（元）		同比增长
	2014 年	2013 年	
中国建材	122011222000	117687840000	3.67%
金隅股份	41241473854	44789759262	–7.92%
金 螳 螂	20688595926	18414283897	12.35%
江河创建	15904276749	11902047874	33.63%
中国联塑	14822772000	13070547000	13.41%
亚厦股份	12917112314	12142947353	6.38%
广田股份	9787970299	8691326910	12.62%
大亚科技	8439677763	8189797185	3.05%
北新建材	8295032218	7490082780	10.75%
叶氏化工集团	8199543281	7895888384	3.85%

表 3-2-10　2014 年营业收入增幅最大的前 10 名上市公司

股票简称	营业收入（元）		同比增长
	2014 年	2013 年	
中国家居	1328843354	754293872	76.17%
宝鹰股份	5382464813	3726811296	44.43%
好莱客	901027875	649665755	38.69%
国星光电	1543030308	1142376274	35.07%
江河创建	15904276749	11902047874	33.63%
大自然家居	1979285000	1488949000	32.93%
丰林集团	1199474213	903157003	32.81%
索菲亚	2361084402	1783477561	32.39%
嘉寓股份	1833497362	1390385190	31.87%
东方雨虹	5005923673	3902626866	28.27%

3. 盈利水平下滑，亏损企业扩大

2014 年，71 家上市公司共实现净利润 210 亿元，同比下降 3.93%。其中，有 6 家企业亏损，分别是大自然家居、江泉实业、永安林业、ST 景谷、中国家居、*ST 国创，亏损企业比上期增加 4 家。实现净利润超 10 亿的有 6 家，分别有中国建材、金隅股份、金螳螂、中国联塑、北新建材、亚厦股份（图 3-2-7、表 3-2-11），2014 年实现净利润前 10 名的上市公司见表 3-2-12，2014 年实现净利润增幅前 10 名的上市公司见表 3-2-13。

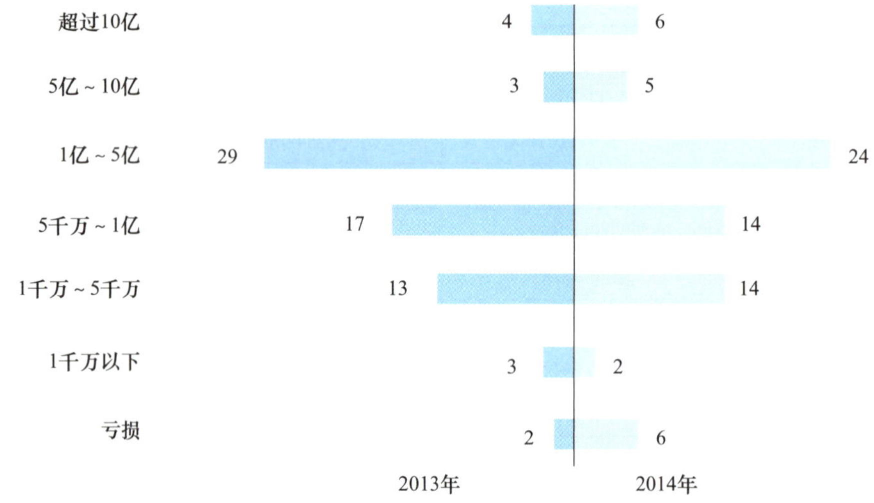

图 3-2-7　2013 ～ 2014 年上市公司净利润层次图（单位：家）

表 3-2-11　2013 ～ 2014 年上市公司净利润层次划分表

净利润	上市公司
超过 10 亿	中国建材　金隅股份　金螳螂　中国联塑　北新建材　亚厦股份
5 亿～ 10 亿	敏华控股　东方雨虹　东鹏控股　广田股份　宜华木业
1 亿～ 5 亿	伟星新材　中国创意家居　索菲亚　浙江永强　洪涛股份　阳光照明　江河创建　宝鹰股份　佛山照明　美克家居　永高股份　传化股份　叶氏化工集团　航标控股　大亚科技　国星光电　好莱客　浙江美大　德尔家居　皇朝家私　东易日盛　海螺型材　友邦吊顶　曲美股份
5 千万～ 1 亿	帝龙新材　方大集团　柯利达　喜临门　丰林集团　硅宝科技　全筑股份　平潭发展　飞乐音响　中国优材　洲明科技　瑞和股份　永艺股份　罗普斯金
1 千万～ 5 千万	嘉寓股份　渝三峡 A　兔宝宝　彩虹精化　海鸥卫浴　顾地科技　雷曼光电　中航三鑫　马仕达国际　雪莱特　升达林业　斯米克　威华股份　吉林森工
1 千万以下	艾迪西　国栋建设
亏损	江泉实业　永安林业　ST 景谷　大自然家居　中国家居　*ST 国创

表 3-2-12　2014 年实现净利润前 10 名的上市公司

股票简称	净利润（元）		同比增长
	2014 年	2013 年	
中国建材	5919541000	5761854000	2.74%
金隅股份	2422721816	3215183495	–24.65%
金螳螂	1877264126	1563605172	20.06%
中国联塑	1554024000	1449261000	7.23%
北新建材	1105451605	905509806	22.08%
亚厦股份	1032621136	894677850	15.42%
敏华控股	788569236	452392278	74.31%
东方雨虹	576550564	363706631	58.52%
东鹏控股	564487000	345176000	63.54%
广田股份	536543757	522926652	2.60%

表 3-2-13　2014 年实现净利润增幅最大的前 10 名上市公司

股票简称	净利润（元）		同比增长
	2014 年	2013 年	
中航三鑫	19073654	–511743086	103.73%
兔宝宝	42791402	23171209	84.67%
洲明科技	60858915	32971637	84.58%
敏华控股	788569236	452392278	74.31%
渝三峡 A	44586781	26675034	67.15%
东鹏控股	564487000	345176000	63.54%
平潭发展	70412209	43478580	61.95%
东方雨虹	576550564	363706631	58.52%
雷曼光电	25771285	17430930	47.85%
好莱客	141326697	100555471	40.55%

与去年同期相比，2014 年上市公司平均毛利率为 23.60%，去年同期为 22.73%，

其中 44% 的上市公司毛利率同比下滑。纯利率相对上期的 5.61%，略有下降，为 4.73%。美克家居、浙江美大、友邦吊顶分别以 58.70%、53.34%、51.90% 的毛利率位居第一、第二、第三；另外，浙江美大、友邦吊顶、中国创意家居分别以 29.33%、27.65%、25.19% 位居纯利率的前三甲（图 3-2-8、表 3-2-14、表 3-2-15）。

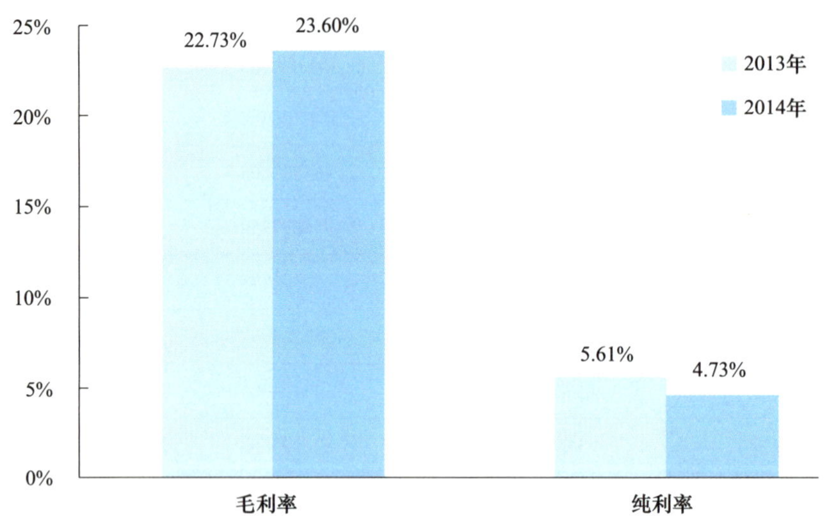

图 3-2-8　上市公司盈利水平对比

表 3-2-14　2014 年毛利率排名前 10 名的上市公司

股票简称	毛利率	
	2014 年	2013 年
美克家居	58.70%	52.43%
浙江美大	53.34%	53.70%
友邦吊顶	51.90%	52.38%
航标控股	43.53%	46.79%
伟星新材	41.06%	39.12%
中国创意家居	40.38%	44.29%
东鹏控股	38.47%	37.07%
东易日盛	38.17%	40.21%
喜临门	37.53%	37.03%
索菲亚	37.36%	37.05%

表 3-2-15　2014 年纯利率排名前 10 名的上市公司

股票简称	纯利率	
	2014 年	2013 年
浙江美大	29.33%	27.55%
友邦吊顶	27.65%	27.88%
中国创意家居	25.19%	25.36%
航标控股	19.16%	23.13%
德尔家居	18.97%	16.65%
皇朝家私	16.52%	45.85%
伟星新材	16.47%	14.62%
敏华控股	16.46%	11.60%
好莱客	15.69%	15.48%
硅宝科技	14.57%	15.09%

三、风险管控较好，运营能力提升

1. 多数企业偿债能力较强

2014 年，行业短期偿债能力较强，59 家深沪上市公司的流动比率有 33 家位于 1 到 2 之间，有 20 家的流动比率大于 2；对于速动比率，范围在 0 到 1 之间，1 到 2 之间的上市公司各有 23 家（图 3-2-9、表 3-2-15）。

多数上市公司短期偿债能力较强。小部分公司低于 1 的速动比率通常被认为是短期偿债能力偏低。影响速动比率的可信性的重要因素是应收账款的变现能力，账面上的应收账款不一定都能变现，也不一定非常可靠。所以要加强应收账款的催缴和管理。

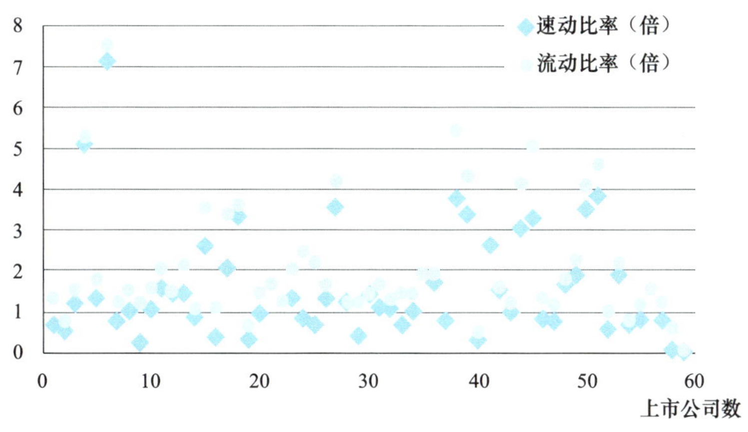

图 3-2-9　2014 年速动比率及流动比率分布

表 3-2-15　2014 年速动比率及流动比率分布表

比率范围（倍）	流动比率	速动比率
0 ~ 1 之间	6	23
1 ~ 2 之间	33	23
2 ~ 3 之间	7	3
大于 3	13	10

从长期偿债能力来看，2014 年上市公司资产负债率基本控制在 70% 以内，73% 的公司资产负债率低于 60%，说明建材家居行业上市公司经济实力较强，长期偿债能力较强。其中，友邦吊顶、浙江美大资产负债率最低，分别为 9.93%、12.67%；*ST 国创、ST 景谷资产负债率最高，分别为 4615.94%、98.52。从资产负债率分布图中可以看出，资产负债率与去年相比，波动性较大（图 3-2-10、表 3-2-16 ~ 表 3-2-18）。

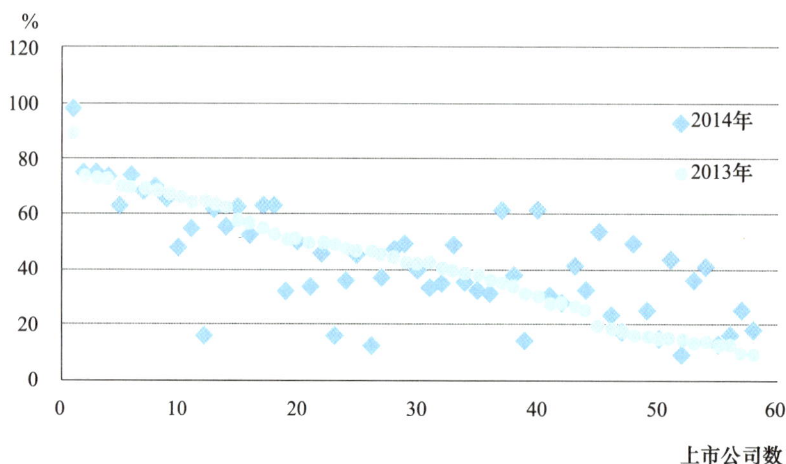

图 3-2-10　2014 年资产负债率分布

表 3-2-16　2014 年资产负债率分布表

资产负债率范围	2014 年	2013 年
小于 20%	10	13
20% ~ 40% 之间	17	12
40% ~ 60% 之间	16	19
60% ~ 70% 之间	9	8
大于 70%	7	7

表 3-2-17　2014 年资产负债率最高的 10 名上市公司

股票简称	资产负债率（%）
*ST 国创	4615.94
ST 景谷	98.52
中航三鑫	75.09
柯利达	74.63
永安林业	74.17
全筑股份	74.17
江河创建	70.81
金隅股份	68.67
金 螳 螂	66.25
方大集团	64.49

表 3-2-18　2014 年资产负债率最低的 10 名上市公司

股票简称	资产负债率（%）
友邦吊顶	9.93
浙江美大	12.67
丰林集团	13.59
德尔家居	14.81
雷曼光电	15.54
佛山照明	17.19
伟星新材	17.28
索菲亚	17.84
帝龙新材	18.18
江泉实业	18.96

2. 运营能力不断提升

2014 年度，金螳螂、洪涛股份存货周转率最高，分别为 177.29、110.52，近乎零库存，显示轻资产运营管理模式的高效性。其他上市公司的存货周转率基本处于 10 次以内，整体运营发展能力较强，仅有少数企业存货周转率偏低，存货占用资金较长，带来存货减值及短期偿债风险。2014 年存货周转率分布如图 3-2-11 所示，存货周转率最多的 10 名上市公司见表 3-2-19。

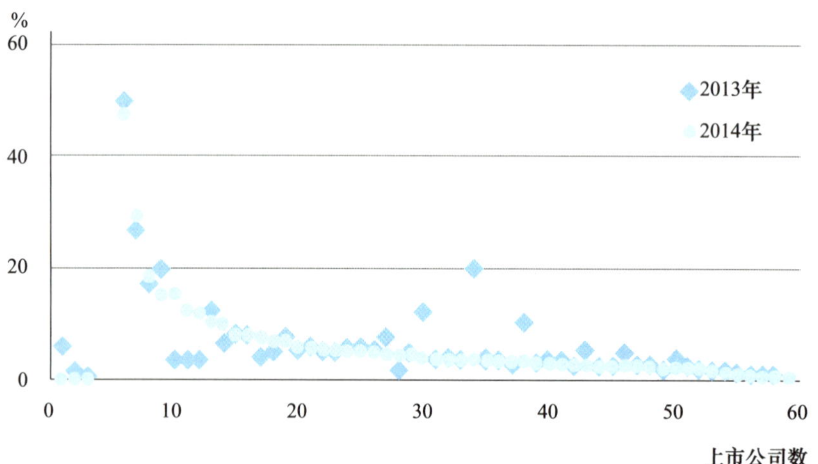

图 3-2-11　2014 年存货周转率分布（不包含金螳螂 177.29%，洪涛股份 110.52%）

表 3-2-19　2014 年存货周转率最高的 10 名上市公司

股票简称	存货周转率（%）
金 螳 螂	177.29
洪涛股份	110.52
柯利达	47.78
宝鹰股份	29.61
好莱客	18.77
全筑股份	15.31
亚厦股份	15.3
广田股份	12.34
瑞和股份	11.77
索菲亚	10.59

总资产周转率是综合评价企业资产经营质量和运营能力的重要指标，能够反映企业销售的强弱。2014 年永艺股份、好莱客、宝鹰股份、兔宝宝、东易日盛等总资产周转率排在前五位，分别为 2.07、1.81、1.4、1.37、1.32，表明此类公司总资产周转速度快，销售能力强，资产利用效率高。2014 年总资产周转率分布情况如图 3-2-12 所示，总资产周转率最高的 10 名上市公司见表 3-2-20。

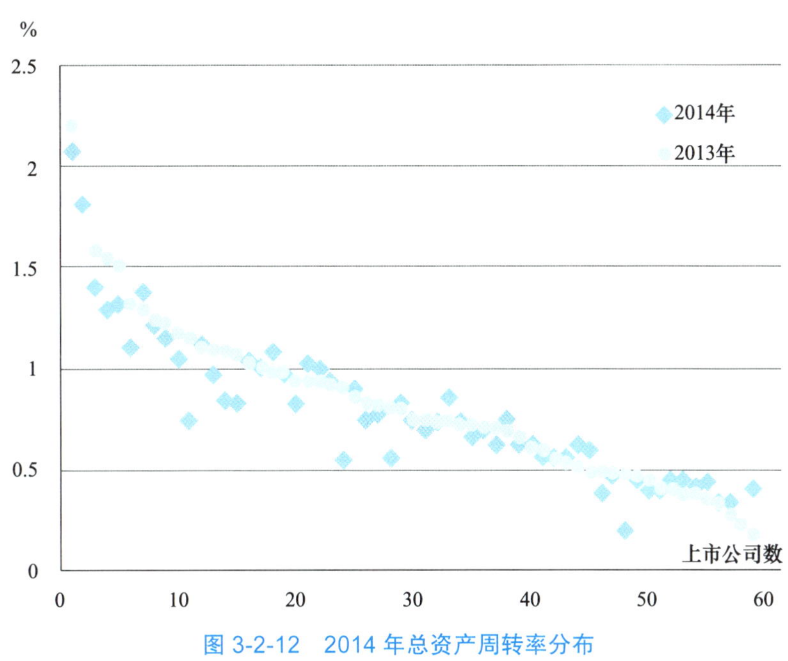

图 3-2-12 2014 年总资产周转率分布

表 3-2-20 2014 年总资产周转率最高的 10 名上市公司

股票简称	总资产周转率（%）
永艺股份	2.07
好莱客	1.81
宝鹰股份	1.4
兔 宝 宝	1.37
东易日盛	1.32
全筑股份	1.29
传化股份	1.21
东方雨虹	1.16
曲美股份	1.12
柯利达	1.1

四、盈利能力受限，发展潜力较强

面临经济下行压力，上市公司经营利润普遍出现回落。2014 年，平均每股收益 0.37 元，同比下降 16.7%。其中，每股收益在 0 ~ 1 元之间 47 家，大于 1 元的有 8

家，基本每股收益最高的为友邦吊顶，为 2.05 元。2014 年，除去 *ST 国创和 ST 景谷，上市公司加权平均净资产收益率为 10.14%，基本与上年的 10.9% 基本持平，略有下降。其中，好莱客最高，达 42.93%。2014 年基本每股收益分布如图 3-2-13 所示，每股收益最高的前 10 名见表 3-2-21。加权平均资产收益率分布如图 3-2-14 所示，最高的 10 名上市公司见表 3-2-22。

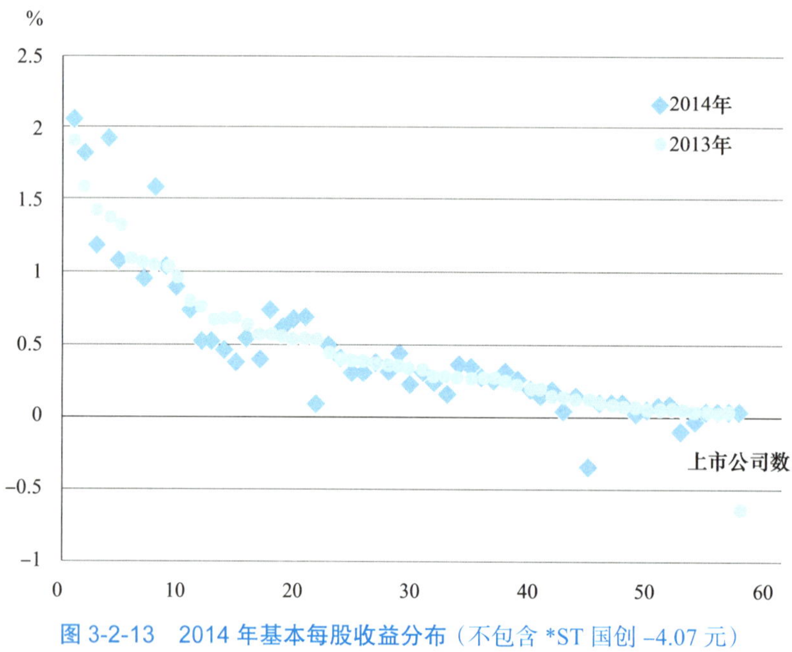

图 3-2-13 2014 年基本每股收益分布（不包含 *ST 国创 −4.07 元）

表 3-2-21 2014 年基本每股收益最高的 10 名上市公司

股票简称	基本每股收益（元）
友邦吊顶	2.05
好莱客	1.92
北新建材	1.818
东方雨虹	1.59
亚厦股份	1.18
金 螳 螂	1.07
柯利达	1.06
广田股份	1.04
东易日盛	0.96
伟星新材	0.89

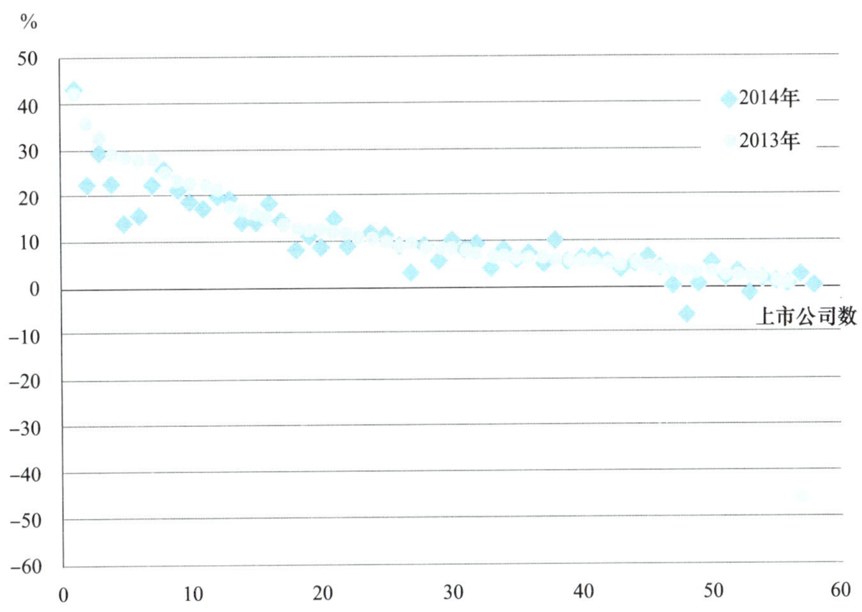

图 3-2-14　2014 年加权平均净资产收益率分布（不含 *ST 国创和 ST 景谷 -138.11%）

表 3-2-22　2014 年加权平均净资产收益率最高的 10 名上市公司

股票简称	净资产收益率 – 加权平均（%）
好莱客	42.93
金 螳 螂	29.52
东方雨虹	25.32
永艺股份	22.46
友邦吊顶	22.24
柯利达	22.09
北新建材	21.24
全筑股份	19.62
伟星新材	19.12
亚厦股份	18.5

2014 年，除去 *ST 国创和 ST 景谷净利润率 –3638.52%、–47.67%，整体平均利润率仅 7.04%，同比回落 3 个百分点。上市公司净利润率主要介于 0 ~ 10% 之间，其中，分布在 0 ~ 5%、5% ~ 10% 的各有 22 家。浙江美大、友邦吊顶两家公司净利润率超 20%，分别为 29.33%、27.65%。2014 年净利润率分布如图 3-2-15 所示，净利润率最高的 10 名上市公司见表 3-2-23。

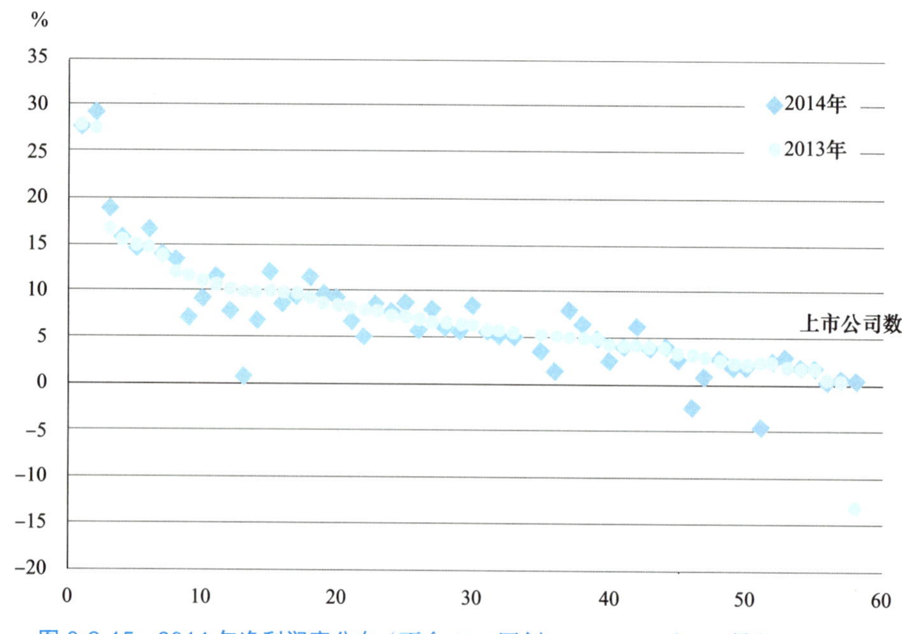

图 3-2-15　2014 年净利润率分布（不含 *ST 国创 −3638.52% 和 ST 景谷 −47.67%）

表 3-2-23　2014 年净利润率最高的 10 名上市公司

股票简称	净利润率（%）
浙江美大	29.33
友邦吊顶	27.65
德尔家居	18.97
伟星新材	16.47
好莱客	15.69
硅宝科技	14.57
索菲亚	13.85
北新建材	13.33
宜华木业	11.97
东方雨虹	11.52

从总资产报酬率来看，资产的总体获利能力较好，78% 的上市公司总资产报酬率在 0 ~ 10% 之间，其中，在 0 ~ 5% 之间有 26 家，5% ~ 10% 之间有 20 家，大于 10% 的有 9 家。好莱客、友邦吊顶获利能力最强，总资产报酬率分别为 28.36% 和 22.81%。2014 年总资产报酬率分布如图 3-2-16 所示，总资产报酬率最高的 10 名上市公司见表 3-2-24。

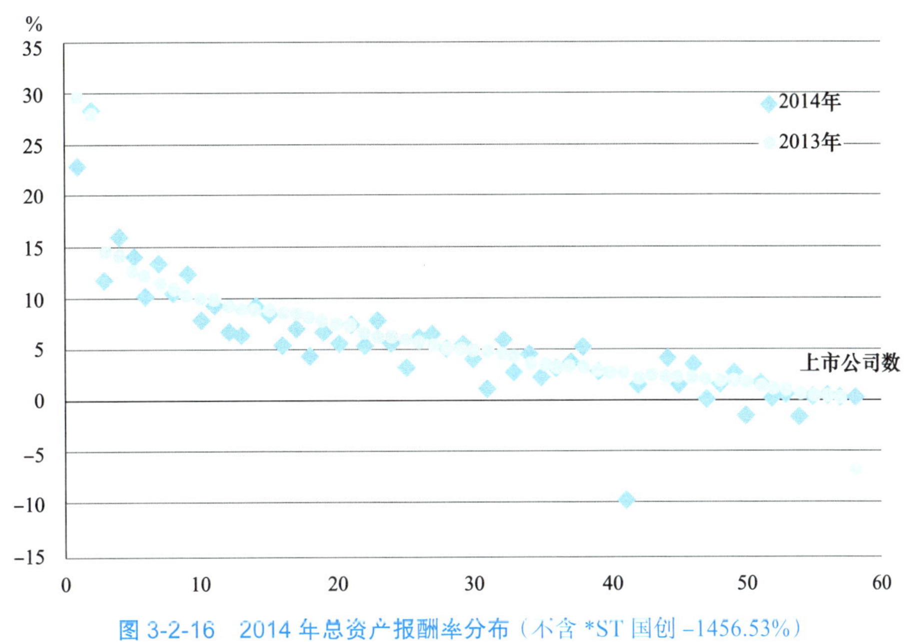

图 3-2-16　2014 年总资产报酬率分布（不含 *ST 国创 -1456.53%）

表 3-2-24　2014 年总资产报酬率最高的 10 名上市公司

股票简称	总资产报酬率（%）
好莱客	28.36
友邦吊顶	22.81
伟星新材	15.96
索菲亚	14.15
东方雨虹	13.31
浙江美大	12.5
永艺股份	11.74
硅宝科技	10.75
曲美股份	10.31
金螳螂	9.49

五、各细分行业上市公司分析

本次监测的上市公司中，按细分行业分类，主营业务为人造板、家具、装修装饰的公司各有 9 家，主营电气照明的有 8 家，主营水暖管线有 5 家，主营陶瓷、建筑涂料、地板的各有 4 家，主营厨卫、幕墙、门窗各有 3 家，主营天花吊顶、装修辅料及综合类有 2 家，主营五金、整体家居、装饰纸、家居饰品各有 1 家。2014 年建材家居业细分行业平均资产和业绩见表 3-2-25、表 3-2-26、图 3-2-17。

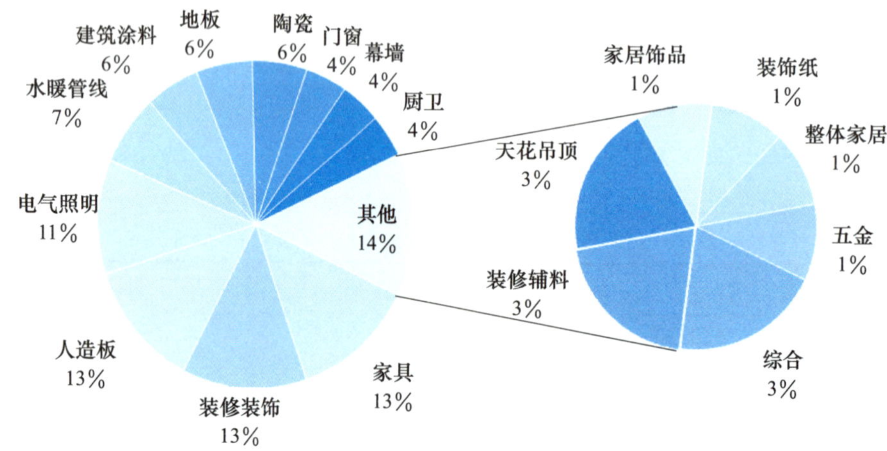

图 3-2-17 建材家居业上市公司细分行业分布图

表 3-2-25 2014 年建材家居业细分行业平均资产和业绩一览表（单位：亿元）

细分行业	总资产	净资产	营业收入	净利润	毛利
厨卫	14.64	9.38	9.95	1.15	3.49
地板	38.10	19.87	29.62	0.58	7.99
电气照明	25.47	16.63	15.14	1.11	3.79
家居饰品	23.83	19.21	14.09	3.55	5.69
家具	36.17	23.59	24.08	2.86	8.37
建筑涂料	32.94	15.20	35.78	1.19	6.55
门窗	31.53	17.56	22.73	0.70	3.41
幕墙	102.59	29.68	74.86	1.31	10.52
人造板	19.57	11.09	9.39	0.25	1.59
水暖管线	49.13	29.43	48.11	4.41	12.39
陶瓷	19.26	7.18	13.62	–2.44	4.55
天花吊顶	69.79	45.26	43.37	6.05	13.38
五金	5.55	3.81	9.01	1.41	3.36
装修辅料	29.78	20.34	27.78	3.28	9.82

表 3-2-26　建材家居细分行业毛利率及净利润率

细分行业	毛利率	净利润率
厨卫	35.06%	11.55%
地板	26.98%	1.96%
电气照明	25.05%	7.32%
家居饰品	40.38%	25.19%
家具	34.76%	11.87%
建筑涂料	18.30%	3.34%
门窗	15.01%	3.08%
幕墙	14.05%	1.75%
人造板	16.93%	2.63%
水暖管线	25.75%	9.16%
陶瓷	33.41%	-17.91%
天花吊顶	30.86%	13.95%
五金	37.34%	15.69%
装修辅料	35.34%	11.82%

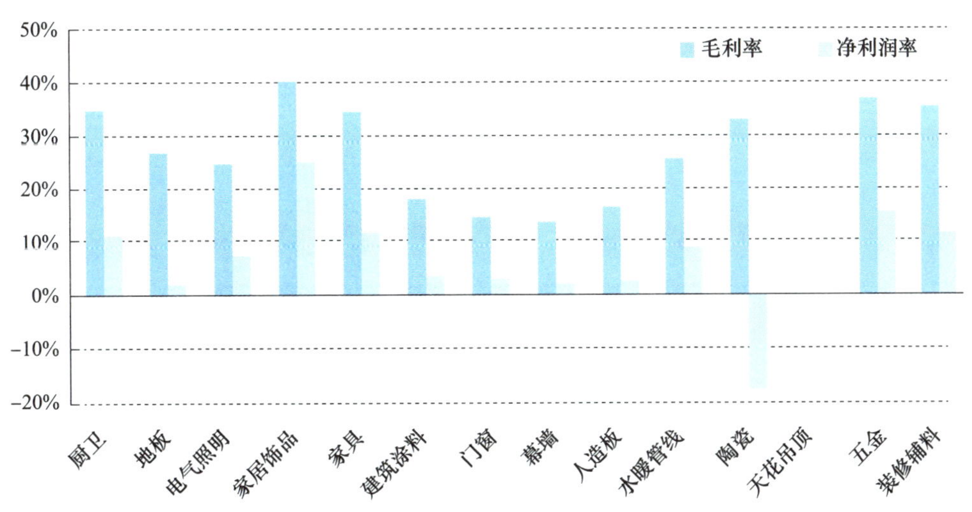

图 3-2-18　建材家居细分行业毛利率及净利润率情况

1. 家具上市公司

家具类上市公司共 9 家，截至 2014 年末总资产合计 325.50 亿元，与去年同期相比增幅达 15.24%；净资产合计 212.34 亿元，与去年同期相比增幅 17.38%；全年共实现营业收入 216.69 亿元，同比增幅 12.85%；净利润累计达 25.71 亿元，同比增幅 16.93%，表 3-2-27，图 3-2-19、图 3-2-20。

表3-2-27 家具类上市公司资产和业绩一览表（单位：亿元）

股票简称	总资产		净资产		营业收入		净利润	
	2014年	2013年	2014年	2013年	2014年	2013年	2014年	2013年
皇朝家私	17.83	19.39	9.99	11.56	7.34	7.95	1.21	3.64
美克家居	39.96	37.75	28.51	27.08	27.14	26.75	2.34	1.72
敏华控股	49.01	39.98	36.00	27.73	47.90	38.99	7.89	4.52
曲美股份	9.61	9.88	6.31	5.66	10.94	10.17	1.00	1.14
索菲亚	25.33	20.86	20.81	17.44	23.61	17.83	3.27	2.45
喜临门	19.88	15.09	11.49	10.96	12.91	10.22	0.94	1.20
宜华木业	102.50	86.25	63.79	46.65	44.27	40.91	5.30	4.11
永艺股份	5.00	4.25	2.59	2.33	9.60	8.97	0.54	0.59
浙江永强	56.38	48.99	32.85	31.49	33.00	30.22	3.23	2.62
总计	325.50	282.46	212.34	180.90	216.69	192.02	25.71	21.99

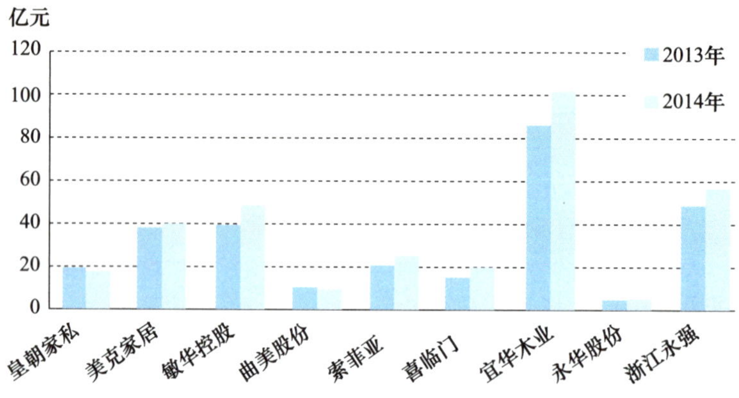

图3-2-19 2013年及2014年末家具上市公司总资产

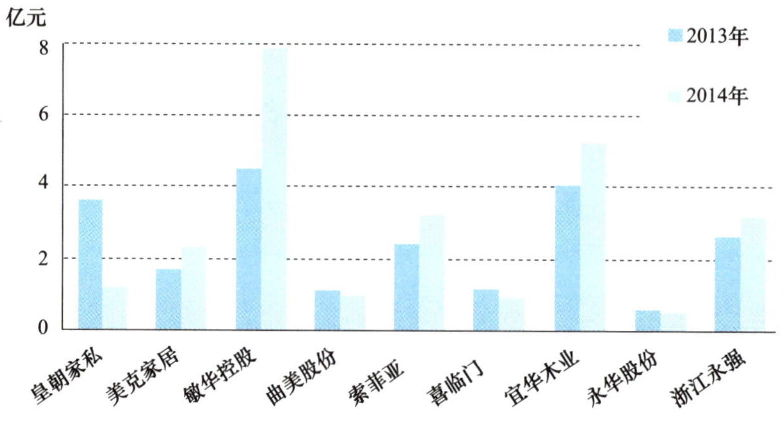

图3-2-20 2013年及2014年家具上市公司实现净利润

2. 人造板上市公司

主营人造板上市公司共 9 家，截至 2014 年末总资产合计 176.16 亿元，与去年同期相比小幅增长 6.51%；净资产合计 99.85 亿元，增长 9.59%；全年共实现营业收入 84.51 亿元，与去年相比基本持平；共实现净利润总额大幅下降，为 2.22 亿元，同比下降 38.56%，其中，ST 景谷和永安林业均实现负利润（表 3-2-28、图 3-2-21、图 3-2-22）。

表 3-2-28　人造板上市公司资产和业绩一览表（单位：亿元）

股票简称	总资产		净资产		营业收入		净利润	
	2014 年	2013 年	2014 年	2013 年	2014 年	2013 年	2014 年	2013 年
ST 景谷	4.16	5.38	0.06	0.56	0.96	2.50	–0.46	0.14
丰林集团	20.33	19.69	17.57	16.37	11.99	9.03	0.83	0.91
国栋建设	34.86	32.74	21.43	21.49	7.73	7.45	0.06	0.75
古林森工	38.74	34.03	14.23	13.34	14.18	13.39	0.11	0.41
平潭发展	21.45	18.27	14.30	10.67	8.65	8.58	0.70	0.43
兔 宝 宝	10.87	9.78	8.24	7.66	14.12	12.43	0.43	0.23
威华股份	26.81	27.84	15.99	15.69	17.15	17.78	0.11	0.10
永安林业	13.71	13.55	3.54	3.32	4.60	4.59	–0.21	0.11
中国优材	5.21	4.11	4.49	2.01	5.13	4.81	0.64	0.53
总计	176.16	165.38	99.85	91.11	84.51	80.57	2.22	3.61

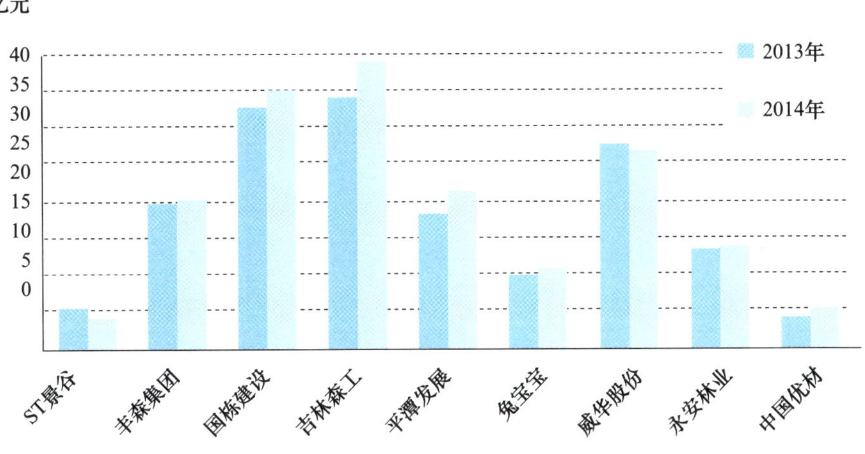

图 3-2-21　2013 年及 2014 年末人造板上市公司总资产

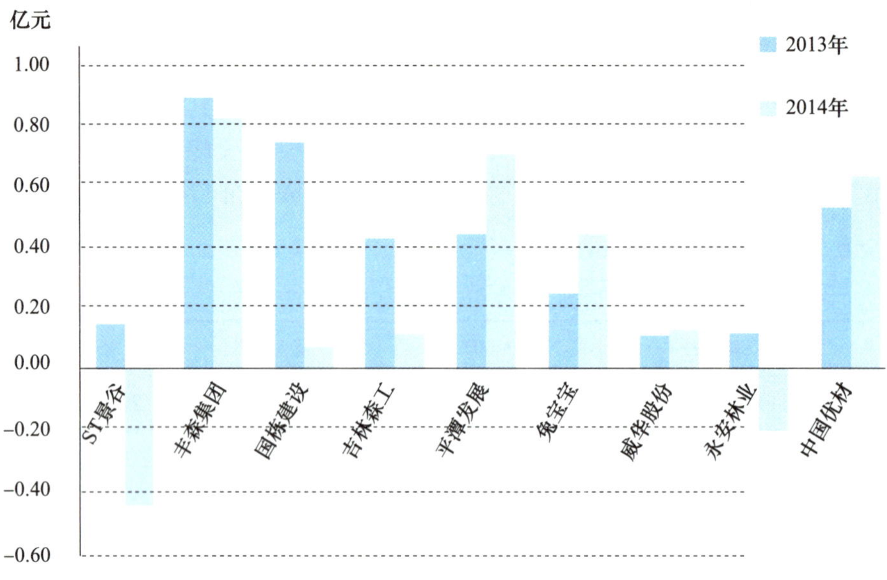

图 3-2-22　2013 年及 2014 年人造板上市公司实现净利润

3. 电气照明上市公司

主营电气照明上市公司共 8 家，截至 2014 年末总资产合计 203.73 亿元，与去年同期相比增幅达 26.11%；净资产合计 133.06 亿元，与去年同期相比增长 26.30%；全年共实现营业收入 121.16 亿元，同比增长 12.24%；净利润累计达 8.86 亿元，同比增长 20.19%（表 3-2-29、图 3-2-23、图 3-2-24）。

表 3-2-29　电气照明上市公司资产和业绩一览表（单位：亿元）

股票简称	总资产		净资产		营业收入		净利润	
	2014 年	2013 年	2014 年	2013 年	2014 年	2013 年	2014 年	2013 年
飞乐音响	55.43	24.36	30.11	11.84	21.34	21.42	0.65	0.57
佛山照明	37.37	33.74	30.94	28.91	30.69	25.27	2.66	2.52
国星光电	36.79	34.01	24.25	21.69	15.43	11.42	1.45	1.13
雷曼光电	9.15	8.72	7.73	7.35	4.05	3.50	0.26	0.17
马仕达国际	1.07	1.09	0.69	0.62	2.98	2.82	0.19	0.17
雪 莱 特	6.12	5.68	4.20	4.04	4.42	3.92	0.17	0.16
阳光照明	44.44	43.78	28.37	25.02	32.51	31.69	2.88	2.32
洲明科技	13.38	10.18	6.77	5.89	9.73	7.89	0.61	0.33
总计	203.73	161.56	133.06	105.35	121.16	107.94	8.86	7.38

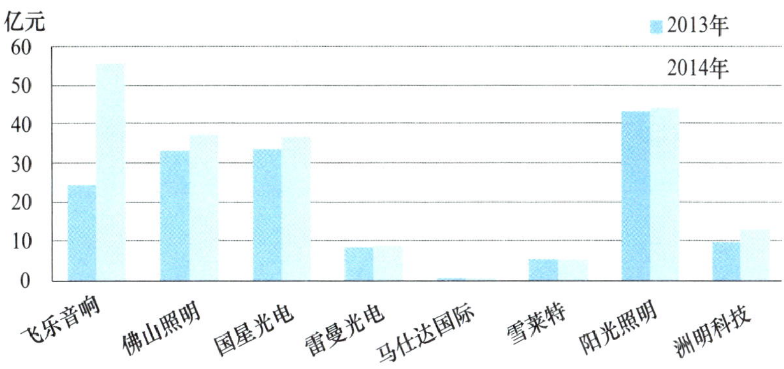

图 3-2-23　2013 年及 2014 年末电气照明上市公司总资产

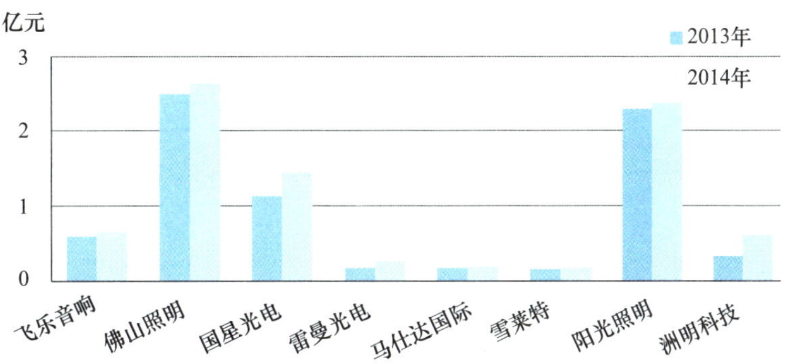

图 3-2-24　2013 年及 2014 年电气照明上市公司实现净利润

4. 水暖管线上市公司

主营水暖管线上市公司共 5 家，截至 2014 年末总资产合计 245.64 亿元，与去年同期相比增幅达 16.20%；净资产合计 147.14 亿元，与去年同期相比增长 13.33%；全年共实现营业收入 240.55 亿元，同比增长 12.58%；净利润累计达 22.03 亿元，同比增长 4%（表 3-2-30、图 3-2-25、图 3-2-26）。

表 3-2-30　水暖管线上市公司资产和业绩一览表（单位：亿元）

股票简称	总资产		净资产		营业收入		净利润	
	2014 年	2013 年	2014 年	2013 年	2014 年	2013 年	2014 年	2013 年
艾迪西	16.20	15.46	7.64	7.22	17.16	14.56	0.08	0.09
顾地科技	23.93	20.11	10.72	10.28	18.37	17.64	0.28	0.92
伟星新材	25.59	23.01	21.17	19.45	23.54	21.59	3.88	3.16
永高股份	34.72	29.84	22.10	20.32	33.26	29.18	2.25	2.43
中国联塑	145.20	122.98	85.50	72.56	148.23	130.71	15.54	14.49
总计	245.64	211.40	147.14	129.83	240.55	213.67	22.03	21.09

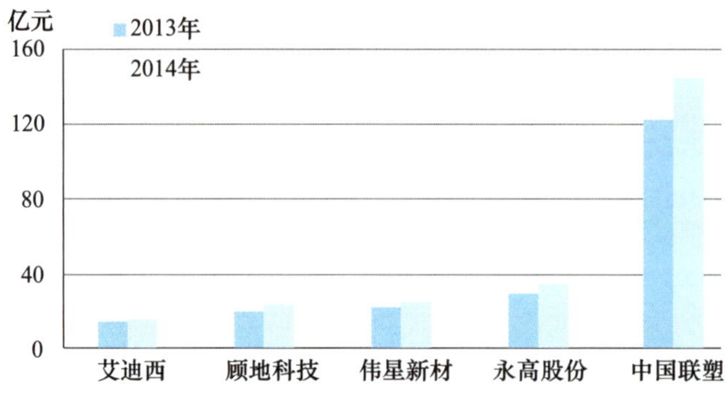

图 3-2-25　2013 年及 2014 年末水暖管线上市公司总资产

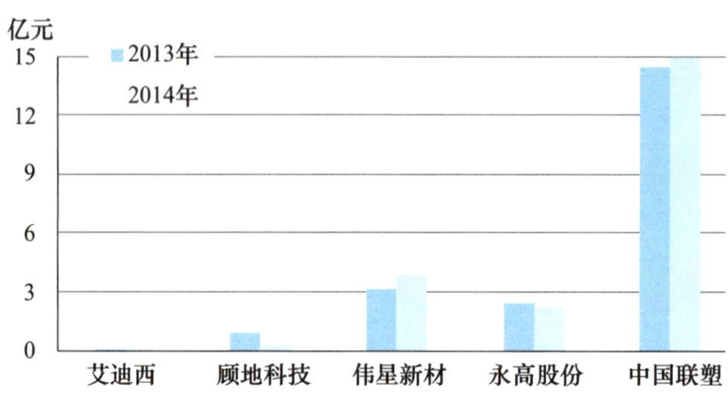

图 3-2-26　2013 年及 2014 年水暖管线上市公司实现净利润

六、新三板大扩容，融资渠道拓宽

近年来，建筑材料装饰行业整体发展良好，但是行业内中小企业也面临融资难这一问题，成为困扰行业进一步壮大规模的制约性因素。2013 年 12 月 13 日，国务院发布《关于全国中小企业股份转让系统有关问题的决定》，新三板股份转让扩容至全国所有符合条件的企业，为建筑材料装饰行业中小企业提供发展新机，造成了 2014 年以来挂牌企业的激增。

截至 2015 年 4 月底，在新三板挂牌的建筑材料和建筑装饰材料企业分别为 52 家和 96 家，共 148 家。2014 年前挂牌的企业仅有 13 家；在 2014 年挂牌的有 85 家，建筑材料和建筑装饰分别为 33 家和 52 家；仅 2015 年前 4 个月，建筑材料和建筑装饰分别挂牌的有 13 家和 36 家，共 49 家（图 3-2-27）。

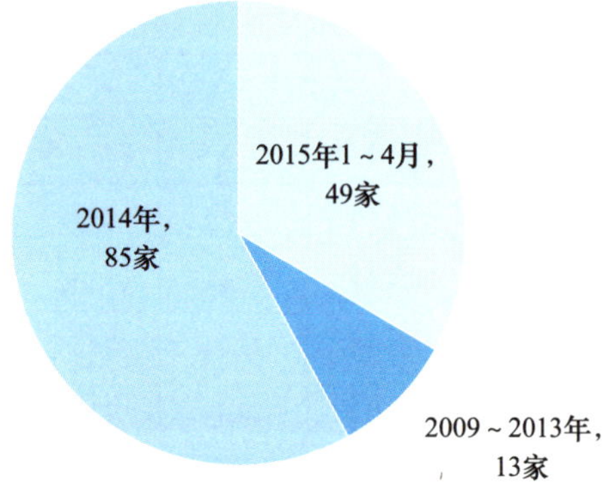

图 3-2-27　企业新三板挂牌时间对比图

地域分布上北京22家，上海14家，江苏12家，浙江11家，河南9家（图3-2-28）。

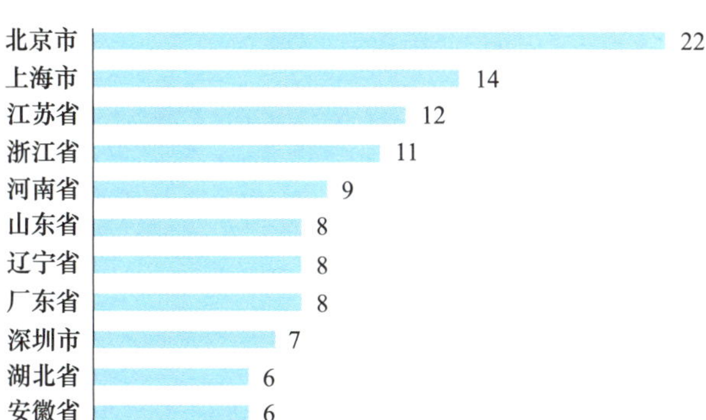

图3-2-28　新三板挂牌公司地域分布图（单位：家）

融资渠道拓宽，促进企业发展步入快车道。

（1）利用资本市场促进科技创新。有了充足的资金投入研发环节，可以为创新创造更好的条件，可以更好调动科研人员的积极性，发挥出最大的潜能。

同时，企业通过上市募集到的资金数量大速度快成本低，如果企业以20倍市盈率发行股票，意味着需要用20年时间积累的资金可以通过上市一次性募集到位。企业上市后还可以进行再次融资，持续不断的融资就为企业大量的研发资金的持续投入提供了保障。企业通过上市公司的制度设计，如职工持股计划，股票选择权计划等来吸引和激励管理人员，可以稳定主要科研骨干，提升企业的持续创新能力。另外，科技专利或高科技项目也可以通过资本市场促进产业化，实现科研与实业的有机转化。

（2）通过直接融资降低资产负债率从而降低财务成本和财务风险。

2014年以来，国务院已经两次召开常务会议，研究解决企业融资成本高问题。为了缓解企业特别是中小企业“融资难、融资贵”问题，国务院会议明确提出，抓紧出台股票发行注册制改革方案，取消股票发行的持续盈利条件，降低小微和创新型企业上市门槛，建立资本市场小额再融资快速机制，开展股权众筹融资试点。同时，支持跨境融资，让更多企业与全球低成本资金“牵手”。这为企业积极利用资本市场进行直接融资，创造了前所未有的好条件。

企业上市除了能够有效促进科技创新外，在完善企业资本结构，减少负债缓解财务费用压力的作用最为显著。企业通过上市可以建立健全各项规范制度，有助于完善企业的法人治理结构，在市场竞争中发挥管理优势和制度优势。企业通过上市能够实现规模效益，生产规模和销售规模相应扩大，从而提高了企业综合实力和市场竞争力。企业上市后更容易对同行业其他公司并购，兼并及资产重组，增强自身的竞争力。

第三章　开展绿色建材评价支撑绿色建筑选材

绿色建筑是我国建筑业的发展方向。2013 年 1 月 1 日，国务院办公厅正式发布《绿色建筑行动方案》(国办发 [2013]1 号)，要求“十二五”期间，我国要发展超过 10 亿平方米的绿色建筑。届时，我国的绿色建筑将占全球绿色建筑的一半以上，将承担起全国节能减排主力军的作用。

绿色建筑选用绿色建材是业内共识，绿色建材是绿色建筑各项功能目标实现的重要支撑，承载着节能、节水、节材和保障室内环境等重要作用。因此，对建筑材料的选用很大程度上决定了建筑的“绿色”程度。因此，《绿色建筑行动方案》对绿色建材高度关注。但目前绿色建筑与绿色建材缺乏有机的联系，更为关键的是绿色建材评价标准缺失，市场较为混乱，成了制约绿色建材发展的瓶颈。中国建材检验认证集团股份有限公司（CTC）从“十五”到“十二五”期间，一直承担绿色建材评价的国家科技支撑计划研究项目。从 2012 年开始，先后受国家住建部和工信部委托，进行绿色建材评价体系、认证制度和产品目录的研究。本文简述了在《绿色建筑行动方案》的指导下，绿色建筑选材与绿色建材评价的新动向。

1. 绿色建筑对绿色建材的需求

《绿色建筑评价标准》（GB/T 50378—2006）对绿色建筑做出了定义：在建筑的全寿命周期内，最大限度地节约资源（节能、节地、节水、节材)、保护环境和减少污染，为人们提供健康、适用和高效的使用空间，与自然和谐共生的建筑。

根据上述定义，绿色建筑具有三要素，即在全生命周期内，保护环境减少污染，节约资源和能源，创造一个健康安全、适用和经济的活动空间。对于建筑材料来说，其在绿色建筑中的重要性不言而喻。建筑材料是建筑主体的基础，是建筑质量的根本保障；同时建筑材料也是建筑物碳排放以及环境负荷的重要组成部分。目前我国每年竣工建筑物总量在 20 亿 m^2 左右，各类建筑物使用能耗占全社会能耗总量的近 20% ~ 30%，建筑材料和建造过程所消耗的能源又占建筑全生命周期能耗的 20% 左右。因此建筑材料的选用是绿色建筑很重要的一个方面，选用绿色建材可以延长建筑材料的耐久性和建筑的寿命，降低建筑材料生产、使用过程的资源消耗和碳排放。从全生命周期的角度来看，绿色建材承载着诸如节约资源、能源和保障室内环境等重要作用，对材料的选用很大程度上决定了建筑的“绿色”程度。

2. 基于绿色建筑功能目标实现的绿色选材

绿色建材是绿色建筑各项功能目标实现的重要支撑，承载着节能、节水、节材和保障室内环境等重要作用。因此，绿色建筑选材应给予绿色建筑各功能目标的实现。

（1）节能

从狭义上讲，绿色建材对建筑节能的支撑主要体现在保温材料、节能门窗、遮阳等外围护结构用的被动节能措施。这类材料的热工性能与建筑节能密切相关，而建筑的节能水平又是诸多因素综合作用的结果。从绿色建筑选材的角度，在达到相同节能水平的要求下，围护结构的选材可能有多种组合，但需要从全生命周期的角度结合造价、耐久性、长期节能性能、易维护性等多方面综合判断。

（2）节水

绿色建材对建筑节水的支撑包括节水器具、安全耐久的供水管网、雨水回收系统、渗水地面材料等。以节水效果最为明显的节水器具为例，在选材中应结合情景模拟、使用寿命、卫生陶瓷的轻量化等因素优化选择。

（3）节材

建筑节材包括设计节材和材料选用两个方面。材料的选用又主要体现在高强度的结构材料、高耐久性材料和 3R 材料的选用（可再生、可再循环、可再利用以及利废等）。

对于结构材料的选择，以混凝土为例，即使在同样强度等级的情况下，不同的配合比又与其耐久性密切相关，而耐久性指标需要根据具体环境取值。同时，不同的配合比又会影响混凝土的碳排放和可循环性。因此，从绿色建筑选材的角度，混凝土的绿色选材是一项对综合技术要求较高的工作。

建筑材料的耐久性的是建筑师最为关心的指标之一，但需要与建筑使用功能与实际环境相结合，在满足建筑风格与使用需求的前提下，关注建筑材料的耐久性，提高使用寿命。可以说，提高材料的使用寿命是最重要的节材手段之一。

可循环材料和资源综合利用材料的选择是目前建筑师较为困惑的问题，现行的《绿色建筑评价标准》（GB/T 50378—2006）的规定可操作性不强。如可循环材料目前认定玻璃、金属和木材，严重滞后于目前材料科技的发展；利废材料的核查方式未能明确，且未能体现对建材行业资源综合利用的促进作用。因此，为提高可循环材料和资源综合利用材料选材的适用性，正在起草的国家标准《建筑行业节约材料评价指标体系》中，将系统地研究解决上述问题。

（4）室内环境

建筑材料对室内声、光、热环境和空气质量的改善具有重要的支撑作用，如遮阳产品对光热环境的改善，吸声材料、隔声窗、低噪声排水管对声环境的改善。而其中最为突出的是对室内空气质量的影响。首先，我国现行的装饰装修材料有害物质限量强制性国标与发达国家相比要求较低，如果都按此标准进行选材，其累计叠加效应将导致室内的空气质量不达标。其次，市场林林总总的改善空气质量的功能材料虽然已有了标准，但执行的力度不够，市场十分混乱。最后，相对于空气质量，选材对建筑声、光、热环境的影响已有较为成熟的模拟软件，可以很好的进行前期干预。而选材对室内空气质量的影响目前缺乏有效的模拟评估手段，这也限制了关注前期选材对室内空气质量改善的积极作用的发挥。往往是建筑投入使用后因室内空气质量不合格，只能通过使用空气净化设备改善，不能很好预防环境污染的发生。

3.《绿色建筑行动方案》对绿色建材的要求

鉴于绿色建材对绿色建筑的重要意义，《绿色建筑行动方案》对绿色建材高度关注，要求大力发展绿色建材，并要求："发展改革、住房城乡建设、工业和信息化、质检部门要研究建立绿色建材认证制度，编制绿色建材产品目录，引导规范市场消费。质检、住房城乡建设、工业和信息化部门要加强建材生产、流通和使用环节的质量监管和稽查，杜绝性能不达标的建材进入市场。积极支持绿色建材产业发展，组织开展绿色建材产业化示范。""研究制定支持绿色建材发展、建筑垃圾资源化利用、建筑工业化、基础能力建设等工作的政策措施。""完善绿色建材标准体系，研究制定建筑装修材料有害物限量标准，编制建筑废弃物综合利用的相关标准规范。"

4. 绿色建材的定义、内涵与评价标准

绿色建材发展的最大瓶颈是缺乏统一的定义和评价标准。早前，工业和信息化部原材料司和科技司协力推进绿色建材标准体系建设，明确了绿色建材的定义和内涵，指出："绿色建材应是在全生命周期内可减少对天然资源消耗和减轻对生态环境影响，本质更安全、使用更便利，具有'节能、减排、安全、便利和可循环'特征的建材产品。节能是指在生产环节降低能源、资源消耗，在使用环节提升建筑物节能水平；减排是指在生产环节减少污染物和二氧化碳的排放，在使用环节不仅自身减少还帮助建筑物减少有毒有害物质缓慢释放，更好地保障生命健康；安全是指在生产环节减少安全隐患，提高产品本质安全度和耐久性，在使用环节帮助提升建筑物防灾减灾水平和延长使用寿命；便利是指生产环节环境舒适、施工环节使用便利，职业病发病率降低；可循环是指生产环节无害化消纳产业废弃物，废弃处置环节无毒无害易回收、便于资源化再利用。"并明确"近期及今后一段时间，要重点围绕对建材结构调整和绿色建筑发展影响大、使用广、条件成熟的高性能混凝土、节能玻璃、节水洁具、陶瓷薄砖、外墙外保温材料等产品推进绿色建材产品标准化工作和绿色建材产品目录编制工作。"

5. 绿色建材评价与绿色建筑评价和衔接

绿色建筑评价对绿色建材评价结果的采信对绿色建材发展至关重要。从国外的经验来看，绿色建筑评价和绿色建材的评价紧密相关。如英国的 BREEAM 体系，就规定了选用建筑材料时应从通过 BREEAM 认证的材料库中进行选择，所选材料的评级直接影响到绿色建筑的评级。换句话说，高等级的绿色建筑须选用高等级的绿色建材，二者的评价形成了一个有机的整体。其他如新加坡的 green mark 也采取了类似的做法。

目前，中国建材检验认证集团股份有限公司（CTC）正在开展绿色建筑选用产品评价工作。早在“十五”期间，CTC 就开始进行绿色建材评价技术的研究。先后承担了“绿色建材技术及分析评价方法的研究”、“绿色建材产品标准、评价技术和认证体系研究”及“绿色建筑选材关键技术研究”等国家科技支撑计划课题。在此基础上，CTC 正在对国内外绿色建材及优秀供应商进行识别，编制《绿色建筑选用产品导向目录》。“导向目录”将引领国内绿色建筑的建设模式，通过多种渠道向绿色建筑开发商和建筑师介绍建筑材料新产品、新功能、新应用，共同探讨解决绿色建筑中的实际问题。

同时，CTC 下辖国家建筑材料测试中心经国家工商总局商标局注册了绿色建筑选用产品证明商标，作为证明建材产品为绿色建筑建设选用特定品质的标志，并受法律保护。

6. 措施建议

（1）建议各部门协调联动，研究制定促进绿色建材发展的鼓励政策，加快绿色建材评价标准、认定制度、产品目录的编制与落地。

（2）建议建设部门加快制定推广使用绿色建材的引导政策，研究绿色建材评价与绿色建筑评价的衔接办法。

（3）建议工业部门制定引导政策，加大力度发展绿色建材。

（4）建议科技部门进一步加大绿色建材的研发支持力度。

（5）建议加大绿色建材的宣传与科普，提高人们对绿色建材的认识和使用意识。

第四章　软装饰——打造空间新风尚

一、何为软装饰

1. 软装饰的发展历程

20 世纪 20 年代的欧洲，在历史发展和社会进步的驱动下，新兴技术得到蓬勃发展。伴随着生活水平显著提高，人们的审美意识普遍觉醒，对环境的装饰意识得以形成并日益强化。在早期，装饰图案一般呈几何形，或是由具象形式演化而成，所用材料丰富且贵重，除天然原料（如玉、银、象牙和水晶石等）外，也采用一些人造物质（如塑料，特别是酚醛材料、玻璃以及钢筋混凝土之类）。其装饰的典型主题有裸女、动物（尤其是鹿、羊）、太阳等，借鉴了美洲印第安人、埃及人和早期的古典主义艺术，体现出自然的和谐。

后来由于“二战”的原因，软装饰艺术度过了一段相对低迷的发展期，直到 20 世纪 60 年代后期开始再次引起人们的重视，得以复兴。得益于世界文化的传播与世界贸易的发展，物质的极大丰富带给人们琳琅满目的商品和更多的选择，如何用不同的装饰品来表现不同场合的氛围、品味和情调，成为了一门独特的艺术。软装饰艺术由此从欧洲开始，在全球范围内逐步受到普遍性的认可与推广。

2. 软装饰的定义与范畴

20 世纪末，风靡整个世界的装饰理念传入中国，并从沿海一带向内地掀起了软装饰艺术的风潮。近年来，虽然软装饰艺术在国内得到了迅猛的发展，但关于“软装饰”的概念，一直缺乏完整的、明确的定义。

目前，得到业内普遍认同的一种说法是将空间环境的整个建筑装饰过程分为“硬装修”和“软装饰”两个部分。“硬装修”指空间的整体架构和布局，类似人的身体骨骼等，成型之后，很难再去改变，具有一次性、无法回溯的特性。“软装饰”则是指关于整体环境、空间美学、陈设艺术、生活功能、材质风格、意境体验、个性偏好，甚至风水文化等多种复杂元素的创造性融合。软装饰的每一个区域、每一种产品都是整体环境的有机组成部分。例如：根据居室空间的大小形状、主人的生活习惯、兴趣爱好和经济情况，从整体上综合策划装饰装修设计方案，借助不同的色系、风格的窗帘、家具、灯饰、地毯、挂画、绿植等等元素体现出主人的个性品位，可以随时更换、更新的不同的元素。类似很多不具备先天长相优势的女孩，通过服装、饰物以及化妆等物品和手段的专注修饰，从而来提升自己的形象魅力指数。

目前，业内对于软装的定义是“空间中所有可移动的元素，统称之为软装。”但我的理解是家具、装饰画、花艺绿植、布艺织物、灯饰、其他装饰摆件等，都属于软装元素，而非软装本身。软装饰，是一门装饰艺术，是借助一切具有装饰性作用的、可移动的元素对空间与建筑的二次艺术创造。它是一种“活”的艺术创造形式与过程，具备丰富的创造性、随意的自由组合、鲜明的主题个性等特点，正如吃、穿、住、行之于人，软装饰俨然已经成为人们生活中不可或缺的一部分，它的诞生与发展，对建筑与生活具有革命性的意义。

3. 软装饰的构成元素

现代软装饰的构成元素主要分为：家具、饰品、灯饰、布艺织物、花艺及绿化造景。

家具，包括功能类家具、装饰类家具。如沙发、茶几、餐桌、椅、床、衣柜、书柜、酒柜、电视柜、玄关柜、花架等。家具不单能满足空间的功能性需求，也在很大程度上影响和决定空间的风格。

饰品，一般为摆件和挂件，包括工艺品摆件、实用家居摆件，壁饰、照片墙、装饰镜、装饰画、壁画等。饰品往往是空间的点睛之笔，一幅画一个摆件无不体现居者的品位及个性。

灯饰，包括吊灯、吸顶灯、落地灯、台灯、壁灯、射灯。灯饰不仅仅用于照明，同时还兼顾着渲染环境气氛和提升室内情调的作用。

布艺织物，包括窗帘、床品、地毯、桌布、桌旗、靠垫等。好的布艺设计不仅能提高室内的档次，使室内更趋于温暖，更能体现一个人的生活品味。

花艺及绿化造景，包括装饰花艺、鲜花、干花、花盆、艺术插花、绿化植物、盆景园艺、水景等，用以烘托出空间的活力和张力。

二、软装饰的风格

萧伯纳曾说过“你有一个思想，我有一个思想，我们在进行交换的时候，就会各自拥有两种思想。”相对于“硬装修”不可回溯的局限性，“软装饰”灵活多变的特性使得空间呈现出多种风格的表达。在软装饰设计行业，风格是必备的设计法则，也是无法逃脱的设计模式。它的作用是为统筹整个布局以及设计走向。其实风格的概念非常抽象化，它需要用具体的家具、灯具、配饰的组合来构成风格的完成。另一方面，风格是家装选材的线索，所有家饰必须围绕一个统一的家装风格。虽然可以在不同装饰风格中展现设计，但是在风格的大框架内必须予以协调。如今被普遍接受和运用的主要有以下几种：

简欧风格——就是我们经常所说的现代欧式，简单、抽象、明快是其明显特点。饰品要求造型简洁，色彩统一。

新古典主义风格——改良的古典主义风格。保留欧洲传统的历史痕迹与浑厚的文化底蕴，摒弃复杂的肌理和装饰，简化线条，精雕细琢。

现代简约风格——“Less is more”代表简约主义的核心思想。元素、色彩、照明、原材料简化到最少的程度，以少胜多、以简胜繁，以简洁和纯净来调节转换精神的空间。简洁和实用是现代简约风格的基本特点。

中式风格——利用后现代手法，把传统的结构形式重新设计组合以另一种民族特色的标志符号出现，具庄重、优雅的双重品质。使整个空间传统中透着现代，现代中揉着古典。以东方人“留白”美学观念控制节奏，显出大家风范。

地中海田园风格——代表一种特有居住环境造就的极休闲的生活方式，自然素材融入装饰细节之中，拱形的浪漫空间、不修边幅的线条、以蓝白为主的纯美的色彩方案，空间布局形式自由，颜色明亮、大胆、丰厚却又简单。

工业LOFT风格——整个空间的装饰风格，透着浓郁的工业气息，犹如旧厂房的艺术改造，简单、粗犷、随性，不拘一格，散发出别样的时尚感和舒适感。

三、软装饰的分类及布置原则

1. 软装饰的分类

“软装饰”是相对于建筑本身的硬结构空间提出来的，是建筑视觉空间的延伸和发展。“软装饰”是赋予室内空间生机与精神价值的重要元素；它对现代空间起到了烘托气氛、创造环境意境、丰富空间层次、强化环境风格、调节环境色彩等作用，它在现代建筑与生活中发挥了不可忽视的作用。根据空间功能属性的不同，软装饰主要分为：商业软装和家居软装两类。

商业软装：顾名思义就是针对商业空间——如酒店、卖场、会所、餐厅、酒吧等等所进行的软装饰。一般要求是通过各种软装饰元素和手法，来渲染、烘托商业空间的氛围，凸显或提升商品的价值，增加用户的消费体验，刺激消费者的购买欲望，从销售产品本身上升到了文化、品位、生活方式的引导消费，以此带动了消费群体消费习惯的根本改变——以消费文化和生活方式带动整体消费，从而达到带动和促进销售的作用。

家居软装：主要针对家庭住宅，是指通过针对性的艺术运用和表达手法，将多种装饰元素加以融合与创作，打造出个性独特的人居空间，完善和美化人们的居住环境，营造舒适的生活氛围所进行的软装饰。

2. 布置原则

软装饰的出现代表着时代的发展，人们的生活水平提高，但由于其陈设布置受空间面积、建筑装饰程度，空间属性（商用、民用）等等诸多因素的限制，因此应从实际状况出发，灵活安排，做到布置实用、美观、完整、统一，切不可随意，否则会适得其反。

因此，软装饰应注意以下几点要求：

（1）满足功能要求，力求舒适实用。室内陈设布置的根本目的，是为了满足空间的功能需要。这种功能需要体现在居住和休息、商业与办公、会客与娱乐诸多方面，创造出一个实用、舒适的空间环境是软装布置的第一原则。因此，室内布置，应求得合理性与适用性。

（2）彰显空间的个性特点。根据空间的功能属性不同以及对空间主体的偏好各异，优秀的软装饰布置还应该通过对不同材质、款式和色彩的搭配运用，彰显出空间的独特个性。比如：外向型氛围的空间可选用欢快的暖色系，或在保持色彩协调统一的基础上，运用多种色彩搭配出空间欢快活跃、动中有静的层次感。内向型氛围的空间，则建议使用简单、偏冷色系的色调，烘托出空间安静、利于思考的氛围。

（3）布局完整统一，基调协调一致。结合空间的客观条件和主体的主观因素（性格、爱好、志趣、职业、习性等），自然而合理化地对室内装饰、器物陈设、色调搭配、装饰手法等做出选择。尽管空间的软装千变万化，但每个居室的布局基调必须相一致。

（4）善于运用“呼应色”与“对比色”。明显反映室内陈设基调的是色调。对室内陈设的一切器物的色彩都要在色彩协调统一的原则下进行选择。装饰元素的运用要与室内装饰色彩协调一致，用同色系进行“呼应”。色彩美是在统一中求变化，又在变化中求统一的和谐。“呼应色”让空间色调和谐、舒适，“对比色”表达空间个性，增加层次感，增强艺术效果。

（5）器物疏密有致，装饰效果适当。家作为软装饰的主体，它所占的空间与人的活动空间要配置得合理、恰当，使所有的陈设，在平面布局上格局均衡、疏密相间，在立面布置上有对比，有照应，切忌堆积，不分层次、空间。装饰是为了满足人们的精神享受和审美要求，在现有的物质条件下，要有一定的装饰性，达到适当的装饰效果。装饰效果应以朴素、大方、舒适、美观为宜，不必追求辉煌与豪华。

四、软装饰行业的市场现状和发展前景

软装饰行业于20世纪在中国兴起，在一线城市非常流行，而在中西部地区，还处于起步阶段。近年来，随着装饰艺术在高档人居空间的广泛运用与普及，如何通过艺术手法，利用各类装饰元素来提升空间的整体舒适度和艺术美感，成为人们越来越关注的问题；也正是在这种大市场环境的驱动下，软装饰，成为了当下炙手可热的朝阳性行业。

1. 市场现状

尽管近年来软装饰受到国际市场的普遍接受，且在国内得到了迅猛的发展，但是纵观国内软装饰行业，仍然存在着以下几个特点：

（1）软装市场还未成熟，呼唤软装设计人才

尽管近年来涌现出一批专业的软装设计机构和相关的软装院校，但是目前国内只有少数工装或高端家装公司设有专门软装饰部门。事实上，国内真正能做整体软装的公司并没有几家。“半路出家”的软装设计师更是司空见惯。这是由于软装所涉及的产品系列是非常庞大的一个系统，包括窗帘、家具、灯饰、画品、饰品等一切覆盖在室内生活环境最表层的，且对装修风格起着决定性作用的所有产品。而真正能胜任整体软装的服务，除了齐全的产品选择外，还要有专业的软装设计师完成设计方案，而真正做一个好的软装设计师，除了对西方建筑艺术史有一定深度的理解外，还得了解国内外的市场，了解所涉及产品的材质、工艺、风格和性价比等因素，更要热爱生活，对生活方式有所追求和研究，还有最最重要的是对消费者的人生成就和追求有认同感和共鸣，让消费者认可你的设计思想和作品，因为软装不只是让大家看起来更美，更是为了帮助消费者实现一种与众不同的生活方式。

因此在中国，软装行业还处于高速孕育和发展的阶段，专业的软装饰设计人才仍旧非常缺乏，存在巨大的市场空缺。

（2）软装行业亟待进一步规范

面对越来越明朗的软装市场，软装行业不规范、无统一标准、软装设计人才参次不齐等各种问题越发凸显。

（3）专业软装离普通消费群体还有一定距离

普通住宅消费者仍旧停留在由室内设计师带领选购软装饰配饰的现状，或者是随意进行选购的阶段。很少能真正接触到专业的软装饰设计，也没有形成完整、系统的软装意识。软装的供应链主要还以设计师、经销商和家居厂商为主。

2. 发展前景

虽然，软装配饰行业正处于发展的初期，但在物质与精神高速发展的年代，精神生活的享受越发地讲究，消费者已经对空间环境的美化越加重视，也使得消费者对软装配饰关注度越来越多。生活体验式营销、整体家居模式的推崇，让软装配饰从一个跑龙套的角色变成了举足轻重的配角，甚至可以谈得上是二号主角。这也证明软装饰设计的魅力和目前的需求。

（1）未来几年，软装行业将出现井喷式的迅猛发展

软装配饰随着人们生活水平的不断提高而快速发展。目前软装市场才刚刚起步，其巨大的发展潜力已经吸引众多商家纷纷试水。再加之各类院校以及培训机构对于专业软装人才的培养和输送，在未来的几年，这个行业将高速发展，并且成为有无限潜在机会的行业。不管是专业从业人员及机构的数量上还是技术水平上，都会得到井喷式的迅猛发展和提升，软装在装饰行业市场上会占有更重要的位置。

（2）综合型、一站式软装卖场涌现

随着国民软装意识的觉醒，“轻装修，重装饰”的理念已经被人们普遍接受，装修理念改变和文化品位的提高可促使软装饰设计成为装饰行业的主流。与此同时，

精装房的普及，必将扩大软装饰市场，综合型、一站式的软装卖场将会在这样的环境下应运而生。事实上，在沿海一带以及一些经济相对发达地区，这类卖场已然存在。比如深圳的艺展中心、广州的万菱广场、宁波国际贸易展示中心、安徽百盛软装家居城、石家庄大方国际软装生活广场……除此之外，传统的家居建材卖场也开始纷纷开辟专门的软装饰品专卖区，如红星美凯龙等。一站式软装综合卖场的出现，不仅可以为客户提供饰品采购便利，与此同时还将建立完善的配套的服务体系，通过客户服务、校企合作、团队培训，实现商品、市场、商户、消费者之间的完美对接，为客户打造个性、理想的家居软装空间。

（3）向创新、定制型方向转变

相对于现阶段由设计师引导性采购的不同，未来不久，软装将真正走进人们的生活，成为家装过程的重要一环。以空间的整体营造角度出发，根据建筑空间本身的固有特点，制定出针对性的软装解决方案。类似于近年来定制家具的诞生，盲目、分散式的软装饰品采购也将逐步向定制型转变。

（4）“软装”和“硬装”将实现有机融合

“轻装修，重装饰”的观念，虽然在很大程度上推动了软装行业的发展，但是也误导了大家对于装饰的整体认识。由于两者在施工上有前后之分，因而绝大部分的人会单纯的认为“硬装”和“软装”是两个独立的工种。其实不然，事实上现代意义上的“硬装饰”已经不能和“软装饰”割裂开来，因为两者都是为了丰富概念化的空间而存在的，是相互连贯的。所以，在未来，“软装”的设计应该是同步于“硬装”一起，走在前端的，只是其施工落后于“硬装”而已。

（5）跨界联合将成为未来软装行业发展的主流

目前，在泛家居行业，不是饰品经销商，而想在饰品行业找品牌代理销售的经销商数量远远大于现有的饰品经销商当中想增加品类、更换品牌或改行经营的数量。不少家居饰品生产企业都已开始与家具生产企业结成了饰品供货关系，将不少家具生产企业发展成为了自己的经销商。

对于单纯的软装设计公司而言，要完成赋予空间更多的文化内涵和品位的艺术创作过程，就无法缺少对各类装饰材料的整合。因此为了更好的开展业务，也将迫使他们更多的与各类装饰材料生产企业进行跨界的资源整合。

综上，从多个方面看来，泛家居行业的跨界联合，必将成为未来软装行业发展的主流。

第五章　艺术瓷砖开发与市场前景

瓷砖因其低维护、耐用、易清洗的特点一直以来成为装修材料的热门选择。然而，近年来瓷砖固有的作为耐用实用设计材料的形象已经被打破。用瓷砖装饰的平面可以成为艺术品，甚至瓷砖本身也可以被看成是艺术品。

艺术瓷砖就是运用当代最新的印刷技术，加上特殊的制作工艺，可以把任意所喜爱的艺术品印制到我们日常所见的不同材质的普普通通瓷砖上，让每一片常规的瓷砖成为一件件艺术品。艺术瓷砖的艺术图案可以来源于名家油画、国画、书法、摄影作品或者任意创作的艺术图案，把此类图案制作到瓷砖上都可以称为真正意义上的艺术瓷砖。

艺术瓷砖包括马赛克、手工砖、数码砖、镀金砖等。其中，马赛克的比重目前来讲是最大的，马赛克的历史也是最悠久的，而手工砖、数码砖等是近年才兴起的。艺术瓷砖代表着个性、品位，走高端路线，还没有大面积地兴盛起来。

一、艺术瓷砖开发要点

1. 设计选用原则

首先，单一的一块瓷砖就是一个单独的艺术品，它既展示了自己独特的外表又突出了瓷砖本身的特性。例如，蓝白底手绘帆船的代夫特瓷砖让人回忆起 16 世纪荷兰人的生活。而被蚀刻的石灰华瓷砖展示出了一种强烈的古典氛围。第二，瓷砖可按一定次序安装。瓷砖的这种特性使你能充分玩转各种排列模式。例如，法式乡村风格采用六边形瓷砖铺面，或者选用两种对比色设计成棋盘格风格。第三，不管将瓷砖的使用范围从墙面延伸到天花板或者地板，瓷砖还可以被用来区分不同的功能区。第四，瓷砖的耐用性确保它们可以长时间不脱落。综上所述，挑选瓷砖不仅仅要考虑到它们的材质是否合适，还要考虑你是否喜欢这种瓷砖的颜色、抛光或者釉面。

瓷砖的使用应考虑以下几点：第一，瓷砖可以使不同的功能区或者某个区域内形成视觉上的流畅或统一。第二，通过玩转周围的装饰，瓷砖可以被用作前卫装饰元素。瓷砖还可以被用来强调房子里的某个部分，例如楼梯井。或者，让瓷砖成为主角来设计整个房间甚至整栋房子。

2. 延续性

瓷砖，因其令人称赞的美学和实用性，适合于几乎所有的居住条件。事实上，某些瓷砖具有多重适用性。因此，无论你想使房间风格统一或者希望不同功能区之间不会产生视觉突兀，瓷砖都是很好的选择。瓷砖可以使你的卧室和浴室成为一个套间，或者让厨房和紧邻的饭厅风格统一。相似的瓷砖能使两个功能区在美学上相互匹配。

瓷砖也特别适合用来设计开敞式平面。当不同房间之间色彩转变太突兀时，这些区域在视觉上会产生割裂的感觉。因此，应该选择相似或相近的瓷砖作为墙砖和地砖才能使相邻区域紧密结合风格统一。这就好比选择同色的衬衫和裙子，相似的瓷砖能使不同功能区联系紧密并且使整体风格更具有个人特色。

瓷砖也可以和其他材料搭配使用。如果你不想将黑色调的地砖重复使用在厨房的地面上，你可以选择木纹砖来代替。木纹砖和地砖的大小也应该相互对应。此外，瓷砖和皮纹砖以及天然石都可以搭配使用来装饰相邻的房间。如果你的主卧地砖选择了昂贵的皮纹砖，并且希望主卫的风格与之相一致，但皮纹砖不适用于卫生间等相对潮湿的地方，在这种情况下你可以选择与皮纹砖颜色相似的瓷砖作为代替。

地面和墙体是最容易吸引人们目光的地方，而它们也决定着房子的整体风格。将瓷砖护壁板、护墙板或踢脚线反复应用在不同的房间中从而增强风格的延续性。甚至，你也可以将同一种瓷砖用在后挡板和旁边的壁炉地面上从而使它们风格统一。

瓷砖的延续性不仅体现在延续不同房间的风格上，在一个空间中，尤其是较小的空间，这种特性在视觉上可以有效地起到放大空间的作用。虽然用不同的材料装饰墙体和地面会减少视觉疲劳，看上去好像放大了整个空间，但使用统一的墙砖和地砖是更好地选择。这种方法虽然只选择一种瓷砖，但通过不同的铺设模式也会使这个房间给人变幻的感觉。

3. 格调

瓷砖能够很好地规划不同的空间并能使它们的风格相互呼应。然而因为市面上的瓷砖色彩缤纷，主题各异，材质也不同，所以人们往往想充分地挖掘瓷砖的潜力，通过瓷砖的装饰使房子的风格更加充满活力。当你想为你的房子定下某种格调时，只需选择一类瓷砖即可。你既可以从一种瓷砖中选择，也可以挑选几种不同风格的来搭配。很多才华横溢的工匠们手工设计的创意壁画仅仅由三、四种瓷砖组成，而有些则由多达 120 多种瓷砖组合而成。虽然壁画往往被嵌在墙上作为背景搭配，但有时壁画本身也可以被用来作为装饰品，又或者壁画可以被装饰在墙面正中作为艺术品。

除了突出壁炉或喷泉等元素来凸显整个房子的特色，可以利用瓷砖来设计创意元素。例如在地面上嵌入一列瓷砖，让它们像地毯一样铺在地上；在一个很大的空间内用瓷砖切割出一个小空间，就好像一个房中房。此外其他创意设计还有用瓷砖从上到下铺满一整面墙来设计一面格调墙。格调墙的选择可以是客厅中最大的一面墙，例如沙发后面的背景墙；或者选择两个门廊之间的墙面。格调墙的存在可以有效减少其他装饰物的视觉干扰，并产生良好的视觉观感。由于墙面不应该遭受很多的重压或者剐蹭，因此几乎各种材质的瓷砖都适用于墙面设计。这些适用材质包括：瓷、玻璃、金属、甚至是椰壳、皮革和贝壳。

马赛克砖也可以算作是最适合设计格调墙的瓷砖之一。这种小块瓷砖可以很轻松地被设计排列成各种图案。这种创意设计虽然耗时，但与众不同而且充满了艺术气息。

富有创新精神的制造商们使这种马赛克砖订制墙面的安装变得更加容易。出厂的砖按照一定花样有序的排列在模板上，避免了工匠在施工过程中手工一片一片进行铺设。一些生产商还允许顾客自己设计马赛克花样：顾客只需要上传一张花样图，然后生产商会用玻璃或瓷砖将图案砖生产出来。

选择任何格调是为了创造某种效果。设计者不应该在这方面打安全牌而是应该充分发挥想象力和创意，例如，选择有趣的贝壳砖或者皮纹砖。然而，创意的发挥并非没有限制，选择强烈的、有攻击性的色彩也是不明智的。

4. 设计的主角

瓷砖不仅能起到装饰作用，还可以奠定整个装修格调。如果你喜欢色彩鲜艳、形状独特、气氛温馨等室内氛围，那么选择瓷砖搭配整个房间或者套间就是很好的选择。主卧室的卫生间可以选择马赛克瓷砖，而花园的设计可以搭配手绘瓷砖，或者采用几何风格的瓷砖装饰整个底层地面并延伸到客厅。回溯历史，土耳其人就很擅长用瓷砖或瓷板将室内装饰得五彩缤纷，甚至教堂也采用色彩丰富的瓷砖装点。楼梯、更衣间、主要生活区，瓷砖的身影无处不在。多彩的瓷砖装饰着室内的墙壁、天花板以及地面，甚至是浴室和蒸汽室内也充斥着瓷砖的身影。

然而，大量使用彩色瓷砖会带来紧凑的视觉效果。为了避免出现这种情况，设计师可以穿插使用不同材质或风格的瓷砖。例如，将不同功能区的墙砖或地砖颜色统一，只在中心区设计风格突出的大型瓷砖彩绘，避免让人出现眼花缭乱的感觉，提升整个房子的格调。

当设计大型瓷砖作品时，从材质、颜色、形状和图案等方面，选择能够互相搭配的瓷砖进行排列组合。例如，在设计带有乡村风格的别墅时，选用朴实的棕色或者黄色瓷砖就是很合适的组合。在设计法式大屋时，马赛克砖就很常见。而对于狂野风格的西班牙风格来说，色彩绚丽的彩砖更加能突出房子的格调。

例如，设计师在设计海边别墅时，瓷砖能很好地搭配海景和天空。瓷砖的形状多选择圆形或者钻石型来搭配主卧。卫生间设计成蛋壳的造型但地板则并不适用瓷砖，而是保留原本的水泥地板。其他功能区的设计也不能太突出避免使中心区的风格不够明显。

5. 色彩

瓷砖的颜色五彩斑斓，既有最绚丽的彩虹色，也有最平常的黑白灰色。大部分瓷砖通常是表面和底面同色，但也有一些变色瓷砖。影响瓷砖色彩的因素有很多，其中瓷砖的材质也是一个决定性因素。因为工艺方面的原因，有些颜色并不适用于某种瓷砖。

在选择瓷砖的颜色时，尽量遵循两个原则。一是你选择的瓷砖需要搭配房子里的设施。这种情况下，你选择的颜色要尽量和这些设施的色调能够搭配。在挑选瓷砖时，你可以将房间里已经有的颜色色板带到瓷砖展示厅，从而帮助你进行挑选。此外，瓷砖展品的颜色和实际的砖色可能会有差别。所以在进行大规模拼贴前，一定要检查实际的颜色，避免出现差错。

大体上来讲，暗色调可以使房间看起来变小，而亮色调则起相反的作用。蓝色和绿色调使房子的格调更加宁静，而红黄两色风格更加热烈。白色系，奶油色和大地色属于自然色调，它们基本上非常百搭。色调相反的瓷砖能营造出强烈的视觉效果而相近的色调则给人舒适的感觉。不同色彩也可以混在一起使用可以在视觉上起到放大的作用。

瓷砖的色彩并不局限在明亮的颜色。深棕色和黑色虽然听起来很极端，但它们可以营造出很神秘或古典的氛围，关键看如何使用。当然白色也是常见的选择。如果使用恰当，效果并不比混用多种颜色的砖效果差。使用砖的技巧在于，砖的材质不能局限在陶瓷，也可以是玻璃或者大理石的白色砖。

6. 花样和形状

现如今，瓷砖市场上，瓷砖花样鳞次栉比。各种主题包括超现实主义、玫瑰月季等花卉、希腊风、动物风等等不同的主题。不管你喜欢任何主题，现在市场上的产品基本都可以满足。

生产不同主题砖的工艺各有不同，有印刷、手绘、上釉、模具或者手工装饰。或者你也可以选择不同大小形状的瓷砖进行拼贴从而设计出你喜欢的花样。例如，三角形瓷砖和一排小马赛克砖的混搭，以及两行黑白纯色瓷砖排列成棋盘格都是很好的创意。从马赛克艺术来讲，每个瓷砖都是一个单元格，他们的排列组合方法有千万种。

瓷砖上的图案也可以作为整个房子的主旋律，它可以从一个房间延伸到另一个房间。从视觉效果来说，图案的延展会产生令人愉悦的效果。不同系列的瓷砖套装使得人们再选择和装饰上减少了很多困扰。生产商已经提供了很多模板供顾客选择，这些模板的主题从几何学到常见的风景等等。根据不同的主题，你可以进行再创造。不同的主题砖的形状大小也各异，对初用瓷砖的人来讲，选择常见形状和大小更加妥帖，而异形砖包括超大或超小或不规则的瓷砖的使用对顾客来讲更加有风险。

很多顾客担心大量使用瓷砖会使空间显得更加狭窄，这个说法是不正确的。影响空间的视觉效果的原因有很多，包括瓷砖使用面积的比例、空间本身的特点、选择的瓷砖以及瓷砖的排列方式等。事实上，使用瓷砖进行装饰的确会使空间产生视觉误差。为了避免出现问题，尽量选择相近主题、相似颜色、相近形状大小的瓷砖进行组合，才能够使装修风格更加统一互补。

7. 材质

现在很多瓷砖的表面非常光滑易于清洁，很多人在选择装修材料时都会被这一特性所吸引进而选择瓷砖。然而，不同材质的瓷砖也会带来不同风格的装修效果，石灰石砖带给人一种适宜居住的感觉，带有几何纹理的釉面砖则更加大胆时尚，有些材质的砖则带给人更加具有攻击性的感觉，这些材质包括皮革和软木等。

广义上来讲，瓷砖的材质包括凸面和凹面的、折叠型和压缩型、波纹型和锥形。从制作上来讲，陶瓷质的和玻璃质的砖最适合作为模子。因此，在各种材质的瓷砖中，它们的数量相对庞大。而玻璃砖能更好的从各个角度反射光，就像钻戒一样，从而使表面亮度增强。因此这类瓷砖更适用于壁炉和窗户周围或者用在浴室。玻璃砖的放置离光源越近，它的装饰效果越突出。随着制作工艺的提高，瓷砖的材质也更加广泛。皮革、布料、木头甚至壁纸都可以成为替代陶瓷和玻璃的选择。

二、艺术瓷砖市场发展现状

目前国内的艺术瓷砖主要是针对中高端市场，因为这一部分人群开始对瓷砖有了更高的要求，除了功能性他们还要求有装饰作用。而国内大部分的普通消费者还只是满足于瓷砖的使用性。但是，随着人们生活水平的提高和审美意识的加强，国内接受艺术瓷砖的人已经越来越多了。

据统计，过去有70%左右的马赛克出口国外。国外的人很早便将艺术瓷砖用于家庭，并且常常自己DIY艺术瓷砖，马赛克可以用来装饰餐台、沙发、桌椅等，运用范围极其广泛。

近年来，国内对艺术瓷砖接受程度越来越高，艺术瓷砖逐渐走入了中高端消费群体的家庭。以前做艺术瓷砖的企业只有二三十家，但是现在飙升到了一百多家，艺术瓷砖是今后的一个发展趋势。

现在，艺术瓷砖逐渐兴起，走入人们的视线，成为瓷砖界的新兴力量。艺术瓷砖要真正走进千家万户，还需要一个好的平台去大力推广。

2014年中国（佛山）陶瓷及卫浴博览交易会（简称“陶博会”）上涌现出了许多艺术瓷砖领域的优秀企业与品牌，而艺术瓷砖的整体装饰效果也得到了众多国内外众多业主的青睐。

特别是，瓷海国际•佛山陶瓷交易中心举办的2014年中国艺术瓷砖节，作为陶瓷行业一大盛会，汇集众多知名品牌商家外，还吸引了数以万计的海内外客商、设计师、专业买家等观展。瓷海国际的艺术瓷砖节很好地将厂家、设计师、消费者、经销商等连接在一起，成为他们沟通的一个桥梁。借助于设计师、经销商这些跟终端客户接触的团体力量，将艺术瓷砖推广开来。

瓷海国际在三年多的经营期间不断提升产业平台，以艺术特色为发展道路，除成功打造了“中国艺术瓷砖节”外还延伸出“艺术瓷砖精品街”及“马赛克博览中心”，形成了“一节一街一商城”的三大特色规划。这些实实在在的项目将助力于本土品牌的孵化，服务于艺术瓷砖品牌成长，见证中国陶瓷行业的最新发展，瓷海国际成为中国艺术瓷砖的新天地。

三、艺术瓷砖市场存在的问题

艺术瓷砖已经被越来越多的人所接受，但是它存在的问题也日益凸显，现在国内的艺术瓷砖，如马赛克模仿还是比较严重，但也有一些自主创新的品牌。从研发的角度来讲，艺术瓷砖现在正处于一个关键的转型期，从单一的模仿到创新的模仿，最后到全面自主创新。现在很多企业不能做到完全创新，基本上是模仿创新。

业内人士指出：现在马赛克存在两大问题：一是模仿严重，二是设计问题。国内的马赛克技术已经日臻成熟，花色、品种都比较齐全，但是广大用户还不知道如何应用。如今马赛克展厅里展示的马赛克设计多是颜色艳丽、图案偏大，不适合全家庭装修使用，其次是在家庭设计上，颜色搭配和应用地方没有用得很恰到好处。

中国的艺术瓷砖还存在一个严重的问题，就是没有自己成熟的品牌，大大降低了国际竞争力。

四、艺术瓷砖发展方向

目前，艺术瓷砖里除了马赛克的定位明确，手工砖、数码砖、镀金砖的定位还不清晰。

艺术瓷砖必须有非常精准的市场定位，要找准符合当地文化的产品，找准对文化有要求的用户，必须要走差异化路线，必须要建立自己独特的品牌基因。随着国人生活水平的提高，国人对生活品质的要求也在不断提升，艺术瓷砖将会迎来春天。

在设备方面，艺术瓷砖应用的 UV 喷墨机打印机与陶瓷喷墨打印机不同，需要“慢工出细活”，而国内高水平的 UV 喷墨机打印机生产商并不多，生产企业多选用欧洲进口设备。

保证产品的稳定性和色彩的牢固，是艺术瓷砖生产商对设备商的一致要求，而国内 UV 喷墨设备生产商要与国外竞争，也同样要从这些方面努力。

五、艺术瓷砖主要品牌概览

1. 赛德：高端艺术建材领跑者

赛德装饰材料有限公司成立于 2002 年，专业从事高端艺术建材产品研发、生产与销售。“赛德”一词来自英语“ SEED”，意为种子。赛德人正如种子般富有生命力、学习力，奋发向上，坚韧不拔。

赛德公司拥有两大艺术建材生产基地，分别位于广东佛山与江西景德镇，主要生产手工艺术镶嵌产品与手工艺术陶瓷产品，并不断向其他品类延伸。

赛德公司在产品的研发与生产上坚持与国际市场接轨，锐意进取，力求为客户提供最优秀的产品和最贴心的服务。赛德人对产品的每一道工序，每一个细节，每一处纹理、材质、图案都经过反复推敲、修改直至完美。为满足顾客的需求，坚持不懈地提高和改善产品质量以及企业综合管理水平。

赛德是同类艺术建材行业中规模最大、开发能力最强、管理最完善的品牌，在行业内率先通过了 ISO9001 国际认证、REACH 认证，以及美国 TheHomeDepot、洛华梅兰等国外高端建材商品质审核要求，同时获得国内 200 多家建材经销商的追捧。公司获得“2015 年中国建筑装饰行业设计领域推荐品牌”、“广州国际设计周推荐品牌”、“中国建筑施工绿色、环保建材”、“中国马赛克金魔方奖”、“中国陶瓷工业协会马赛克专业委员会副会长单位”、“最具艺术价值产品”等荣誉。

作为艺术建材“Art Deco 风格”的首倡者和实践者，赛德公司继 2009 年创造性地提出了“整体艺术建材解决方案”后，2012 年赛德公司又站在行业的制高点前瞻性的提出“质感•奢华•品位”的全新产品理念，2014 年“赛德手工艺术陶瓷星级服务标准”建立并将此系统推向终端，旨为客户创造一种愉悦、尊贵、专属的订制服务，以实际行动演绎着艺术建材的高品位价值。

赛德通过高端私人订制的个性化表达，打造 ART SEEDIST 人文主义，诠释一份关爱生活之美、自然之美、人文之美的真挚情怀，传承以人为本的人文关怀与自由信仰的至高境界。

2. 1695：窑变质感砖第一品牌

质感砖涵盖了仿古砖、手工砖、背景墙砖等，属于个性化品牌定位产品。与抛光砖产品、全抛釉下彩产品、微晶石产品、K 金抛釉砖产品及抛晶砖产品的最大区别在于产品本身良好的艺术气息及不可复制性等特征。

窑变砖是质感砖中最为独特的品类。所谓“窑变”，是指窑变砖产品在烧制过程中，由于釉料组成成分的特异性、烧成方式的特异性、窑内温度变化的特异性而导致的产品表面釉色发生的不确定性自然变化。

色彩、形状、纹理及其所蕴含的意境，是质感砖独有的抽象、混沌、看似无序却深度隐喻的审美特征。在最终的装饰效果上，质感砖追求色块与线条的强烈对比，其宽缝的铺贴方式暗合了豪放、霸气的世界观与终极人生取向。

1695 窑变质感砖的前身是始创于 1987 年的一家专业陶瓷产品研发机构，该机构是国内最早涉足仿古砖产品开发和釉料研发的机构之一，为国内许多陶瓷企业提供过仿古砖产品研发整体解决方案。

凭借一项国际独有的研发专利，1695 推出了全球独一无二的“质感砖”新品类，开创了瓷片、抛光砖、仿古砖、微晶石之后的真正的跨界瓷砖产品，以“建筑物皮肤”的概念，全面拓展了瓷砖在室内外装饰中的应用范围。

1695 秉承“分享，创造未来”的核心价值理念，专注产品质量并强调艺术感染力与实用性的结合。

1695 质感砖，时尚感与历史感共存，产品科技含量和制作工艺并重，致力于成为艺术性与实用性高度结合的高端品牌。

3. 色色瓷砖

色色瓷砖品牌定位：色色瓷砖定以个性，品质、中高价位介入市场，为追求文化、品位、时尚、个性、崇尚自然及休闲生活人群提供最佳服务。

色色艺术瓷砖风格定位：以色彩素材为主题，并渗入时尚个性元素组成现代简约的田园风格。

色色瓷砖品牌营销理念：陶瓷文化 + 色彩文化，集色彩空间文化大成；设计体验 + 设计消费，引领体验式设计消费。

色色瓷砖品牌特性：

色色瓷砖致力于成为设计师的创作乐园。

（1）色色瓷砖，温暖而富有简约气质，能带给人一种快乐体验。

（2）色色瓷砖相比其他品牌，更能带给消费者和设计师生动、鲜活、设计感强烈的消费体验。

（3）色色瓷砖应设计而生，用独特的色彩主题战略为设计师提供广阔的创新灵感。

色色瓷砖是佛山市色彩大师陶瓷有限公司与国内一流技术力量合理打造的最具完美品质的色彩瓷釉砖品牌。色色瓷砖重视“消费者导向”，以“色彩”为基础进行市场沟通，以“全方位的设计伙伴”为出发点，在各城市成立“色彩元素馆”并努力塑造最专业的陶瓷色彩瓷砖。色色瓷砖将不断努力，给广大消费者提供最优质的家居体验。

企业获得 2013 田园仿古砖十大品牌，2014 年十大创新企业，2014 年最受设计师喜爱产品等称号。

4. 贝纳通

贝纳通是佛山顺正建材有限公司旗下的原创设计师品牌，成立于 2011 年，是一个以原创设计著称的艺术瓷砖品牌，总部位于中国佛山。

立足国际化视野，贝纳通联手意大利知名陶瓷设计公司以领先国内 1 ~ 2 年的步伐推出新产品，使贝纳通的原创设计成为品牌最强竞争力。陶瓷家族四代传承的品质理念及台湾制造业精细管理的科学方法，保证每年生产出国际品质的瓷砖近 600 万平方米。国际顶尖的生产顾问团队使贝纳通无论工艺还是设备一直保持与国际同步，研发并生产出国际化的瓷砖精品。7mm 超薄砖是国际水平的环保先锋。此外工厂可以生产 300mm × 300mm、500mm × 500mm、600mm × 600mm、600mm × 900mm、500mm × 1000mm、600mm × 1200mm 等多规格；哑光面、防滑面、半抛面、全抛面、珊瑚面等多种表面效果；服务国内外广大用户、商装等多层次客户。所有产品符合国家标准 GB/T 4100—2006 及北美 TCNA 检验检测。

贝纳通近年在国内市场稳步快速发展，得到了国内外设计师及消费者群体的广泛认同，近年肩负着传承地毯砖品类开创者使命，打造尽可能完美的客户体验，营造设计师与消费者心灵最深处的消费体验。

贝纳通专注地毯砖品类开发，产品文化强调的是一种质朴自然的基调，设计灵感来自各种天然材质编织的地毯文化，同步国际流行趋势，挖掘具有浓郁地域风情的设计元素，融合不同装饰材质的天然神韵，形成具有独特审美价值的地毯瓷砖。

5. 晶尊

佛山晶尊陶瓷有限公司，是一家专业生产抛晶砖的陶瓷企业。产品通过了ISO9001：2000 国际质量管理体系认证，且符合国家《建筑材料放射性核素限量》（GB 6566—2001）的 A 类要求，属于绿色环保产品。

公司成套引进了行业先进的陶瓷生产设备，是行业内率先推出 3D 喷墨抛晶砖的企业之一。其主要技术指标如尺寸偏差、平整度、吸水率、强度、抗龟裂性、耐酸碱性、耐污性等均符合国家标准。

晶尊品牌抛晶砖产品花色丰富，规格齐全。包括有金丝原木系列、伊莎贝拉系列、星光大道系列、玛雅风情系列、金玉满堂系列、流金岁月系列、石全石美系列、居鲁士系列等；规格更是多样，有 2400mm × 2400mm、1800mm × 1800mm、1600mm × 1600mm、1200mm × 1800mm、1200mm × 1200mm、800mm × 800mm、800mm × 400mm、600mm × 600mm、600mm × 300mm、600mm × 200mm、300mm × 300mm、300mm × 150mm、200mm × 200mm 等多种。

晶尊产品研发理念：秉承“别墅豪宅，专享订制”的品牌理念，以生产消费者满意的高品质创意产品为宗旨，不断吸收国内外先进技术和工艺，进行技术创新，在产品设计上，充分把握国际装饰材料发展的脉搏与趋势，紧贴时尚，引领潮流，关注健康环保，充分展示出现代东方建筑文化的时代魅力，为广大消费者提供新奢华时代的建筑元素。

第六章　互联网时代家装行业发展趋势

自从北京时间2014年9月20日（美国时间9月19日上午）阿里巴巴在纽约证券交易所挂牌交易后（市值达2314.39亿美元，超越Facebook成为仅次于谷歌的第二大互联网公司），整个中国商业界，已上市或未上市企业，社会各阶层无不在谈论互联网、互联网思维、BAT等。李克强总理2015年3月15日，在记者招待会上回答新京报记者提问时表示，"站在'互联网+'的风口上顺势而为，会使中国经济飞起来"。的确，目前互联网市场成熟度，软硬件技术，用户互消费都已经达到较高的水平，各行各业将爆发互联网颠覆浪潮，同时也分享着互联网红利。"互联网+"就是"互联网+各个传统行业"，就是利用信息通信技术以及互联网平台，让互联网与传统行业进行深度融合，创造新的发展生态。

2014年，热钱迅速涌入家装行业，被视为尚未被"颠覆"的最后一个行业。家装行业也已在风口，因此也被行业内视为"家装电商元年"。而在2015年，必成为家装行业竞争最"惨烈"的一年，也是八仙过海各显神通"混战"的一年。热钱进入家装行业，会不会改变原有的市场格局？家装行业到底发展趋势如何？

一、市场环境

2014年中国电子商务市场交易规模12.3万亿元，增长21.3%，预计未来几年将保持平稳快速增长，成为推动我国网络经济乃至国民经济发展的重要力量。根据中国建筑装饰协会数据，2013年中国建材家居行业市场规模达到3.72万亿元，2014年仍将保持较快增长，市场规模超4万亿元。

受宏观经济环境稳定、购房需求持续增长、区域经济和城镇化发展影响，中国建材家居行业仍将保持平稳快速增长。

2014年中国家装电商交易规模达到1197亿元，比2013年增长50%左右，在建筑装饰行业（据中国建筑装饰协会预测全年市场规模为40709亿元）中占比约为2.9%，在住宅装饰装修市场中占比预计为8%左右，整体来看，家装线上成交占比相对较低，但随着各垂直类家装企业等对O2O模式探索力度的加大，消费者对家装等服务型电商网购习惯的逐渐培养，未来家装电商一定会获得快速发展。

二、中国家装电商模式

中国家装电商模式主要有C2C、B2C及O2O几种。

1. C2C 模式

C2C 模式是网络购物发展早期就存在且目前发展已经相对成熟的模式，C2C 模式下的产品销售体量大，涵盖产品品类齐全，能满足网购用户差异化及个性化的需求，未来仍将维持稳定增长，因此成为家装电商企业的一种重要的选择。代表企业有淘宝家居家装频道。

C2C 优势：产品销售体量大，涵盖产品品类齐全，能满足网购用户差异化及个性化的需求。

C2C 劣势：提供的产品偏标准化，服务有统一的规则和流程，无法做到精细化，无法满足用户售前体验及售后安装服务等要求。

2. B2C 模式

与 C2C 平台卖家相比，B2C 平台商家在整体实力、商品品质及服务水平等方面的优势凸显，在满足用户的高品质需求方面有一定的优势，大量家装的品牌商家也采用这种模式进行运营。代表企业如天猫家居建材频道、京东家居家装频道等。

B2C 优势：B2C 平台商家在整体实力、商品品质及服务水平等方面的优势凸显，在满足用户的高品质需求方面有一定的优势。

B2B 劣势：无法满足用户售前体验及售后安装服务等更深层次服务要求，销售产品偏向于标准化产品。

3. O2O 模式

O2O 模式将线下商务的机会与互联网进行了结合，利用线上进行引流，线下进行体验和消费。近年来随着团购市场的快速发展，O2O 模式也逐渐被消费者熟悉。目前众多企业对 O2O 模式还处在探索阶段，典型代表企业有苏宁易购、腾讯微信。此外，一些偏服务类的企业如赶集网、58 同城、淘宝的吃喝玩乐频道、腾讯的美食频道也都在进行尝试。目前大量家装企业也在纷纷探索这种模式，如尚品宅配新居网、酷漫居、美乐乐、齐家网、搜房网、绿装网等。

O2O 优势：这种线上 + 线下的 O2O 模式，在 B2C 及 C2C 模式的基础上增长了售前体验和售后服务环节。

O2O 劣势：模式目前还不成熟，需要投入一定的资源去做线下线上渠道的铺设及线上线下的整合对接等。

三、中国家装电商发展存在的问题

随着电子商务的深化和普及，利用互联网及移动互联网发展电子商务，已经成为各传统家装品牌商的战略选择，但是，目前，家装电商发展还处在初级阶段，行业还存在一些问题制约和影响整个家装电商行业的发展。首先，整个家装电商行业的商业模式还处在探索期，同时行业内提供的产品及服务还不够规范，需要不断优化和提升，此外，传统品牌商思维方式的转变、与熟悉家装建材行业且懂互联网的综合性人才短缺等问题也影响着家装电商行业的发展。目前，家装电商行业发展面临的主要问题有：

1. 商业模式处于探索期

基于品类繁多且存在大量非标准化产品、客单价高、重视体验、售后复杂等行业特殊性，家装电商起步晚、经验少，至今仍处在行业发展的早期，商业模式也处在初期的探索阶段。对于家装行业电子商务的探索，各家装企业都根据自己的资源、能力和理解出发去做电子商务，业内也提出过各种各样的模式，但似乎任何一种模式都没有取得完美的效果。目前行业内大家普遍认同的是O2O模式，但具体怎么做，线上线下怎样定位、如何整合、整个过程如何形成完整的O2O良性循环的一个闭环目前还是行业内普遍探索的问题。

2. 产品及服务还需优化

目前家装电商行业还处在行业规范的建立过程中，服务水准还有待提升。

（1）首先，从整个家装行业来看，目前传统的家装行业服务和产品也是处于一个相对不规范的状态，而作为处于起步阶段的家装电商更加处于一个探索期。（2）从产品及服务特点看，家庭装修是一个复杂且持续时间长的过程，整个过程包含设计、拆改、装修、售后等多项内容，其中任何一个环节的服务都直接影响最终的用户体验，各环节的优化及提升也是一个持续和长期的过程。

四、中国家装电商典型企业分析

1. 天猫家装频道：家装垂直市场，产品品类丰富

2003年5月淘宝网成立，一些个体卖家也开始在上面出售装修家居建材产品，2008年4月，天猫成立，越来越多的装修家居建材厂商入驻，开展网上交易。2010年11月，天猫宣布旗下新的垂直平台家装馆成立，天猫正式进军家装行业。2011年5月，天猫在北京推出了垂直家居体验馆“爱蜂巢”，试图通过线下体验，淘宝平台下单、送货到家的方式打通家居体验O2O难题，但收效有限。目前，天猫家装频道产品涵盖装修、建材、家居、家纺品类四大品类。

天猫家装频道发展机遇与挑战并存。一方面，天猫拥有大量具有购买意愿和购买习惯的用户，同时平台良好的销售管理流程及产品评价体系为产品销售提供有效支撑。但是家装产品只是天猫众多品类中的一种，天猫很难提供针对家装产品特点的特殊的购买流程，也很少有本地化运营，因而天猫家装频道多以适合全国性在线销售的标准化、小件产品销售为主。

2. 家装e站：一站式家装交易服务平台

家装e站成立于2010年，是提供标准化家装设计、主材及施工服务的一站式家装服务交易平台，2014年4月，金螳螂战略入股家装e站，双方合资成立金螳螂（苏州）电子商务有限公司。家装e站目前采用O2O发展模式，线上依托天猫的流量资

源，线下采用合作伙伴体系，由城市运营商提供产品体验和安装售后服务。截止到2014年11月19日，家装e站签约城市运营商已突破300家。

2014年家装e站“双十一”销售额达到1.03亿元，家装e站之所以能取得较好的销售成绩，主要是因为：

（1）产品和服务的标准化：家装e站将所有的家装过程规划为三个标准化的产品：施工包、设计包、主材包，从而实现了产品和服务的标准化。

（2）F2C模式：依托于金螳螂强大的主材供应链体系，对主材包进行重新整合，实现了主材产品F2C（factory to customer 从工厂到客户），减少中间环节成本，直接让利给消费者。

3. 齐家网：提供装修、建材、家居一站式服务的电商平台

齐家网成立于2005年3月，是提供一站式产品服务的装修、建材、家居领域电子商务平台。2008年齐家网先后在苏州、上海成立线下家居服务体验中心。2010年底，齐家网先后获得鼎晖和百度投资，2014年齐家网又获得了10亿人民币的D轮投资。2014年12月，齐家网投资4.1382亿入股海鸥卫浴，成为了海鸥卫浴的第二大股东。

2013年齐家网提出O2O“百城战略”，目前，齐家网在全国拥有49家城市分站，拥有800万注册会员和4万个供应商，汇聚全国知名设计师25万人，已为825万业主提供装修解决方案。业务范围包括装修设计、家装建材、家居等装修家居消费品及相关服务。

4. 酷漫居：专注于动漫儿童家具的电商平台

酷漫居成立于2008年12月，是国内专注于动漫儿童家居的电商网站，酷漫居将动漫创意设计与儿童家具家居产品结合起来，提供适合青少年儿童的居室整体解决方案。酷漫居采用线上线下同产品、同价格、同服务、同体验及同支付的O2O模式，目前，酷漫居已经在北京、上海等城市开设了100多家线下体验店，并同时入驻天猫、京东、唯品会等B2C平台。

酷漫居作为专注于儿童家具的电商企业，核心的优势在于：

（1）品牌优势：酷漫居拥有迪士尼、Hello Kitty、哆啦A梦、哈利·波特等著名动漫形象在中国的正式授权，强大的品牌背书能够解决消费者对产品的信任问题。

（2）高品质的产品和服务：在产品生产方面，选材及工艺要求严格，采用EO级环保板材进行生产，环保性能高于国家标准。此外，酷漫居还采用家电级的包装进行产品的配送、并提供三年保修等服务。

（3）精准的社区营销：目标群体定位于城市年轻女性，采用垂直母婴平台合作、品牌推动、移动端推广及口碑传播等多种方式获取精准用户群体。

5. 美乐乐：一站式家具综合采购平台

2008年，美乐乐家居网正式运营，成为中国首家进入家具电商行业的B2C网站。2011年，美乐乐开始实施由线上“美乐乐家居网”与线下“美乐乐体验馆”为基础的

“O2O 双平台”模式。随着公司的发展，美乐乐的业务由最初的成品家具销售，开始向装修、建材、家饰家纺、订制家具等领域拓展。目前美乐乐家居网产品涵盖家具、建材、家居家饰三大领域，在全国 200 多个城市拥有 340 多个线下体验馆。

美乐乐发展优势主要体现在以下两点：

（1）线上营销能力强：在网络营销方面，美乐乐投入了大量的资源，好的搜索引擎技术及充足的团队人员配备为美乐乐带来大量的线上流量。

（2）供应链把控，产品更具性价比：生产环节采用大批量订制生产、采购环节从海外直接采购产品如从美国进口原装床垫、流通环节优化仓储及物流布局等优化供应链的举措，在保证产品品质的同时，降低产品采购成本，给用户提供物美价廉的产品，从而可以吸引到更多流量。

6. 尚品宅配新居网：全屋订制家具电商平台

尚品宅配成立于 2004 年，最先在国内提出数码全屋订制家具概念，尚品宅配新居网提供免费上门量房、免费方案设计服务，并按照消费者的个性化需求提供量身订制的产品和服务，通过新居网的三维虚拟现实技术，消费者可以到店查看家具三维方案并体验家具实物效果，并可一站式采购全屋家具。新居网目前采用的是 C2B 与 O2O 模式相结合的发展方式，新居网在全国有 700 多个实体店面，解决客户的本地化服务体验问题。

新居网发展迅速主要基于以下几点：

（1）网络营销和口碑传播：一方面通过网络营销来获取用户流量，另一方面新居网 O2O 闭环通过线下极致的产品和服务来驱动线上，通过口碑传播来获取更多的用户。

（2）满足消费者个性化需求：全国超过 1 万名设计师，为有家具需求的消费者提供免费量试设计服务，根据消费者的户型特点、生活习惯及个人偏好提供全屋家具的设计方案，满足消费者的个性化需求。

（3）系统竞争力不断加强：将云设计、大数据及云计算等信息技术与前端的全屋解决方案设计、O2O 各环节服务协作协同及家具的订制生产结合起来，保证产品品质及整体的服务能力，从而促进流量转化率的提升及单客贡献价值的增加。

7. 绿装网：专注绿色家装产业 O2O 一站式整装服务

绿装网成立于 2015 年，经营模式：专注绿色家装产业，以绿装网为平台，为消费者提供绿装咨询、绿装检测、绿装产品、绿装设备、绿装施工、绿装软配、绿色生活方式等全方位服务。

绿装网搭建专业绿色家装产业服务平台，提供线上装修咨询、DIY 设计、装修图库搜索、产品、建材、设备售卖等；同时线下“绿色家装体验馆”，让客户通过实景与沉浸式 3D 效果结合体验，订制风格设计、选配软装产品、享受硬装施工服务等。

绿装网作为专注于绿色家装产业服务电商企业，核心的优势在于：

（1）专注绿色家装解决系统，解决居室空气、水质、隔热、隔声、供氧、绿化、智能等全屋净化模块。

（2）绿装网有强大的软件开发能力，与多家软件企业联合和自主开发多款软件："云工管 ERP"软件，解决家装全过程可视化管控，实现多方实时互动；质量节点管控、全过程数码录入，提高工程质量管理；"云设计真 3D"国内唯一一家沉浸式 3D 体验设计运用于家装，实现客户家装设计，所见即所得的"真 3D"虚拟现实效果体验；"云 BIM6D 系统"是与知名软件企业共同打造家装设计、施工、产品、售后的全生命周期信息模型的技术平台，实现家装绿色环保可控、工期可控、成本可控、工料数据精准等。

（3）在线互动设计技术能力，"云在线 DIY 家装"系统，让客户实现在线设计、全网比价、在线下单、在线支付的轻松家装，"一口价"一分钟快速方式报价。

（4）产品研发与供应链整合能力，通过产品设计和绿色功能的科学组合实现"魔块家装"，不同功能区的风格组合方案自由组合，产品标准化的同时满足客户的个性化需求，直供厂家到客户的"一站式 F2C"产品与服务。

五、互联网时代家装业的特点

1. 垂直类家装电商企业发展相对较为快速

（1）优质的体验和服务：从服务终端用户层面看，目前垂直类家装电商企业如齐家网、绿装网等均采用 O2O 的业务模式，该模式下，企业前期积累了一定的流量资源且获得了良好的用户口碑，且线下用户体验及服务环节也在不断进行创新和优化，如先后建立一系列以用户为中心的规则和保障制度。从整体上看，整个服务链条相对来说衔接更为顺畅和连贯，用户在家装产品消费过程中能够获得更好的体验和服务，企业在该模式下能够获得长期的良性发展。

（2）供应链整合：除此之外，为提升企业整体竞争力，垂直类家装电商企业不断优化产品供应链环节，如齐家网战略投资上游品牌商卫浴、绿装网投资国内环保材料企业和欧洲环保家居设备企业等，一方面可以保证产品质量，另一方面可以减少产品中间渠道成本，从而获得产品品质和价格竞争优势。

2. O2O 模式探索不断深化，线上线下衔接更顺畅

家装行业按照与客户接触的方式分为主攻线上、主攻线下和线上线下相结合三种，而现在，除了部分标准化产品可以在线上直接销售以外，线上线下相结合的方式已经成为行业中的主要发展方向。

（1）线上：信息不对称的问题逐渐解决，用户信任度不断提升

线上的信息将会更加得透明，一方面消除家装行业在产品信息方面的不对称，用户可以方便的浏览所有的产品信息，包括颜色、尺寸、规格、产品的优缺点、产品评价、用户使用心得等等，不仅节省大量与店员沟通的时间，而且可以便捷的进行对比，使得线下的体验更加高效和具有针对性。另一方面消除家装产品价格信息

的不对称，通过线上平台，用户可以方便的获得各种价格及促销信息，极大的减少价格信息的不对称，帮助消费者获得更多的实惠。高性价比的产品及好的服务体验使得用户对家装电商的信任度不断提升，从而促进家装电商的发展。

（2）线下：体验更流畅和方便

线下的体验将更加的流畅和方便，随着二维码、互动大屏、CRM 系统及物联网、实景影像体验等新兴技术对线下体验中心强有力的支撑，用户在线下体验时，就能实时查看产品评价、产品规格和交易信息、对比其他品牌、规格的产品，查看产品的促销信息等以及产品收藏、下单等功能，不仅更加方便快捷，还能节约商家的人力成本。

（3）线上线下融合：整个 O2O 流程更通顺

从前端的测量设计，到后端的安装配置，整个流程过程中通过线上线下的配合，实现 PC、移动端及线下三种渠道消费者的身份统一，通过将客户信息融合在一起，提供统一的会员中心服务，从而做到家装需求“私人订制化”。

通过线上线下的有效串联，线上家居装潢行业的效率和体验将会进一步提高，带动整个家居装潢产业链的革新。

3. 服务体系更为完善和健全，服务水平不断提升

家装行业由于汇聚了大量的中小装修公司，整个行业的服务标准尚不健全，各家服务水平参差不齐，根据中国消费者协会数据，2014 年上半年受理装修建材商品投诉 7201 件及理房屋装修服务投诉 1786 件，家装产品及服务仍然是消费者投诉的热点。而家装电商目前也处在发展初期，整体服务水平也在不断完善和提升，随着家装电商的发展，整体的服务将呈现出如下几种变化趋势：

（1）服务规范化：明确规定家装产品及服务包含的内容及相应的价格，并通过制定对整个流程的一系列规则如第三方监理、满意后付款、快速维权等方式对产品及服务过程进行监督，从而确保各环节质量，减少中间不透明环节，建立消费者对家装电商的信任机制。

（2）服务流程优化：随着家装电商的发展，各企业开始重点部署 O2O 战略，而 O2O 涉及线上线下，整体服务链条长，环节多，中间任何一个环节出现问题都可能导致交易的失败，为了提高流量的转化率，获得更多的销售，各家装电商企业也在逐渐优化整体的服务环节，从线上网站、线下体验店、测量设计、物流配送、安装服务及售后各环节对服务流程进行优化，从而保证整体服务的无缝对接及流畅性，使用户获得更好的购物体验。

（3）服务标准化：产品及服务的标准化也是未来发展的一个方向。通过产品的标准化，可以实现：一是消费者按需购买标准化的产品包，不用考虑再挑选风格、主材、辅料等问题，节省消费者时间和精力；二是可以达到材料的量化，让大批量采购成为可能，从而可以使家装电商企业以较低的价格购买到产品，从而提高产品性价比；三是在电商平台上控制价格和产品质量。

六、互联网时代家装业及家装电商的趋势分析

1. 去中间化成为必然

网络信息应用到互联网使得信息更加透明，更加对称。这将严重挤压中间层的利益空间，用户将得到更为实惠的产品和服务。

家装企业内部及外部的中间层将越来也少甚至消失。

家装行业是低关注度行业，家装也是低频次、严重信息不对称的消费行为，普通消费者对家装没概念，对材料、工艺、工期、费用很难通盘了解，通常情况会求助装修公司或设计师、工长等角色，中间往往存在层层加价或吃回扣之类的问题，而利益链条上的各家其实挣了不该挣的钱，也没有尽到责任。在互联网大时代背景下这种现象一定会被颠覆。例如：对内家装企业可通过信息技术和组织优化逐步的淘汰类似“项目经理”角色的中间层，让利于用户同时，更可以提高用户体验，所以说“解决成本是其次，解决服务才是核心”。

家装中的建材渠道的“去中间化”从工厂到消费者的 F2C 是必然。

电商的本质就是销售，就是去掉层层扒皮渠道消耗，家装电商的崛起让中间层的“经销”生意越来越难做。

当然要完全解决这一问题，就要解决“最后一公里”的服务问题，因为传统家装依赖渠道的设计，成交，物流，安装，补退货等环节，只有自己完全解决才能实现去中间化，核心问题是要算账“高成本如何通过量产去分解”

当然，在经销商和厂家眼里，家装企业也是“中间商”，所以到底谁革谁的命，还是打破行业格局建立“新家装生态圈”这一切还需要时间去验证。

2. 绿色家装是大趋势

柴静的“穹顶之下”让全民重新关注生存环境，然而室内环境的污染实际上比室外环境污染还要严重，因为“皮之不存毛将焉附”。多年前媒体就呼吁“中国家装环保问题比中国食品安全问题还要严重！”。近几年住宅装修出现的甲醛、苯、二甲苯、辐射等环保超标，造成流产、致癌、白血病等环保问题越来越多地刺激消费者的神经，谁都需要环保，舒适，健康宜居的家。

绿色和可持续发展是行业立足之本，首先从装修设计入手，设计不能再一味的追求奢华，堆砌起来的实际上都是“累积式的污染”。大环境已被严重污染，人们越来越追求小环境的环保健康，舒适宜居，追求人性化，回归自然。

3. 家装行业“必定标准定天下”

从行业发展方向看，装饰行业化采用预制标准化模块，提高装饰施工效率，减少对现场的环境污染，降低装饰施工成本。像搭积木一样造房子、像造汽车一样做标准化模块化装修，将是一种趋势。

施工的标准化将不是大问题。制定施工工艺，工法标准及管控流程，将更好的保证工程质量和进度。

装修设计能否标准化？用户的喜欢是个性化的，似乎标准化可能性较小，然而还是有操作性的。理论上，可以通过互联网大数据计算对不同层次主要潜在用户人群分析，设计出满足 80% 用户的偏好设计出相关的产品，并且进行标准化生产，20% 留给个性化需求，也可以理解为“轻装修，重装饰”。

另外精装修产业的下一步放量，也是需要标准化来驱动，欧美日等国家已经在“住宅精装修产业标准化”有了成功的可借鉴经验。

4. 住宅精装修产业必然标准化

“住宅精装修产业标准化”是指在设计建造房屋时，考虑到上下游配套的标准化统一，这包括：标准化设计，标准化材料，标准化施工，标准化产品。

发达国家在住宅产业标准化上已领先中国 20 年之久，在德国标准化厨房是单体柜体式，柜体规格都是整 1.5 米或整 1 米、2 米，因为在房屋设计建造时厨房的长度就进行了标准化，而中国的橱柜是“量体裁衣”造成了很多资源浪费；再举例：日本的门在工业化生产时就是标准的 2 米 ×0.75 米，同样在房屋建造时，就是标准化建造。

中国是能源消耗大国，国家一直倡导节约型社会，建筑装饰业应成为当下节能减排主流。通过标准化发展可节省材料生产企业生产成本，物流成本，工程施工成本，减少施工中材料损耗等等诸多好处。精装修领域不断的扩量，住宅环境要求的不断升级，装修更趋于理性化的消费，“低碳环保，节能减排”是当前人类最大共识问题，将涵盖所有社会单元及社会活动。由此产生“住宅精装修产业标准化”，它将由国家倡导，企业先行，工厂化家装企业与地产商联手，行业主管部门制定标准，最终通过立法全社会的广泛应用。

5. 高端设计私人订制依然是永恒

消费者追求个性，追求独特差异的按需订制是家装行业的一大特点。订制与标准化是对立统一的，大量个性化需求中隐含共同的一样的元素，可以标准化。标准化也可以对一类或一群人进行专属（带个性）标准化。客户要好的家装设计，好设计实际上难定标准，就像每个人喜欢的颜色各有差异一样，说白了再屌丝的客户也不希望到了你家就像到了我家，所以家装要满足客户个性化，绝对的个性化要付出相应的成本，每个消费者都懂。

在互联网风口中的家装行业，趋势一定是将以消费者为中心，采用 C2B、C2F 模式会更好地提高用户的满意度和口碑。

6. O2O 不可阻挡的趋势

O2O 也是一种大趋势，它是基于网络平台以及大数据整合下的集客和体验，它必然带来商业模式与经营模式以及盈利模式的变革。

经过近十来年的发展，家装线下业务发展成熟，所以未来家装行业线上是最大的看点，新 IT 技术将不断的应用到家装行业中，以提高用户体验。门户网站、APP 等工具将增加客户的线上互动体验，家装企业将更注重客户的口碑与消费体验，另外企业 ERP 信息化建设将优化业务流程，加强质量管控，成本管控，工程进度管控以提高效益和用户质量体验。基于 BIM 技术家装工程管理系统，360 度全景样板间、沉浸式 3D 虚拟等技术也将会在家装设计，营销过程，施工过程甚至维修过程中的得到很好的应用。

当然所有公司都要解决”最后一公里”的问题，未来 O2O 的大浪潮下，规范，标准，试错，倒闭风潮等等都会接踵而来。

7. 互联网家装的免费大餐会越来越多

想在风口飞起来的家装企业，几乎都打着免费的大旗，免费量房，免费设计，甚至零利润装修……客户将得到更为实惠的装修服务。

免费让利是容易实现的，但关键是免费后如何粘住用户，如何在增值服务挣钱，因为企业的使命是盈利。

羊毛出在猪身上，列举一下是可能的几种：

硬装、主料、软装、设备……反正某一项零利润，然后重新定义利润结构；

低端标准设计免费，高端订制设计收费；

优化组织结构去项目经理等中间层，中间利润再次分配；

以技术代替人力的低成本经营；

优化供应链渠道，渠道商将消失；

其他附加服务类，技术类，专利类收入；

掌握大数据，得到产业入口实现跨界销售；

互联网金融，赚现金流增值。

8. 智能家居将高速发展改善人居

建筑装饰行业的 2015 年将成为智能家居发力之年，这一细分领域也将成为企业新的利润增长点。亚厦股份收购万安智能、广田股份设立建筑装饰行业第一个文博会智能家居体验馆、绿装网研发“全屋净化智能模块”，海尔家居成为苹果公司智能家居合作系统平台唯一入围的国内企业，建筑装饰行业的智能家居风潮来势汹汹。

智能家居传递出的概念不应仅仅是家居，更多的应该是建筑。尽管智能家居对行业的影响并不十分明显，但切入智能家居领域仍是装饰企业的必然之举。住建部数据显示，中国现有建筑总面积 400 多亿平方米，每年新增建筑面积约 20 亿平方米，而智能建筑占新建建筑的比例，美国为 70%，日本为 60%，而中国尚不及三成（2012 年数据），行业未来发展空间巨大。

9. 专业化分工，专注差异化特点的重度垂直是发展王道

2015 年家装行业洗牌开始突出显现，让我们感受到了当年家电行业洗牌的气息。行业整合与洗牌，是未来 5 年不可回避的话题，每个行业每个市场细分的定位最多有 3 ~ 5 个品牌能生存下来，这个残酷的现实过去感觉很遥远，现在步伐在加快。能像小米样做到“专注口碑极致快”的专业能力强企业，能为客户提供更高性价比的产品、质量可靠工程、品质高设计，真正赢得客户信赖的企业，才能生存的更好活得更长久。

10. 传统家装转型互联网要完成架构设计和运营规则

转型就要懂得游戏规则，传统企业的架构与互联网企业完全不同，要懂得设计企业架构，系统功能开发扩展架构、平台总体系统建设规划架构、技术开发功能模块设计、平台服务商业构建模型落地模型、平台发展战略商业模型构建、后台技术系统框架设计、前台技术系统框架设计、平台开发身份认证框架设计、平台分布式均衡负载部署设计、客服中心 Calling-Center 构建、支付平台接口开发、平台系统开发涉及技术语言、购物车以及各类流程的设计、甚至平台系统开发过程说明文档等。

电商发展定位、运营模式、目标清晰之后，其经济及社会效益，最终要靠运营。网站运营的目的是提升网站服务于用户的效率，包括网站内容更新维护、网站流程优化、数据挖掘分析、用户研究管理、网站营销策划等，网站运营常用的指标：PV、IP、注册用户、在线用户、付费用户、在线时长、购买频次、ARPU 值等，传统家装转型互联网都要完成架构设计和运营规则。

另外，在融资和上下游的全产业链资源整合也是大趋势。2014 年下半年至今，中国家装行业从来没有过的热闹，热的好像欧洲人发现了美洲大陆，各路老牌资本主义列强，乘着大小战舰，杀入进来。万科、搜房、新浪、易居中国、海尔、金螳螂、洪涛、亚厦……资本带着动辄千万上亿的资金，还有各种扛着互联网思维大旗的经营模式 O2O、F2C、B2C、B2B……各种以客户为中心的经营思路“低价”“缩工期”、“产业工人”、“去中间化”……好像一夜之间行业中的传统家装企业已岌岌可危，每天微信圈里都在上演着“狼来了”的故事。总之各路资本都在做着同一个梦，大家居产业每年 3 万亿的市场容量，撬动 1% 也是年销售额百亿的企业。

一方面来自于跨界进入家装领域，另一方面是业界企业的自我改变，在拥抱互联网发展的未来，要建立五大核心来构建企业的竞争力。

七、互联网电商的五大核心分别是：专业人才，互联网金融，产品研发能力，供应链整合，互联网思维的组织结构

（1）专业人才是家装企业发展的基石，无论互联网如何发展，专业人员的培养始终是难点。能让企业不断的提升，产生不断的创造力和稳定的组织结构，专业人才是重要元素。当下家装企业应该思考梯队建设，让关键岗位能够实现“人才的社会化对接和可复制化”，对市场，设计，工程，管理等岗位中的专业人才的工作行为解码，形成可复制的标准化，让掌握核心能力的新人新思维不断的在企业中发挥作用，专业人才是核心竞争力。

（2）未来家装互联网金融，将带来成交、结算上的新模式，以及与上下游形成新的业务生态。资金是家装企业扩张的加速器，许多新型互联网型家装企业与资本对接，让企业经营者学会财务利润管理、金融知识、运用融资、金融杠杆……强大企业，运用互联网金融服务于客户，满足于供应商等合作伙伴的资金问题，实现多

方共赢。现金流至上的时代已经过去，未来掌握互联网金融才是盈利与业务模式无限发展的核心竞争力。

（3）产品研发能力，未来没有研发能力的家装企业将只能是小作坊，未来拼的是家装专业领域的专业度，研发将是家装企业专业领域的战略引擎。研发的方向可以是服务，也可以是产品，还可以是技术……核心是解决满足客户需求角度，为客户提供高性价比的产品与服务，整合更环保、更科技、更人性化的材料；研发也可以是高品质的生活方式和家居解决方案。总之研发能力决定着家装企业产品与服务的迭代能力和创新能力，不断的精进与迭代是核心竞争力之一。

（4）供应链整合是家装企业的必修课，过去半包的单一的服务方式将被淘汰，家装企业可以不去生产产品但一定要整合产品，提供一站式的方案与服务是必然趋势。家装企业供应链整合关键要改变过去粗放式的管理和掠夺式的盈利模式，实现物流、资金流、信息流的三流结合。家装企业中的产品整合管理、工程交付管理、供应商管理等，要实现信息化、精细化、标准化，实现自运行的资源生态圈，让合作伙伴在产业生态圈中实现多赢才是王道。

（5）互联网思维即是指思维上的转变与学习，又是指互联网各种技术与工具的应用，其关键在家装企业经营者们思维上的转变，让企业高效率运营，满足客户需求，极致的客户体验，快速的客户互动机制等，未来家装企业管理架构不是矩阵式管理也不是垂直型管理，首先是充分的了解客户需求和痛点，然后是要为解决客户需求和痛点来提供产品与服务，最后才是为实现产品与服务而设置的组织机构。所以精简组织结构，扁平化管理，并不断在组织结构和组织效能上精进才是互联网思维带来的核心价值。

互联网给传统行业带来了巨大的颠覆，同时机遇并存。互联网打破了国家和地区有形和无形的壁垒，使许多企业达到了全球化，网络化，一体化。我们在互联网时代学会运用互联网思维，其本质就是用户思维，用户导向，重视人本价值。

相信在未来的几年内中国家装界一定会发生翻天覆地的变化，我们期待互联网时代下家装业的未来！

第七章　O2O 家居服务商的未来

一、O2O 家居服务行业的发展现状

1. O2O 概述

O2O 这个词汇，穿越 2014，带着更加强劲的势头走进了 2015 年。O2O 无疑是去年至今互联网行业最热的关键词之一。从百度指数可以看到，年后“O2O”指数持续攀升，最高达到 13221 次。

现在，无论是互联网企业还是传统企业，都在寻找一切办法，把自己的商业模式跟 O2O 这个词汇挂靠上。各路专家学者、企业家、各种峰会，大谈 O2O，谈线上线下一体化、谈闭环。资本市场也不忘煽风点火，凡是跟 O2O 相关的概念股近期无一例外大涨，例如：华帝股份连续两日涨停，只因为该公司传出今年将重点致力于打通 O2O 的消息。从这点来看，哪家上市公司觉得股价低，O2O 不失为一个提振股市的好方法，懂点互联网知识实在太有必要了。

O2O 这么热，它实际上又是怎么一回事呢？

真正的 O2O，是基于全球化市场与格局，以大数据和云计算为链接，以 SNS 社会化营销为传播核心，以 LBS 定位与跟踪技术为基础，以移动互联网无所不在为场景，以 PC 技术系统为依托，以线上线下融合为商业模式，精准化个性化的满足客户体验为商业价值，才是未来商业的战略格局。

2. O2O 优势所在

O2O 的优势是把线下的社会关系转到线上社会关系的一种模式，所谓社会关系，指的是：人与人，人与商家，支付形式。

人与人的 O2O：从线下的熟人分享好吃的、好玩的、好看的到线上微信、微博、QQ。

优势所在：线上的分享更容易被知晓和接受，可直接在线上查看商家的信息，而不用到店观察。

人与商家的 O2O：从线下需要通过广告、逛街才能找到商家优惠到线上搜索、公众号推送、微博从线下的电话订餐、购物、排号、排队购票到线上预定、预约排号、直接订座支付。

优势所在：1. 商家节省了广告费用，同时利用人与人的 O2O 进行进一步的宣传，将未知的线上用户导入线下。2. 客户节省了时间和精力，同时享受到了价廉物美的服务和商品，客户省去了客户的电话费、排队时间，商家节省照顾排队顾客的公共资源。

支付形式的 O2O：传统的现金、信用卡到移动支付（支付宝、微信支付）。

优势所在：1. 客户省去了带现金和钱包，还可线上支付后直接到店享受商品和服务。2. 商家省去了找零，清帐等工作，不过现金流容易被第三方支付控制。

不管是 B2B、B2C 还是 C2C，如今的商业模式早已不是一家独大的局面了。购物的快速便捷已经成了一个基本条件，顾客越来越倾向于消费体验。如果实体店不能和线上消费产生交互配合，那顾客的消费度、回头率都是不切实际的空谈，更别提忠诚度了。

顾客体验这个环节是 O2O 的要素，Online to Offline，重要的就是这个“ to”，这种衔接。这一点在家居服务行业表现得尤为突出。

在家居服务行业中，对买家来说网上购物多快好省，传统行业选择少而性价比低，这导致的直接结果是大部分消费者从线下消费转移到线上；对卖家而言，网上销售极大地缩减了销售成本；而传统的销售模式不但成本高，在客源方面还很被动。虽然越来越多的业内商家意识到电子商务的重要性，慌忙间把自有产品统统网络上架，但基于前三种模式的营销手段并不真正适用于传统的家装行业，导致该行业在电商方面的模仿收效甚微。

为什么会这样？因为家居服务行业有一个模块是 B2B、B2C 乃至 C2C 无法实现的，我们称之为用户体验。

3. O2O 家居服务内在优势

用户体验，根植于商家对顾客的施工和服务。这个行业和其他传统行业最大的不同之处在于，用户体验无法通过单一的产品购买环节而完成，因为家居服务本身就是一个完整的施工过程。比如你可以在某宝买一桶漆作为墙面粉刷的涂料，但你很难买到运输、调配涂料、施工保护、刷漆上墙这一系列的粉刷过程，这样一来自己的消费环节和服务环节本身就是脱钩的，而这种“脱钩”的根源，在于三大模式解决不了消费者的核心痛点：施工体系和服务体系，而这正是传统家装行业面临的运营模式瓶颈。

好在还有一种专门针对这种瓶颈的 O2O 运营模式。

其实 O2O 这种模式本身并不算新奇，在线上随便哪个团购网站下个单，看场电影吃顿饭就轻松的 O2O 了，但把这种“线上（Online）与线下（Offline）交接（to）”的模式运用在传统的家居服务行业就是神来之笔，因为这种模式扭转了传统行业尴尬的局面——把其他模式中难以实现的服务体系和用户体验转化成实实在在的核心卖点，反成了业内销售领域的重中之重。

多彩饰家 CEO 吴堂祥先生在家装涂料行业摸爬滚打了十余年，对业内的发展趋势有着敏锐的觉察。他认为未来的互联网商业构架一定有三大类别：产品为王、渠道为王和服务为王。比如你买个灯，谁家的灯质量最好最耐用（产品为王）？谁给你送货快速又安全（渠道为王）？谁给你安装专业又省心（服务为王）？只有环环相扣的消费体验，才能赢得死心塌地的忠诚客户，而赢得了客户，也就赢得了市场。

吴堂祥当然深谙此法，所以他鼎力打造国内 O2O 居家换新第一品牌，他要求的 O2O，是线上的产品与线下的服务相结合，是终端的预约与后台的大数据相结合，是便捷的网络工具与完善的后台系统相结合；他强调的“一体化”，O2O 是创新营销的手段，“一体化”是环环相扣的流程，而“服务”是行业卖点的核心。

一个传统的领域里借由外部大环境的发展，由内向外新生了一种全新的运营模式，这种新生在任何一个传统行业的冬天都显得那么生机勃勃。

4. O2O 家居服务动力充沛

（1）市场前景广阔，资本持续涌入

传统居家换新行业与互联网结合而形成的“O2O 家居服务”形态早已不是新鲜事，但是直到 2014 才开始靠近“风口”，资本嗅到了风向，陆续进入到该行业，2015 年更是集中爆发了融资潮。据中装协发布的数据显示，2014 年中国建筑装饰行业产值已达 3 万亿元，从业公司近 15 万家。随着我国城镇化以及新农村改造等工程的进一步推进，面对万亿级市场的巨大诱惑，资本市场新一轮的暗战在所难免。

资本的不断涌入体现了资本市场对 O2O 家居服务市场的关注度和认可度正在迅速提升，市场中的玩家也在迅速增多，且大家玩法各有不同，各有侧重。O2O 家居服务市场已经全面爆发。

（2）强强联合成行业大势，资源共享，优势互补

自 2011 年以来移动互联网领域，尤其是 O2O 领域，合并收购的浪潮此起彼伏，强强联合成为一种新常态，优势互补、资源共享，谋求破局。

58 同城 3400 万美元战略投资土巴兔。通过对类似土巴兔和 e 代驾这类互补平台的投资，58 同城希望构筑本地生活服务生态系统；2014 年因缘际会之下被小米创始人雷军看中，于是早就有入侵智能家居领域野心的雷军，指挥旗下顺为基金领投，将超 6000 万元人民币砸在“爱空间”身上。雷军的这步棋虽然走得有点任性，却给自己的长远布局打开了一道门缝，跻身互联网家装行列。

这样的跨界联合在 O2O 家居服务领域越发增加，都希望能在有潜力的市场上分走一杯羹。

二、O2O 家居服务的未解题

O2O 家居服务得到了资本青睐，前景广阔，但是隐约可见的“金矿”总是难以触摸，如何开采这个金库还存在很多难点。

1. 难以提升的用户黏性

用户黏性：首先，人与商家的O2O，此类O2O只是对于生活服务形式的改变，为客户带来了便利，而一些商品和服务的优惠并没有线上的那么大，O2O平台的可替代性会很强。因此，传统电子商务以优惠和商品类目的优势将在O2O中比重变得很小，仅从商品和服务上去比拼，平台只在其中扮演了通道的角色，用户黏性会远远不及传统的电子商务；其次，打通人与人的O2O恰好避开了O2O的商品优惠劣势，以熟人之间的口碑和分享建立新的O2O关系，并且因为历史数据的存在，将会使这部分O2O变得更加强大。

2. 对传统企业而言，现在与互联网巨头的O2O合作有点像鸡肋，食之无味弃之可惜。操作难度太大，耗费的时间人力物力财力太多。那到底是存在哪些障碍呢？

（1）支付及限额难题。

移动支付工具确实可以节省时间，而且还能节省手续费，但遇到每日支付限额问题却仍然是个软肋。毕竟一般客户出于安全考虑不见得会提前多次把款先充值进移动钱包里。家居服务不像是普通的淘宝购物，一次性支付较大金额还是会引发很多不便。

因为更多是大额度的线下消费和交易，长久以来人们已经形成线下结算的习惯。市场上除了海尔的百家变、阿里的极有家等企业外，大部分O2O公司还没有对支付环节引起重视，而这却是构建信息和服务闭环中最关键的一步。打通支付后，用户数据得到完善，企业可以随即进入金融服务领域，为用户提供家装贷款、分期付款等增值服务，进一步延长服务链条。

（2）会员卡价值问题。

依靠一张电子会员卡解决O2O闭环实在太过于理想化，会员卡背后体现出来的商户对于会员的管理能力。如果没有很好的会员管理能力，任何形式的会员卡都没有意义。

这样来看，O2O家居服务还是需要打出“服务”的王牌，毕竟消费者购买产品的同时，都会选择倾向更好服务会员的一方。在多彩饰家CEO吴堂祥先生看来，用户需要承担的风险越大，最后往往越不愉快。现在的家居服务领域是一个充斥着矛盾纠纷的行业，有过装修经历的人几乎都有一肚子苦水。O2O家居服务亟须改变这一现状，只有消费者的认可才可以将市场规模进一步扩大，通过口碑传播，形成良性循环，促进行业健康发展。

在新常态下，即充分发挥互联网在生产要素配置中的优化和集成作用，将互联网的创新成果根植于经济社会各领域之中，提升实体经济的创新力和生产力，互联网带给家居服务行业的发挥空间还远远没有被释放出来，存在很多的未知性等待着企业去探索。2015年，O2O家居服务这场没有硝烟的战争才刚刚打响，其中的每一份子都要积极备战。

（3）流量导入难题。

线上流量如何导入线下，或者线下流量如何回流线上，至于会员CRM打通、库存管理等难题，如果流量问题没办法解决，就更无从谈起了。

O2O家居服务在传统家装行业作为新生产物来说，既带来了不可小觑的市场利益，也同样存在自身的缺陷。

互联网为家居服务行业带来的便利性，属于消费升级的升级部分，它是结果而非诱因。最终能够走向成功的O2O公司，一定不是因为它的“互联网+”模式，而是因为它提供了比传统供应商更好的产品或服务。

不难发现，没落的“传统企业”可能误认为自己是被互联网所害，但事实上是被他们自己产品的落后和低质所害，享受过多年的人口红利和粗放式增长的发展经历，使得他们无法理解“工匠精神”的价值，喜欢从外在环境的变化上面去找原因。

在O2O家居服务蓬勃成长的今天，依然可以完全肯定的是：消费者真正的需求是更好的产品和服务，而不是互联网。

三、O2O家居服务商继往开来的新篇章

2015年，O2O在中国本土市场延续了去年一贯的火热。新一轮的O2O热潮已经从外卖O2O向家居家装、房产、健康医疗等重品类倾斜。尤其是互联网家装行业，一个客户满意度极低的行业迫切需要互联网化的改造来提升服务。如果说“互联网+”是各行各业进行转型升级的一次机遇，那么家居O2O最好的时代已然到来。

正在波澜壮阔拉开帷幕的O2O大潮，关键词并非“互联网+”，而是“消费升级”。互联网带来的便利性，属于消费升级的升级部分，成功的O2O公司不是因为它的“互联网+”模式，而是因为它提供了比传统供应商更好的产品或服务。推动这个大浪潮的源动力在于人民群众日益增长的对生活品质的需求和市场供给品质太低的矛盾。

O2O家居服务商履行的职责关键就在“一体化”上。从最开始网上下单，到相关专业施工人员上门测量施工，到后期售后服务的跟进，全都是一条线作业，完美衔接产品和施工的断层，使整个服务过程清晰可见，安全放心。

众多O2O家居服务商，多数是半路转型，根基不稳，尚未找到O2O实质，互联网对实体行业的影响越来越大，这不仅仅体现在网络购物占据了越来越多的的份额，而且实体购物的决策越来越受到互联网的影响。线上感知，线下体验后再下单的O2O模式将受到重视。

例如：多彩饰家有很多订单接口，无论是线上的在线商城、第三方平台和微信客户端，还是线下的实体店，乃至400电话客服。只要你有居家换新方面的需求，都能很方便快捷地通过这些渠道和多彩饰家产生联系；在产品方面，服务范围涵盖涂料、艺术涂料、壁纸、木地板、集成吊顶、瓷砖、防水等近20类的服务项目，所有服务主材均采用国内外一线品牌，专业施工人员统一经过多彩饰家职业技工学校服务技能标准化的严格培训。以一线产品品质+多彩饰家专业、安全、快速、省心

的服务标准构成“你居家，我服务”的核心理念。

服务提升了，线上开源，线下承接，O2O 家居服务才会越走越好，在受互联网影响下的经济发展浪潮中拼搏上位。

有媒体根据来自 Deloitte Digital 的最新研究发现：到 2014 年底，美国有 50% 的实体消费额将受到数字接触（主要是互联网）的影响，同 2013 年 11 月的 36% 相比有大幅提升。50% 的实体消费额，大约是 1.5 万亿美元的规模。这份数据由 Deloitte 在线调研了 2000 名消费者得出；Deloitte 预计受网络影响的实体消费额大幅增长的两个原因是：快速增加的智能手机使用量及移动设备性能的大幅提升。

69% 的受调查者声称他们在去实体店之前会先查询一下网络，36% 的人说他们在线下购物时会通过移动设备（如手机）查询相关信息，14% 的人会在线下购物后再使用网络查询相关信息。Deloitte 预计，消费者线下购物时使用移动设备影响了 5930 亿美元的消费额；在门店使用移动设备进行查询的人比没有用移动设备查询的人有更高的购物转化率，前者比后者高 40%。

这份调查的结果可能令人感到吃惊，线下商家在利用网络时，经常以网上交易额去衡量效果，这样会经常不客观；因为消费者在网络上不一定通过下单来表明自己的态度，他们更倾向于线上感知后再到实体店去体验。传统的电子商务以销售额为衡量，新型的 O2O 模式以“受互联网影响的经济规模”去衡量效果。

O2O 浪潮的磅礴发展，作为拥有千亿级市场的居家服务领域，在过去可以引领潮流，形成传统行业里的优势品牌，在未来也绝不会被潮流所抛弃。

“家”对每个人的概念都不尽相同，每个人对家都拥有属于自己梦想，如今随着消费者个性化需求的逐步提升，居家换新服务市场已经形成，如何打造有个性的家装环境，实现自己对家的梦想，是每个有梦想的消费者对家的心愿，同时也需要 O2O 家居服务行业的共同努力。

第八章　家装后市场的厚积薄发

一、家装后市场的形成

我国在经历了改革开放后的经济快速增长，人均可支配收入得到迅速提升。经济的提升、消费的升级、商品房的普及，带来了市场对于家庭装修服务与建材家居消费的提升。根据中国装饰业协会的统计，2014 年我国住宅装饰装修完成工程总产值 1.51 万亿元，比 2013 年增加 1390 亿元，增长幅度为 10.2%。

作为国家政策鼓励的住宅精装修，在经济发达地区普及程度得到了一定程度提升，但是由于受到开发商利益格局稳定、房地产限价限购等影响，全国范围的住宅精装修率仍然偏低，大量的开发商仍然是以毛坯房为产品推进，这也使得家庭装修服务需求仍然以二次装修为主。

1. 家装后市场的内涵

家装市场和家装后市场，不能脱离两个要素即：家装、市场。

（1）家装

家装是家庭住宅装修装饰的简称。狭义的家装：指室内装饰；是从美化的角度来考虑的，以使室内的空间更美观；广义的家装：包括室内空间的装修。

家庭装修是把生活的各种情形“物化”到房间之中，买的房子的设计早已完成，不能做大的调整了，所以剩下可以动的就是装修装点（大的装修概念包括房间设计、装修、家具布置、富有情趣的小装点）。

（2）市场

在互联网家居持续火热的激发下，各路豪杰纷纷杀向互联网家居，互联网巨头公司不断加强家居业务的发展。但是现在很多企业的目标用户是第一次装修的人群，一些后期因家居旧了或者坏了需要进行微小改动或者调整的需求却被忽略了。

家装后市场的销售随着日趋回暖的房产业、居家换新热潮的不断升温再度火热起来。住宅翻新市场越大，意味着家装后市场越大。据相关负责人透露，“如果一个大都市人口在 1200 万左右，按照每户 4 人计算，300 万户家庭每户每年局部装修的费用不会少于 2000 元，就是一个 50 亿元 ~ 100 亿元的家装后新蛋糕。”中国第一批商品房始于 20 世纪 80 年代，当时的商品房主要着重于居所的更新换代，伴随着中国经济高速发展和国政策的鼓励，中国房地产的发展在 21 世纪初达到成熟，商品房不仅仅需要满足居所的更新换代，更讲究的是环境和配套设施的完善，常规家装用品的平均使用寿命为8～10年，由此可见，2004年以前的房屋均存在大量翻新的急迫需求，所带来的巨大市场可想而知了。

这么大的一个居家换新市场，仅仅依靠家装“游击队”是不可能的，不具备品牌优势、缺乏管理经验、没有固定办公场所、不存在售后保障，因此，流失掉大多数客户。

（3）家装后市场涵盖项目

面对居家换新的客户，首先要明确，他们需要的是什么，也就是家装后市场涵盖哪些项目。

室内墙、顶面漏水、渗水位置的重做防水；室内自建隔断墙的拆除；墙钉拔出、墙体阳角的磕碰部位修复；更换破损严重的阳台、窗台、卫浴、厨房；老旧水、电线路的更换；吊顶的清洁维修或更换；室内墙、顶面的重新涂刷；户门、室内门、飘窗的修理或更换；脱落瓷砖的重新铺贴；卫浴设备的深度保洁；灯具的清洁、维修或更换；地面材料的维修、保养与清洁。

在对家装后市场涵盖项目做出较为清晰的判断，才能有针对性地开展家装后市场的战略部署，才能对这块新蛋糕做到心中有数的“品尝”。

（4）家装后市场的潜力

①2015年利好政策不断，摆脱2014的窘境

政府对房地产市场的支持政策，以及相应的财政金融政策将进一步促进改善型住房消费，住房需求将明显增长。预计2015年，人口聚集能力较强的一线城市和部分热点二线城市房价将呈现回暖、上涨的趋势。

2014年统观2014年的二手房市场可以说是在低谷中前行。业内资深人士对于2014年的二手住宅市场量缩价跌的最主要原因分析是“受政策影响而产生的需求深度观望”。

造成“深度观望”的原因可以归纳为以下几点：

首先是信贷政策收紧。自2013年四季度以来，利率持续上行，还款周期拉长，这种压力在2014年上半年有增无减，进一步推高了购房成本，而周期拉长则加大了换房的难度。

其次是自住房分流了需求。2013年10月，北京推出了自住型商品房，价格低于周边商品房至少三成，且规模庞大，覆盖面广，从而有效地分流了购房者的需求。截至2014年年末，北京出让的自住房地块已达到51宗，其中已有21个项目进行了公示，可提供住房2.47万套，累计申购家庭数量达到97.5万户。

②2015年二手房有望量增价稳

2015年二手房市场迎来回暖，同样离不开政策的推动。去年9月末，北京市建委对普通住宅的标准进行了调整，使得二手房交易中的整体税费降低。同期，央行也放松了限贷政策，将首套购房贷款认定标准放宽，商贷中首套占比由80%的平均

水平迅速上涨至95%。这两项政策不仅实实在在地降低了购房者的负担，也对购房者的预期产生了积极引导作用。去年11月下旬央行降息，首套房贷利率降至历史新低，此举进一步刺激了市场，让楼市的交易活跃度达到巅峰。在此环境下，2015年北京市二手住宅成交的量价将缓慢恢复，市场会逐步走出低谷。

首先，在成交量方面，相对于供大于求的部分二三线城市，北京整体购房需求量庞大且稳定，在当前宽松的政策环境下，入市积极性上升，加之满足限购要求的外地居民逐渐增加，出现在2014年年末的市场成交量回升的趋势或将在2015年得以延续。

随着降准降息、住房公积金调整等利好政策影响，一线城市的二手房市场重现活跃。最新数据显示，5月上半月，北京二手房市场签订量比去年同期增长187.44%。

第二，北京二手房市场已经走过十五年历程，交易量不断攀升。有统计数据显示，十五年来，北京二手房年交易量已从最初的年均几千套，跃升到现在的年均15万套左右。北京二手房市场份额从最初的不足20%，发展到现在的80%，承载的交易量与交易金额预计超过3600亿元。

除此之外，上海二手房市场在多项利好消息的刺激下，2015年4月份成交大幅增长六成，达到3.6万套，创上海楼市历史次高纪录。

虽然二手房市场成交量明显升温，但是房价大幅上涨的概率很小，2015年楼市交易肯定好于去年。在二手房成交升温后，后续改善型需求的入市会增加商品房市场的活跃度。

近期，二手房市场无论是从成交量还是挂牌量均更活跃。

据统计，2015年4月南昌二手房总成交套数为2375套，环比上涨26.33%，同比上涨41.54%；从单周来看，五月第一周（5月4日—10日）南昌二手房共成交633套，环比上涨18%，与去年同期相比大涨56.7%。业内人士认为，二手房的成交上涨主要得益于近期接二连三出台的利好政策，其中最主要的莫过于“5改2”和“降息”了。

第三，“5改2”售房成本降低

二手房营业税免征期限由5年改2年对于二手房市场的振奋无疑是一针“兴奋剂”。减轻了部分购买二手房人群的经济压力，对二手房交易市场起到了促进作用。

“5改2”之后，买方能省一大笔钱，以出售一套100万元的房子为例：假如业主购房年限未满2年，那么营业税将全额征收，应缴纳税费100万元 ×5.5%=5.5万元；假如业主出售的房子满2年未满5年，那么就可以免征营业税，买家可以少掏5.5万。

第四，央行三次降息降低购买成本。

央行近半年来连环出手，三度降息，2015年5月11日房贷利率：从5.9%下降到5.65%。半年来，央行三次连环出击相当于房贷85折，为购房者省下了一大笔钱。

以贷款额100万元、30年期限为例，若采用等额本息还款方式，三度降息后总利息少付20余万元；若采用等额本金还款方式则总利息可省13.6万元。

2015年二手房市场复苏，无疑使家装后市场迎来利好局面。市场很大，但是启动前需要一整套经销商体系和服务体系，只有让消费者认可，才会产生效益。除家庭业主有大量居家换新需求外，遍布当地的各大餐厅，街头巷尾的低星级宾馆招待所以及中小学校幼儿园等等，同样存在着大量的此类需求。

二、家装后市场目前存在的问题

1. 用户找不到人来服务，装饰公司不愿干，物业公司只干一小部分

看似简单的家居服务里面，每一项都是需要一定技术，厂家又不管的服务比较琐碎，很多家装公司又觉得活太小，量不大，所以不愿意接单。

2. 家装后市场的服务如何实现标准化，分类来解决低频次、低毛利、高成本的矛盾

把客户需求较大的部分进行分类处理，低频次、低毛利只能用高额单价来弥补，高成本可以用规模化和互联网技术的合理调度来解决！而这样，是对市场需求的准确处理，还是搅乱了新生的家装后市场？

作为家装后市场行业，对于数据分析是非常有必要的，在多彩饰家有这样一群人正在为家装后市场大数据一步步形成不懈努力。有些互联网家装公司已经开始搜集各种房型、家装产品等，多彩饰家也会在扩充实体店的同时搜集用户数据，形成自己的大数据。而金字塔的顶端最终的形式是B2B，未来的用户对家装的选择将是全方位、一站式的服务，他认为这样的金字塔模型才是真正的互联网家装。具体操作可能是：在大数据的基础上，用户选择家装的时候就能够进入到虚拟的家庭环境，这个虚拟环境由用户提出的要求而制定，未来的互联网家装是一种家装服务，能够满足用户在家装方面提出的任何需求，而且这种服务更高效、打动人心。

3. 互联网+时代下，家装后市场能否落地？

家装后市场这块大蛋糕，不是随便就能被切分的。很多以O2O家居服务形式出现的家装公司，利用自己的平台线上接单，然后转交给工程队，中间抽取费用，认为这就完成了O2O家装。

多彩饰家作为优秀的O2O家居服务商，建立自己技工培训学校，为了打造一支专业化、标准化的线下施工队伍，构建一套标准化、专业化施工流程。通过打造专业化队伍，让O2O居家服务落到实处。

家装后市场会随着互联网家装的升温不断被人挖掘，类似多彩饰家这样为家居后市场服务的公司也会越来越多，但是如果家装O2O企业在前期抓住用户的同时继续奋力扑向家装后市场，特别是已经有很大知名度的家装O2O企业，这可能会对专注家装后市场的家装O2O公司造成很大的冲击，所以家装后市场前景广阔，但是前面荆棘遍野后面虎视眈眈。

三、家装后市场发展需要重视的几个问题

根据调查发现，在具有居家换新需求的消费者中，绝大多数都希望5万元以内搞定最好，有30%的消费者希望只用软装进行改变，50%的消费者则希望重新刷漆、更换地板或地砖及厨房卫浴配套产品，而还有20%的消费者则希望从格局到装修风格彻底变样。根据近年来房产市场情况，装修新房的业务量有所缩减，为了达到平衡，旧房装修市场将成为新的增长点。

1. 目前中国家具建材已经是世界上第一大家具建材的生产大国和出口大国，每年贸易量占世界整个家具贸易量20%这是一个客观事实，另外一个客观事实是早在十几年前国外家具建材知名的企业，他们已经陆续的进入我国，甚至很多企业把工厂就设在沿海一些城市。这就说明我国在家具建材这一块已经跻身世界。

2. 房地产产业的机遇。

在北上广深这几个城市，房地产市场对经济拉动力非常明显。对家装行业性拉动力也非常明显。

3. 品牌机遇仍然备受重视

创建品牌是企业的发展之路。客户关系是品牌的根基，而客户是品牌根深叶茂的水分和营养。无论你是否用“品牌”的观点来思考，一切都围绕品牌来做文章。这种情况在全球化的21世纪将变得更为现实、更为普遍。在同类产品或服务之间差别不大的情形下，品牌就成为一个关键的差异化因素。然而，品牌涉及的不仅仅是“形象”，最为基本的是品牌维系于消费者对一种产品或一个公司的现行体验之中。

因此，品牌管理比品牌创建更为重要。唯一可以将品牌生命延续的做法是把客户引入到品牌关系中来，让客户与品牌之间长时间形成的信赖关系维持和巩固品牌的更新换代。即使品牌与客户之间的关系还没有显现出来，但客观上经济利益的驱动已经使发展和维护关键客户转化成了塑造品牌最基本的行动。时间越长，客户和品牌之间的关系就越紧密，同时，日积月累，对品牌的贡献就越大。一个好的、寿命长久的品牌正是建立在与它的客户紧密关系基础之上形成的。

4. 绿色依旧是关键词

绿色环保家居是最近几年来一直倡导的，这与国家环境保护部推广十环标志如出一辙。但消费者对这个标志了解得还很少，所以通过一些媒体和活动的推广，让消费者了解这种标志的产品是值得信赖的，也让企业更愿意接受和使用这种标志。

老百姓可能更多的关注家居产品的环保安全，所以企业应该更加重视绿色环保，这是一个不变的趋势。

5. 提升服务，走规范化道路

随着消费时代的到来，消费者对品质、服务、生活方式提出了更高的要求，不少家居行业顺应这一需求的提升，围绕消费、服务做文章。2014年对于家居行业而言，最重要的是提高附加值，其中，一方面是重视设计，通过设计来提高产品的附加值。另一方面就是重服务。不少商家提高产品质保年限，提供免费维修等服务，

以满足消费者的维修需求。

为了治理家装难题，国家相关部门联合行业协会相继推出《住宅室内装饰装修工程质量验收规范》、《家庭居室装饰装修质量验收标准》、《家居行业经营服务规范》和《居室布线设计指导规范》四大标准，对家庭装修施工质量、细节和验收标准进行规范。

面对广阔的市场，应当在充满信心的前提下继续谨慎地走品牌之路，走合理化经营之路，充分利用互联网带来的资讯共享、信息快速之利处，才是适应家装后市场未来发展的迫切需求。

四、家装后市场新锐历程——多彩饰家

1. 企业发展环境概述

（1）行业分析：2010 年底伴随团购的兴起，O2O 概念也引入中国；但 O2O 在中国被真正讨论是从 2011 年 8 月开始，此后团购网站逐渐转型和宣传 O2O，O2O 也随即被更多的人所知晓。但整个 2012 年，O2O 的受关注程度和电子商务相比依然处于明显下风。以百度指数为标准，2012 年 O2O 的搜索指数不足电子商务的 1/3。

2013 年以来，O2O 受到了更广泛的关注，其概念也由最初的生活服务领域扩散至各行各业。各行各业都有意或无意打着 O2O 旗号，O2O 概念被泛化的同时其热度也上升到了新的高度。同样从百度指数看，2013 年 11 月 5 日 O2O 的搜索指数为 4443，而同日“电子商务”的搜索指数为 3858，O2O 在关注度方面首次超过电子商务。此后在 11 月 7 日和 12 日，O2O 的指数也明显超过电子商务。从整体来看，近三个月以来，O2O 的被关注度和电子商务相比已经非常接近，两者的对比由 2012 年同期的 1/3 上升到 4/5。

依据中国目前的 O2O 家居服务模式，定位在私人订制和大众居家服务的市场上，目前的大众居家服务所占该市场的比例最大。此外，居家服务需求量到 2015 年将以每年 20% 的速度增长。

O2O 家居服务会影响到装饰公司、设计公司、软装公司未来的发展模式，在未来的三到五年，会出现极大的转变，因为人们对单一的装修及装饰不再满足，人们对于家庭装修及装饰需求也越来越多样化，引导消费者走向更好的家庭文化，这就是未来 O2O 整体发展的需求，加大经营的发展方向。

（2）产业环境：进入 21 世纪以来，随着人民生活水平的提高，居家环境的需求更趋于于个性化，所追求的家庭文化及环境要求也会更高，因此企业对于产品的开发与生产所体现的精细度及产品的个性化要求更高，私人订制拥有的市场份额还远远无法达到市场的需求，但这个市场需求潜力是巨大的。

如今的家居市场已经日趋成熟，据统计，改革开放三十年来有家居家装需求的住房高达 800 万套，直接的产值达 8000 亿，已经形成了家居后市场。

（3）经济环境：因国内经过三十年的经济积累，人民群众的经济基础增强了，当人们拥有经济基础及物质财富都得到满足的情况下，他们的生活观念也就转变了。生活的环境有两个方面，一个方面是工作环境还有一个就是家庭的居住环境。

（4）政治环境：相关数据显示，家装后市场的二手房换新、翻新等一系列家居服务需求量将会更大，现有家居服务能拥有标准化、家具产品缺口主要是在高端订制这一区域，真正的达到高端产品的订制企业还是很少。

（5）竞争环境：国内目前并不存在真正可以将居家换新服务全部融入到自身服务项目中的品牌；而居家换新的市场需求又存在，为消费者提供这些服务的散兵游勇让市场品牌混乱，产生很多不良竞争。因此，居家换新市场迫切需要建立标准化、规模化，有保障的品牌来打破现在混乱的局面。令居家换新市场趋向多角化、多极化、国际化发展。

2. 企业概述

多彩饰家作为O2O家居服务商，是居家换新行业的开创者与领导品牌，专注于家装后市场的发展，聚焦居家换新领域，为消费者从卧室、客厅、书房、儿童房、餐厅、厨房、卫生间、阳台的居家生活八大类空间提供小至一个开关面板及一面墙面，大至全屋换新的极致服务。服务范围涵盖涂料、艺术涂料、壁纸、木地板、集成吊顶、瓷砖、防水等近20类的服务项目，所有服务主材均采用国内外一线品牌，专业施工人员统一经过多彩饰家职业技工学校服务技能标准化的严格培训。以一线产品品质+多彩饰家专业、安全、快速、省心的服务标准构成“你居家，我服务”的核心理念。

如今科技的发展导致的直接结果，就是让享受科技的人越来越懒。这在另一方面来看，如今的经济，全都是“懒人经济”，如果你的产品能让人更慵懒，那你就离成功不远了。

多彩饰家将行业资源整合加以利用，创建了一套适合自身发展的运营模式，并与国内外一线品牌进行强强联合，截至2015年初线下服务公司已辐射北京、上海、广州、深圳、贵阳、成都、南昌、沈阳等一二线城市，数量达百家以上，覆盖了全国多个省份地区。服务人员数量已达1000人以上，为消费者提供高效快捷的居家换新服务；多彩饰家致力拓展全国服务公司达5000家以上，服务团队达万人以上，并向千亿级的销售市场奋进。

多彩饰家面对家装后市场居家换新领域在短短几年崛起，每一次的发展决策都是把准了时代的脉搏，一个强大的激情团队——那些不知疲倦、全身心投入开发的集体，接连开发出了很多具有独创性的产品。

3. 多彩饰家快速发展的历程

多彩饰家在2015年持续发力，尽管她仅用了一年左右的时间快速发展了近百家服务公司，尽管短短的创业时间已铸就了获得融资亿元的神话，尽管赢得了各界媒体和广大业内同仁的赞许和支持。

①多彩饰家大事年纪及荣誉

2013年7月多彩饰家创立；

2014年3月荣获创新中国大赛综合组第三名桂冠；

2014年4月与销售与市场、创业邦达成战略合作；

2014年7月荣获创业之星50强；

2014年7月多彩饰家（上海）电子商务有限公司；

2014年8月获得纽信创投天使投资；

2014年9月荣获O2O实践奖；

2014年10月拓展业务至O2O居家换新；

2014年10月ERP第一模块上线；

2014年11月全国首家直营店正式运营；

2014年12月同渡创投领投惠达融创跟投的PRE-A投资；

2015年1月1日经过不断优化、完善，ERP全新改版上线；

2015年3月1日微官网上线；

2015年3月20日B2C商城上线；

2015年3月23日多彩饰家（廊坊）职业技工学校首期开课；

2015年3月与鳄鱼制漆达成战略合作；

2015年4月与特普丽、马可波罗、东方雨虹、现代大师等一线品牌达成战略合作；

2015年4月29日多彩饰家战略发展第二阶段，正式启动。卧室、客厅、书房、儿童房、餐厅、厨房、卫生间、阳台的居家生活八大类空间提供极致服务。服务范围涵盖涂料、艺术涂料、壁纸、木地板、集成吊顶、瓷砖、防水等近20类的服务项目。

至今，多彩饰家居家换新业务已覆盖至涂料、艺术涂料、壁纸、木地板、集成吊顶、瓷砖、防水等多个项目及品牌，全国共开设100余家门店。

多彩饰家荣誉：

中国高成长连锁之星50强；

社区O2O服务第一品牌；

2014年度最佳O2O运营模式创新奖；

2014年O2O电商实践奖。

②战略决策的重要性

“凡是预则立，不预则废”，企业要求的自身的生存和发展，没有对未来一定时间的发展前景的预测、目标、措施等的谋划，是不可能取得成功的。国内外凡是成功的企业都把战略管理作为企业发展决策的主要内容，制定和实施发展战略是企业领导者的首要任务和业绩考核依据。

居家换新涉及的范围非常广泛，等于重新做一个新的装修，多彩饰家在居家换新领域精准定位，把目光投向卧室、客厅、书房、儿童房、餐厅、厨房、卫生间、阳台的居家生活八大类空间，做到有的放矢。

这样不仅专，而且对于受众目标的锁定也会更加准确。

多彩饰家目标受众搜索案例：利用互联网搜索城市小区销售价格或者物业管理费用，依照这两项可以推断小区档次，面对居家换新的年限，再详细了解小区入住年份，作为重要参考数据。

这样，免费利用互联网即可了解到小区情况。下一步是针对小区情况，做有效推广。多彩饰家具备专业的分析团队，依据真实可靠的数据，协助服务公司做最有针对性的推广服务。

（3）多彩饰家的品牌战略管理

①首先对多彩提供的产品进行定位，决定产品的风格及走向。

多彩饰家商城整合数量众多的一线品牌供应商，共同建立的一个主要面向 25 岁 ~ 50 岁人群之间用户的电子商务平台，从而构成了新颖的 B+B2C 网上购物的新模式，达成线上购买、线下服务的完整闭环体系从而对消费者负责。

②产品的价值进行定位。

多彩饰家专注于家装后市场的发展，聚焦居家换新领域，为消费者从卧室、客厅、书房、儿童房、餐厅、厨房、卫生间、阳台的居家生活八大类空间提供小至一个开关面板及一面墙面，大至全屋换新的极致服务。服务范围涵盖涂料、艺术涂料、壁纸、木地板、集成吊顶、瓷砖、防水等近 20 类的服务项目。

③企业自身的品牌进行定位。

多彩饰家是全国领先的家居服务平台，并获得了投资界的一致认可，在初创期时就获得了纽信创投的天使投资，短短的数月再次获得由同渡创投领投惠达融创跟投的 PRE-A 投资。

经过两年多的快速发展，国内外一线品牌强势入驻多彩，品牌联合效应，多方参与，共同树立多彩品牌公信力！在品牌战略实施层面，多彩饰家以优质的、诚信的服务赢得客户的信赖，在企业的各项经营活动和广告、宣传、终端、产品和服务等各个与消费者沟通的节点上不断传播品牌核心价值理念，不断提升品牌的知名度、美誉度和忠诚度。

④企业的营销体系的定位。

吴堂祥先生在谈到企业营销体系的时候，明确表示，“移动互联网时代，价值观是一种开放、透明、平等、分享的价值观。传统企业互联网化有四种途径：①先于互联网公司抢到用户；②同时和互联网公司抢到用户；③在互联网公司的平台上捡到用户；④与互联网公司合谋抢用户。”一个公司要有价值，不但必须成长，还必须能持续发展。

在移动互联时代，将客户细分，绘制客户接触点生活轨迹；确认企业所定位的目标客户群，进行客户细分，不同的客户细分后续的接触点和 O2O 都是有差异的；企业容易理解的是在企业势力范围内的接触点，但这些接触点往往是“场内”而且是与“交易”相关的，但更多的接触点是在“场外”而且是与“生活”相关的。

分析客户的生命周期状态；时间轴上看一个消费者的不同消费状态的变化和切换，而 O2O 设计的核心就是状态的转换。

绘制客户接触点点阵图；将整个接触点在点阵图中描绘出来，包括现在的和未来的，包括各种渠道比如线下、电话、互联网、微博微信等。

细分企业的 O2O 资源；包括：消费者、产品、促销、offer/ 权益、渠道、地点 / 区域等相关因素的细分与定义。

设计 O2O 并进行排序；在点阵图中设计原点向下一个状态或接触点的跳转的 O2O 活动，并设计具体的资源定义，最终将这些 O2O 促销活动进行价值 / 复杂性的象限矩阵排序。

对设计出来的 O2O 活动进行 O2O 检查清单的问题的逐一评审，进行调整或者优化或者放弃；确定 O2O 最终方案。

在 O2O 经济浪潮的推动下，找到最适合多彩的发展模式。做产品时，要掌握最核心的技术；做企业时不要只讲盈利，还要从企业责任角度去思考，除了企业自身利益，还要“为了整个社会，为了我们国家，为了我们的人民、为了我们自己员工生活得更好”，带着这样的理念做企业规划，一定会成为世界一流的品牌。

做营销时，就要从消费者角度出发，时刻把客户体验放在首位。企业做营销不应该靠概念忽悠消费者，如果不落到实处，从消费者的个人体验实际出发，就很难得到消费者的信任和青睐。一个企业不用诚意打动消费者，而是用忽悠打动消费者，最终要付出代价。

多彩饰家的家居服务满足居家换新的一切市场需求，卖的是实打实的服务；对于有共同创富意向的服务商，我们更提供从开店选址到线上派单的系统化支持，让消费者轻松享受家装服务，让服务商轻松赚钱。

⑤多彩饰家人才定位。

机会到处都是，创意人员到处都是。心怀抱负，想要建立创意团队来争取机会的人也到处都是——重要的问题是，你用什么方式和机制把这些人组织起来。

到了今天，我们会发现，企业战略管理依靠的最终资产是知识，而知识比资本更难以管理，知识在知识工作者头脑中，不存放在银行中，难以驾驭而且如同环境一样拥有令人烦躁、恼火的不确定。

使得这样宝贵的财富具有不稳定性，控制难度颇高。

当承载了创新和发展的知识工作者和网络原住民综合在一起，就会成为整个世界上最难管理的人群，问题是，企业的发展需要他们。

如果你过于严格要求，他们可能就会丧失激情，如果你批评过于厉害，他们就会自信心丧失，或者干脆一屁股坐在地上，暗地里抵制。但是如果方法得当，他们有可能爆发几倍、十几倍、让人惊讶、士为知己者死的能量。

总而言之，这是难以驾驭的人群，在移动互联网时代是很难管理的人群——他们渴望得到你的赞扬、渴望对知识成果的认可，他们对细节极其敏感，对合作却相当的迟钝；他们崇尚互联网文化的民主、开放，对纪律、严谨非常厌恶。

多彩饰家管理层对于移动互联网时代人才的认识非常准确，这是亟需激情、动力、适应力、灵活性和创新力的时候，如何把握控制的度，也成为多彩领导层不断学习和改进的重要课题。

适当宽松、平等和更加民主的环境。这个时代不需要更好的管理，而需要自我管理的复兴。互联网的员工天生就是玩家，而不是小兵；互联网的原住民天生就是自主的个体，而不是机器人。

激发自我、贡献比资历更重要的意识。控制带来的是服从，自主带来的则是投入。越是控制得越多，就失去越多——你能让他们身体在办公室，心不一定在办公室，如果有了自我做好事情的欲望，驱动力将不是难题。

避免蜕化成个体。互联网化的转型不仅仅依靠与众不同的想法和创意，更重要的是讲整个公司的激情和个人原动力紧紧团结在一起。

保持对成果的关注。能够有足够的机会和时间，向他们的朋友、家人、消费者展示自己的项目和成果，荣誉总是可以适时成为最好的动力。

混合型的知识结构。在知识密集型的企业，一大群“知识分子”让企业人力资源管理部门和老总们无比头疼。他们不同于生产线的工人，那么听话，可以任意置换。多彩管理层充分给予人才信任和尊重——寻找人才难，更难的是找到人才后如何让他们展开有效的合作。这需要信任与尊重，而这两点是无法靠管理者发号施令来实现的，需要花时间来建立。管理者能做的就是创造一个合适的环境来培养员工之间的信任与尊重，同时释放每个人的创造力。

中国市场已经面临一个空前的商业模式变革的年代，这个年代是有机会的，任何一个懂得创新、整合和分拆的人，都能成为下一个财富拥有者。多彩饰家抢抓机遇，勇于承担社会责任，将以优质的产品，标准化的服务回报社会。

第九章　专家视点

视点一：开发绿色建筑装饰材料改善室内环境

目前，我国室内空气污染除了 PM2.5 外，甲醛、苯系物等污染物超标率还比较普遍，其污染物的主要来源是建筑装饰材料。

建筑材料的种类很多，金属材料有钢铁、铝材、铜材等；非金属材料有砂、石、砖、瓦、陶瓷制品、水泥、混凝土制品、玻璃、矿物棉等；植物材料有木材、竹材；尤其是合成高分子材料有塑料、胶粘剂等，以及各种复合材料，对室内环境污染影响比较大。

装饰材料是指用于建筑物表面（墙面、柱面、地面及顶棚等）起装饰效果的材料，也称饰面材料。用于装饰的材料很多，如地板砖、地板革、其中人造板、地毯、壁纸、挂毯、涂料等对室内环境影响较大。

据载，室内空气被有机物污染的形势依然比较严峻：中国环境科学学会室内环境与健康分会和朗诗集团合作，于 2011 年 7 月至 9 月在长江沿岸七城市调查。二甲苯超标最严重，杭州和南京超标率均高达 67%。甲苯超标率为南京和成都超标率分别高达 52% 和 49%。甲醛超标率：南京 40%，杭州达 38%。

另据《环境与健康展望》2014 年 12 月刊报道，我国城市新装修的住房中甲醛的平均浓度为 0.231mg/m^3，城市办公楼室内甲醛的平均浓度为 0.192mg/m^3，公共场所室内甲醛的浓度为 0.149mg/m^3，均超过国家标准 0.08 ~ 0.12mg/m^3（GB 50325—2006）和 0.1mg/m^3（GB/T 18883—2002）。

此外，还要强调一点：除挥发性有污染物外，半挥发性有机物（SVOC）对室内环境的污染也应引起足够的重视。半挥发性有机污染物的主要来源为：增塑剂，阻然剂，杀虫剂。其中我国增塑剂生产以邻苯二甲酸二（2- 乙基已基）酯（DEHP）、邻苯二甲酸二丁酯（DBP）为主。DBP、DEHP 在室内空气和降尘中的检出率均为 100%，邻苯二甲酸酯可使儿童产生过敏症状，增加哮喘和支气管阻塞的风险。国际研究认定过去几十年来男性精子数量持续减少、生育能力下降与吸收越来越多的邻苯二甲酸酯有关。

室内环境用的建筑装饰材料、各种日用化学品、化妆品都会对室内空气质量产生影响，所以我们应注意用在室内的各种材料及用品的安全性。

目前，室内空气中有机污染物主要来源是人造板材和家俱。尽管国家对建材有害物质含量规定了限量标准（《室内装饰装修材料人造板及其制品中甲醛释放限量》），而实际上市场各种不符合标准的材料还在销售。作者和几位北京的专家曾到一个地区考察板材生产情况，这个地区共有 2800 家板材生产企业，给我们参观了三家明星企业，在我们看来基本上是家庭作坊式企业，虽然我国的板材和家具的产量均是世界第一，达到国家规定的有害物质含量标准以及世界质量水准，是摆在我们企业家和科技工作者面前的光荣而艰巨的任务和责任。就消费者和绿色建筑装饰客观需求而言，绿色建材无疑具有十分广阔的市场前景。发展绿色建筑装饰材既有利于工业领域的节能减排，又可推动建筑节能，并使公众的住宅更加环保和安全舒适。我们应加大力度对绿色环保建筑装饰材料的研发，形成产学研体系，增强中国绿色建材的创新能力。

建筑装饰行业作为资源消耗性服务业，在建设资源节约、环境友好型社会中具有极为重要的地位。建筑装饰企业如何进行绿色设计、施工技术创新、管理创新、专业化发展、节能环保材料、幕墙技术等不断提高建筑装饰工程项目的节能减排、低碳环保、生态安全水平，为公众提供安全、舒适、健康的生活、工作的居室环境，将是建筑装饰行业可持续发展的关键。

最后我想谈一点看法，由于雾霾频繁的出现，市场上空气净化器非常火爆，空气净化器国标即将出台，我们的空气净化器国标中规定了目标污染物，包括颗粒物、气态污染物和微生物。由于中国甲醛污染比较突出，所以对甲醛做了很多研究，国标中对其测试评价做了详细的介绍。而美国和日本等国家都没有甲醛的净化标准。这从一个侧面看出他们国家室内甲醛污染并不明显。我在日本一个朋友家里住了一个晚上，他们的房子内几乎全是板材构成，但一点儿也没有觉得有什么气味！我觉得我们的板材生产的质量与其有差距，我们的产品质量应有很大的提升空间。我期盼着我国的绿色建筑装饰修材料不断创新，改进，开发出新的产品，为改善我们公众的居室环境做出贡献！

视点二：论建陶产业强盛之道

关于市场

近几年来，建陶行业每年的销量都达到几十亿平方米。但是，一个企业或品牌的市场占有率很小，只有百分之零点几，就算是再翻上一番，也才到百分之一点几。因此，市场还是很大的，关键就在于我们有没有把企业做好，诸如：我们的产品有没有竞争力？我们的品牌基础有没有打好？我们的团队内功有没有练好？

关于消费者需求

对于不同的品牌和企业而言，他们的目标消费群体和消费需求都是不同的。但是，我们都应该从消费者的需求出发，而不是从产品的本身。在我们企业开发产品之前，一定要先问清楚自己几个问题，你到底是要为哪些消费者服务？这些消费者的需求又是什么，我们要怎么样做才能满足他？这些才是最关键的，也应该被我们视为经营的方向，并且把它贯穿到产品研发和后期的营销服务当中。

关于产品导向

过度追求超大、超厚与通体瓷质的产品导向，导致一些稀缺的优质原料无谓被耗用。那种认为陶瓷产业已经持续了几千年，现代建陶产业也理所当然会自然延续下去的观念是错误的。

关于产区布局

一些产区“一刀切”地强制推广天然气，企业承受不了高成本只能远走他乡或退出行业。随着政府部门一系列忽冷忽热、忽左忽右干预手段的实施，陶企经营环境愈加艰难与窘迫。更有可能，国家有关部门针对建陶产业制定准入门槛、限制出口，鼓励企业到国外设厂等政策，将会改变行业的发展态势。

关于商业模式

运营模式从过去的 B2B、B2C、C2C 模式转向 C2B、O2O、DIY 等模式。即消费者在生产过程中的体验感、互动感、参与感增强了。尤其是随着数字化时代的来临，消费者完全可以根据自己的喜爱参与到设计与生产当中来，进行私人订制，以满足个性化的需求，从经营产品时代迈向经营顾客时代。

关于生产方式

近三十年的建陶发展历程，从生产方式的角度来讲，就是一个“机械化→自动化→数字化”的过程，未来的建陶生产方式，将是“干法制粉 + 大板压机 + 数字化包装 + 数字化仓储 / 物流”的数字化及智能化模式。

关于企业管理

企业的资源和空间是有限的，并非所有人的需求都能得到满足，因此企业中每个人都必须调整自己的需求结构。如果将需求分为物质和精神两个层面：物质需求属于零和关系，可以通过利益分配的调整求得平衡；而精神需求的某些部分是可以共享的，如企业成功之后的荣誉感，每位员工都可以得到满足。但有一些是不可以均分共享的，如地位、自我实现等。作为企业的实际控制人，老板将拥有优先权，其他人次之。这样，就有可能出现不公平的现象，而解决的方法之一就是企业文化。

关于服务升级

在售卖生活方式的方针指导下，未来的瓷砖销售不再仅仅是瓷砖的销售，也不限于与之配套的配件、配饰等产品的综合打包销售，而是将服务全面升级，除了现在的包丈量、包送货、包上楼等常规服务之外，还将涵盖包安装等，甚至还会出现为一部分有特殊要求的消费者量身订做空间的销售模式，同时还将为空间化产品赋予更深刻的文化内涵以引导不同阶层的生活方式。

关于创新

坚持创新这个价值观就是根植到企业的血液中，提出时装化的经营战略就是差异化经营战略的一种表达方式。创新是一种最好的差异化，在倡导节能减排的时代，关系到行业和企业的可持续发展，投入研发环保节能的产品不仅是必须，也是一种创新、差异化的策略。产品不同的结果，就是拥有定价权，当然定价是要准确，若是偏离了消费者的消费能力也是不可行的。

关于环保

达成节能减排可以从两个方面来实现，一个是减少碳排放的绝对值，温度、烧成率、薄砖能耗减少是一个方向；而另一个则是增加产品附加值，使得单位 GDP 的碳排放减少，比如抛光砖，烧成时温度高时间长，往往价格不便宜，不能简单地说低温快烧就是最好的，增加温度和烧成时间，能耗是多了一些，但品质提升售价会更高，相应的增加了 GDP，那么单位 GDP 的碳排放就减少了，所以除了绝对值外，就是增加附加值。将绝对值的减少与附加值的增加两者结合起来谈节能减排会更合适与全面。

（佛山欧神诺陶瓷股份有限公司董事长、中国建筑卫生陶瓷协会副会长　鲍杰军）

视点三：建材国家监督抽查，企业应注意事项

2014 年 6 月至 8 月，受国家质检总局委托，国家建材工业建筑防水材料产品质量监督检验测试中心等六家检测机构承担了 2014 年第 3 批建筑防水卷材产品质量国家监督抽查工作。本次抽查了北京等 16 个省市防水卷材生产许可证获证企业，共抽查 180 家企业的 180 批次产品，包括 SBS、690、湿铺、自粘聚合物、FS2、EPDM、PVC 防水卷材等 7 种产品。

抽查结果显示：SBS、PVC、自粘聚合物、FS2、EPDM 防水卷材执行国家强制性标准，抽查 5 种 162 批次产品，合格 145 批次，不合格 17 批次，强标评定合格率为 89.5%；690、湿铺防水卷材为推荐性标准，抽查 18 批次产品，合格 17 批次，不合格 1 批次，推标评定合格率为 94.4%。

监督抽查不合格企业跟踪情况。本次监督共跟踪抽查企业 34 家，均为 2013 年国家监督抽查不合格企业。其中对 28 家企业进行了抽样检测，有 6 家企业未抽到样品，原因是已被依法关停或已停业。2013 年和 2014 年连续两次不合格的企业共 1 家，属同一产品连续两次不合格。

（1）四大问题

①河南省是不合格企业最多的省份

本次抽查的 16 个省、市集中了我国的大部分防水卷材企业和防水卷材产能。

河南省是本次企业抽查合格率最低的省份，同时也是我国防水材料企业较多的省份，获证企业约有 52 家，主要分布在郑州、新乡、濮阳、信阳、周口、许昌、南阳、洛阳、三门峡等地区。大多数企业规模较小，产品品种比较单一，主要生产 SBS、690 两种防水卷材。只有少数几家企业产品涉及 FS2 防水卷材。本次国家监督抽查中，河南省抽查企业 9 家，占总抽查企业的 17%，不合格企业为 5 家，占不合格企业家数的 28%，合格率为 44.4%，远低于全国平均值的 90.0%。

② EPDM 防水卷材合格率为零

本次国家监督抽查中，EPDM 防水卷材仅有 1 个批次，产品不合格。

③自粘聚合物防水卷材合格率偏低

自粘聚合物防水卷材产品本次抽查合格率为 80%，比 2013 年下降 20 个百分点。主要不合格项目集中在粘结效果上，具体反映在剥离强度、自粘沥青再剥离强度、持粘性项目上。

④量大面广的 SBS 防水卷材合格率为 88.1%，与 2013 年相比提高了 4.2 个百分点，但仍未超过本次抽查平均合格率 90%。

SBS 防水卷材的热老化、高分子防水材料的热空气老化都反映了防水卷材长期在热环境下的使用性能，这两个项目不属于产品的出厂检验项目。本次抽查中总共有 10 个批次产品该两项不合格，占到批次不合格产品的 55.6%。在 2013 年国家监督抽查中这两个项目有 23 个批次不合格，占到 34 批次不合格产品的 67.6%，也是不合格率较高的项目。产品标准中规定的出厂检验项目普遍合格率有所提升，例如 SBS 防水卷材的最大峰时拉力，本次抽查 100% 合格。

由于建筑防水卷材是工业产品生产许可证产品，在办理许可证时，要求企业必须具备出厂检验项目所必须的检验设备，有了检验设备，企业才可以在生产过程中对产品质量进行把关。而热老化不是出厂检验项目，企业往往忽视这方面的检测。可见，通过检验水平的提高能够带动产品质量的提高。

（2）三大积弊

①违规生产依然存在

目前，仍有不少企业生产非标产品。有些地方相关部门也默认了这一现象的发生，片面强调地方经济落后、地方气温湿润温和，但他们却忘记了 SBS 防水卷材的低温柔性是属于国家产品标准的强制性条款，SBS 防水卷材低温不低于 −20℃要求是产品性能的体现，不是使用温度要求。大部分企业将产品分为 −5℃、−10℃、−15℃等规格进行生产和销售，以次充好，欺骗消费者，影响防水工程质量。

部分 FS2 防水卷材生产企业按照单位面积质量进行分类并销售，在外包装中都标注符合国家标准，而在国家标准中按照厚度进行分类，并未规定单位面积质量的要求，难以保证膜厚达到 0.5mm，违反了国家准入制度，扰乱了市场秩序，造成了市场的无序竞争。

②仓库管理混乱，产品无标识或挂上待检标识

产品标识在每个产品标准中都会有明确规定，每个产品的独立包装上应标识：产品名称、产品标记、厂名厂址、生产日期或批号、检验状态标识、商标、生产许可证编号、施工形式（适用时）等，SBS、APP 防水卷材标准，对产品的标志有严格规定且是强制性条款，但在几次抽查中发现部分企业仓库管理混乱，脏、乱、差现象严重，并未按产品标准及生产许可证实施细则要求对产品进行标识。绝大多数产品是任何标识都没有，有些企业用条码进行产品管理，这非常好，但千万不要用了

条码就不用其他标识，这也是违规的。部分企业为了生产非标产品或逃避抽检及监管，在库存的产品上标上待检标识。

③部分企业不是真正在提高产品质量上下工夫，而是千方百计弄虚作假

国抽的方法多年不变，部分企业不在提高产品质量上下工夫，而是心存侥幸，投机取巧，弄虚作假，蒙混过关钻空子。准备了一批产品专门应付国抽，但是往往抽查结果还是不合格。真正的原因是，有部分企业的技术力量薄弱，生产工艺低下，实验室不达标，检验人员没有经过系统学习，对检测方法、产品标准也不掌握，没有相应的检测手段，即使有检测仪器也是摆设，检验仪器设备未按规定周期进行计量检定，检测结果的准确性、可靠性无法得到有效保证。有部分企业，盲目降成本，偷工减料，用废胶粉替代 SBS，用废机油溶解废胶粉，使产品质量和寿命存在隐患。

从历年国抽结果及经验看，希望各企业注意如下问题：

（1）注重规定期限内的型式检验。很多企业型式检验指标不合格占了一定的比例，在每年年初将要做型式检验的产品都预先做了检验，碰到招投标也不用那么着急；

（2）不要凭经验，产品检测一定要做，不要把实验室当作摆设，尤其是在原辅材料变动的情况下，一定要做全项检测；

（3）实验室检测仪器要配齐，环境要求要满足，人员要经过严格的培训，检测仪器要定期检定，产品标准要求的检测要做全，这样才会对出厂的产品质量做到心中有数；

（4）熟悉产品标准、熟悉检测方法，严格按照标准要求进行生产和检测，同时要关注标准每次修订后的变化情况。

视点四：搞好标准化工作，开创行业发展新局面

标准化工作对大家来说虽不陌生，但是真正能把它提高到创新战略的高度来认识和坚持做好并不是那么容易的。

众所周知，标准化工作产生于西方资本主义工厂的生产，这是一个了不起的创造。

我国的标准化工作是从新中国成立初期开始的。那时为了尽快地适应大规模经济建设的需要，首先全盘地向苏联老大哥学习，大量引进其标准。之后，依据实际需要，我们不断坚持修订制工作，坚持消灭无标生产。几十年下来，已经建立了我国自己的标准体系结构。1988 年 12 月，国家颁布的《中华人民共和国标准法》，标志着标准工作已走入法治的轨道，全社会标准化意识不断增强。标准化工作覆盖了一、二、三产业和社会事业。凡是有人、有物、有事儿、有相互关系的地方都是有标准化工作的目标对象。十八届三中全会通过的《中共中央关于全面深化改革若干重大问题的决定》再次明确要求：标准化要在国家治理体系和治理能力现代化过程中发挥应有的作用。也就是说，这一决定已将标准化工作提升到了国家法律、规划和政策的更高的层面上来。

标准化工作作为科学化、民主化的制度形式，对管理国家、发展经济、提升实

力、保护环境、争取国际上的话语权都起着不可低估、不可或缺的技术支撑基础和方向引导的二重作用。其重要意义体现在：

1. 现代化大生产的必要条件。标准的建立成就了以分工为特点的生产秩序。每一个标准虽有各自的背景、目的和作用，但它又在在特定的范围内规定了统一的语言、统一的技术参数、方法等。这就规范了社会的生产活动、市场行为，保证最佳秩序的建立。随着现代科学技术的发展，现代生产的社会化程度越来越高，技术要求越来越复杂，分工协作越来越广泛。一个产品，一个工程少至几家、多至成千上万家的组合没有技术上的高度统一和协调是不可能完美实现的。技术标准、工作标准和管理标准，使它们有机地联系起来。相关产品在技术上的相互协调和配合，大大提高了现代化大生产的效率。

2. 现代化科学管理的基础。有了标准化，现代化的科学管理才能提高效率、避免低质、重复、浪费，使资源合理应用，取得更佳效益。它遵循科学发展，是引导产业结构调整、优化升级的重要工具，它也是实现人文社会管理目标的有效方法。

3. 扩大市场的必要手段。有标生产、采标生产、规范服务，让市场认识了你，也让你迈过门槛，融入市场，甚至走向国际。

4. 促进科学技术传播和创新成果产业化的媒介与平台。尽管说科学技术是第一生产力，但是当科学技术成果没有转化成生产力时，它的影响和作用只是潜在的、小范围的。技术标准的平台，可以使其迅速快捷地过渡到生产领域，完成生产力的转化；使其不断地创造出新产品、好产品、创造出知名品牌，推动整个行业的技术进步，经济效益和社会效益双丰收。

5. 推动贸易发展的桥梁和纽带。标准化工作增强了世界各国的相互沟通和理解，消除技术壁垒。更加开放的世界大市场敞开胸怀，接纳着每一个负有共识与实力的来客，国际经贸大发展和科学、技术、文化的大交流与合作已成为当前世界主流。技术标准把各国各地创造的财富为全人类共享。

6. 提高质量和保护安全的保障。现代文明社会以人为本、充分满足消费者的需求、保证消费者的权益，都是通过标准来实施的。若把健康、安全、生态作为质量的生命线，那么，标准的质量就决定着质量生命线的长短。

只有高标准，才有高质量，也才有高质量的标准化工作。

当然，标准本身就是一种事物，是一种产品，是人们的技术性产品。标准的定义说：它是为了在一定范围内获得最佳秩序，经协商一致制定并由公认机构批准，共同使用的和重复使用一种规范性文件。因此，标准的本质就是一种约束。这个标准文件的本身也具有质量好坏与否、先进与否、适用与否等质量问题。制定好的标准，这是标准化工作的第一环节。标准文本的起点高，质量好，效益才能体现。大力组织实施标准、推广采用、行之有效，是标准化工作的第二环节。监督标准实施的情况，是标准化工作的第三环节。只有标准化工作有效地进行了，标准和标准化工作才能达到和发挥上述的几大重要作用。

十八届三中全会之后，在党中央、国务院正确领导下，各级标准化机构和广大标准化工作者按照系统管理、重点突破、整体提升的基本要求，大力开展了技术标准体系建设重点工作。

标准体系的建立依然是是标准工作的一项重要基础性工作。它是在一定范围内的标准按其内在联系形成的科学的有机整体。其编制所依的国家标准是GB/T 13016—2009。

任何一个区域、领域、行业、企业（单位）标准体系的建立都要站在更高的一个层面、前瞻性地深入分析各个环节的标准需求，明确所定体系的有限范围、整体蓝图、重点领域、各阶段、各部分之间标准的相互关联以及当下急需解决的瓶颈、关口等，最后统筹出整盘方案，列成标准体系表。编制的质量应保证其有序、不赘漏、协调无冲突、可以分期、有效地深入推进。

从我国以往的标准体系结构来看，分有国家、行业、企业等层次。作为最基础的还是企业一级。企业的标准化搞不好，国家标准就失去根基。因此要重视企业标准体系的推动，要指导、帮助、完善包括产品、技术、管理、工作等标准模块的建立，要绘制标准体系表，要以此较长期地指导企业的标准化工作。

随着标准制订制度的改革，国家、政府将只对顶层管理标准、通用基础标准、安全标准、环境标准、资源标准采用强制性约束，其他方面将交给市场，充分发挥基层在制定标准和实施标准中的积极作用；将不再干预基层标准、标准体系的制定和标准化工作的实施，加强对基层必要的服务，鼓励各层标准在市场中经受检验、在市场中发展、成长。宽松的管理，并不意味着对标准质量的懈怠。我们每个参与标准制定的单位和个人都必须从文本质量、内容质量、评价标准质量、符合现实可操作、效果好上下极大的工夫，要付出创造性的劳动，尤其是标准的内容一定要以科学、技术为依托，要与长期实践积累的经验结合。

标准的一个重要属性是适应性。每一个标准的诞生都带有明显的时间性、地域性。当环境变了，时间变了，就会产生不适应，甚至被废弃淘汰或自我消亡，失去其生命力。为此，要坚持复审，要缩短编修周期，要随着科学技术的发展步伐而不断更新和充实，去掉无用的、重复的、矛盾的，增添新思路、新内容、新方法，永葆标准的活力。

标准制订制度的改革的另一个举措是开展团体标准试点工作。“团体”可以是社会组织，也可以是“产业技术联盟”或其他团体。国家质监局鼓励行业协会、商会等有条件的专业性社会组织，以市场需求为导向制定和发布产品和服务标准，支持行业协会发挥作用，引导行业诚信自律，促进行业规范发展。

在中央批准的《首都标准化战略纲要》中就明确指出：“支持、引导形成以大中型骨干企业和行业龙头企业为核心，以标准为纽带的产、学、研一体化标准联盟。鼓励联盟企业自主研发和联合攻关，支持跨行业、跨领域的集成创新，形成一批有核心技术、有广阔市场前景、产业链上下游企业广泛认同并积极遵守的联盟标准，实现联盟企业间的技术互补和兼容。”

我们要清醒地认识到，现今一个企业的生命力完全取决于他对标准化工作的认知和行动。

面对市场经济，企业仅有内功、内训、制度是远远不够的。市场的竞争已不再是企业和企业间的单独较量，而是地域性、行业性、上下游相关产业链、供应链即新型联盟的竞争。每一个企业仅可能是链上的一个环节，若不理会、不遵守这个联盟的标准，就会走向狭路，就会被市场淘汰。

当下，我国经济领域正处在转型升级、保持新常态、可持续发展的阶段，企业再单靠扩大规模、增加投入已难获得大的发展。多少企业、区域的实践证明，只有注重质的提高、重视创新、重视综合标准的切入、重视标准体系的深化，严格产品标准、工程标准、服务标准，争做“标准化行为良好企业”才能使企业、行业立于不败之地，获得长长久久的发展。

认识标准和标准化工作的重要性，加强对标准化建设的投入，也绝不是简单地一句话。其不仅从市场需求调研、标准前期准备，到完成推广，取得应有的实施效益肯定是要有个明确的理念和长期的坚持，而且人、财、物一个都不能少。

在大力推进标准化工作的大潮中，一些企业积极参与、努力实践，在磨练和提高中，他们了解了行业、知晓了市场、锻炼了人才、掌握了标准工作的真谛。进而在先进的标准指导下，不仅取得技术进步，而且获得可观的企业效益和社会效益。

广东蒙娜丽莎新型材料集团有限公司从2005年开始投入，2007年参与强制性国家标准《建筑卫生陶瓷单位产品能源消耗限额》的制定，为编标专家提供支持，边编边修正自己的管理制度和工作标准，虽花去几百万元，但制定过程结束后至今，该集团平均每年节约3600万t准煤，即获利300余万元，数年下来不仅收益可观，而且自己的专利获得了更好的保护和应用。该企业通过其他几项标准的制定同样收到品牌、专利和经济的综合回报。企业掌舵人带领全体员工，把“向国际标准冲刺”作为一种使命，为行业、为国家努力争取在国际上的话语权。

广东坚美铝型材厂有限公司是一家集铝合金建筑型材、工业型材和铝合金门窗幕墙研究、设计、生产和销售于一体的综合性大型企业。雄厚的企业综合技术实力、强劲的创新能力、研发能力和优质的产品、优良的服务，使“坚美铝材”畅销全国30多个省市。“坚美”在二十年的发展中，始终坚持标准、质量和技术领先，先后投入标准化研究经费上亿元。他们耗时10年，搞了30多个项目，为电泳型材国际标准提供的上万条试验数据均被采用。《铝及铝合金阳极氧化有机复合膜》（ISO 28340：2013）国际标准的发布不仅将科研成果通过标准转化为现实生产力，实现了我国此行业国际标准的零突破，而且打开了出口大门，总销售量扩大到20万吨，出口香港、日本、马来西亚、澳大利亚和美国及俄罗斯等全球40多个国家与地区，产品多用于国内外标志性建筑。标准化工作练就了企业的技术实力，标准化工作使他成为行业排头兵，成为全国知名品牌，成为国家授权指定的标准研制创新示范基地，多项专利、科技成果获奖。公司董事长曹湛斌形象地说“市场是海，质量是船，标准是桨、品牌是帆”。也正是他们的努力和奉献带动了区域和全国同行的技术、质量大幅进步，为行业发展做出了重大贡献。

标准化工作是一套全新的管理体制，也是一项复杂的管理系统工程。具有系统性、国际性、动态性、超前性、经济性。标准化管理的一个重要特点就是要求我们要按照 PDCA 循环方式开展工作，不断周而复始的按照体系所要求的“计划—实施与运行—检查与纠正措施—管理评审”进行活动；要遵循 PDCA 管理模式，建立文件化的管理体系，坚持预防为主、全过程控制、坚持实现持续改进的目标，要在循环往复的过程中螺旋上升，不断实现质的飞跃。

目前，“新型城镇化”已被提为国家发展的重点工作，对于我们建筑装饰装修行业来说，正是大显身手、获得发展的好机会。在《国家新型城镇化规划》（2014 ~ 2020 年）的纲领性文件中明确提出的“建立、健全相关法律法规、标准体系”的条文，再次凸显了标准化工作对该重大战略性工程的重要支撑作用。国家层面已经做了全面深入的专项部署，从至关重要的高度入手，首先启动该项战略的标准化工作。

我们在基层的行业部门、企业单位应当紧紧抓住这个机会，跟上部署。一定要不断强化标准化意识，以国家标准化战略、政策为指导，提高自身标准化工作水平。要积极参与制定国标、行标、联盟标准工作；要完善我们最基层标准化职能部门；要不断关注国标，积极搜集国际、国外先进标准，了解国外技术贸易壁垒；要在最高标准要求下提升企业内在素质、创建或更新自己能适应发展形势的新行标、企标；要加强人才的教育，造就领军人才、专业人才队伍；要进一步加大标准的宣贯、执行力度。通过扎实的标准化工作，用与时俱进、高标准的市场理念、质量理念、标准理念和品牌理念，努力开创行业、企业发展的新局面。

第十章 智慧家居

一、智能家居的概念

智能家居（Smart home, Home Automation）是以住宅为平台，利用综合布线技术、网络通信技术、安全防范技术、自动控制技术、音视频技术将家居生活有关的设施集成，构建高效的住宅设施与家庭日程事务的管理系统，提升家居安全性、便利性、舒适性、艺术性，并实现环保节能的居住环境。其内容包括：

1. 系统模块

包含灯光控制、电动窗帘、安防系统、远程控制系统、背景音乐系统、家电控制、门禁系统、中控。功能模块集中，大幅提高性价比。

2. 智能安防联动（可自定义布防）

当安防系统触发，警报铃声响起，电动窗帘自动关闭，门禁系统、窗门自动上锁，灯光开启，贼人无处可逃，系统自动报警，远程控制系统第一时间发送相关信息到手机上，各系统与安防系统相互联动大幅提高住宅安全性和系统使用率。

3. 智能远程控制，远程信息传输

使用3G手机或者web网页登录家中服务器，通过3G网络、互联网，远程控制家电、门禁系统、灯控系统、监控系统等，及通过无线智能终端、中控系统相互发送信息。

二、智能场景模式（可自定义模式）

1. **起床模式**：每个房间的背景音乐声响起，按下床头的“起床”模式，主卧的电动窗帘拉开，安防系统解除“睡眠”模式。

2. **离家模式**：灯光照明全部关闭，空调等电器设备电源自动切断，电动窗帘拉上，安防系统进入“离家”模式，全部传感器都处在有效状态。

3. **回家模式**：玄关灯光亮起，客厅电动窗帘自动拉开，背景音乐响起。走向客厅，客厅的灯光缓缓亮起，玄关灯光自动关闭。

4. **影院模式**：灯光渐渐关闭，电动窗帘徐徐拉上，家庭影院相关设备自动开启，家中其他地方自动进入布防状态，若出现异常，影院系统将暂停工作，让全心投入大片震撼氛围的您将第一时间接收到报警信号。

5. **就餐模式**：餐厅和客厅的灯光自动开始变化，背景音乐同时响起。若电话响起，背景音乐系统自动降低音量以避免耽误接电话时间。当电话拿起，背景音乐关闭，接听完电话后背景音乐自动响起。

6. **会客模式**：门铃响了，电视画面自动切换成门外镜头，您可以直接使用遥控器把门打开。按下遥控器上的“会客”场景按钮，房间的灯光变亮了、电视机关闭、并响起舒缓的背景音乐。

7. **阅读模式**：床头灯亮起，其他灯光变为 50% 左右的亮度。

8. **睡眠模式**：按下“睡眠场景”，所有房间的照明都逐渐关闭，客厅、卧室的电动窗帘自动拉上，安防系统转入“睡眠”模式，房子周边的窗磁、门磁等传感器马上进入工作状态。

9. **夜间模式**：如需在夜间行动，轻按下床头的“夜间场景”，客卧的射灯亮起，亮度调整到 30% 左右，同时过道和卫生间的灯光亮起。

三、服务机器人市场概要

1. 高达万亿的潜在市场、需求强烈

数据显示，亚马逊使用 1.5 万台服务机器人迎接美国购物旺季，而 6 个月前还仅有 1 千台。美启用机器人抗埃博拉、发射紫外线消毒，已投入 3 家军事医疗中心和 250 家美国医院。到 2017 年服务机器人将达到 3700 亿元市场规模，行业空间巨大，中国作为后来者，增速将更快，未来达到万亿元。

预计到 2020 年，助老机器人的市场规模将达到 390 亿，助残机器人 243 亿，公共服务机器人 10 亿，军警用地面机器人 340 亿左右。

工信部将出台多项措施支持机器人产业发展。各地也将纷纷建立机器人工业园区。

2. 迎来高速发展期，将成为继家电、PC、手机后的新增长点

影响人类生活的科技产品，从面市到销量破千万台。

（1）大趋势：机器人爆发前夜（从 IT 到 RT 从 PC 到 PR）

①中国应可诞生百亿级的本土服务机器人公司；

②劳动力成本持续上升、人口红利逐渐衰退；

③产业化早期：功能简单的家用机器人和医疗机器人、军事机器人、AGV 会率先实现产业化；

④家用服务机器人：仅空巢家庭就可望催生千亿级市场。

⑤后期服务机器人将与智能家居、智能穿戴等跨界结合，带来更大规模的商机。

（2）大型科技公司纷纷收购小型机器人初创企业

①亚马逊 2012 年用 7.75 亿美元现金收购仓储机器人公司 Kiva Systems；

②谷歌连续收购 8 家机器人公司；

③机器人初创企业去年吸 1.72 亿美元风投，是两年前投资额度的三倍——普华永道；

④智能机器人项目的估值你知道涨的有多快吗？我今年年初才投的一家公司，最近这家公司估值已经 9000 万美金了，半年涨了 20 倍，什么概念！ A 轮投资方都是大机构，抢疯了，为什么，因为他们都认为，这是下一个腾讯和百度的机会。——乐搏资本杨宁：《我要做智能机器人时代的 IDG》。

⑤估值在 6 个月内翻了 25 倍。GGV 资本合伙人 Jenny Lee 表示：“GGV 押注亿航看好它未来为大众化努力的方向。

（3）2014 年中国机器人元年

四、Ideacube

顾名思义，Ideacube 的意思为：“立方创意”、“立体思维空间”。立体物联社区解决方案，重新定义智慧社区，做全新生活方式的创造者。

1. 产业政策导向重新定义智慧社区（图 3-10-1）

住房城乡建设部办公厅关于印发《智慧社区建设指南（试行）》的通知

各省、自治区住房城乡建设厅，直辖市、计划单列市建委（建交委、建设局），新疆生产建设兵团建设局：

智慧社区建设是智慧城市建设的重要内容。根据智慧城市试点工作的总体部署，为指导各地开展智慧社区建设，我部组织编制了《智慧社区建设指南（试行）》，现印发你们，请结合本地区实际参照使用。使用过程中的有关情况和意见请与我部建筑节能与科技司联系。

联系人：于晨龙、陈　新

电　话：010－58934022，13366246010

中华人民共和国住房和城乡建设部办公厅

2014年5月4日

国家在大力推广扶持智慧社区建设，智慧社区是智慧城市建设的重要组成部分！

图 3-10-1　住房和城乡建设部通知

①到 2015 年，初步建成 100 个左右的智慧社区示范点，到 2020 年，使 50% 以

上的社区实现智慧社区的标准化建设。

②对于符合智慧社区建设标准的新地产社区，国家给予政策和资金支持。

③要求新建设的房地产小区，必须具备数字化和信息化水平；智能建筑、智能家居、物联网社区、移动网络、社区服务、居家养老等要求，并且能够融入到将来的互联网生活和智慧城市生活中。

2. 智慧社区建设目标

（1）智慧社区（图 3-10-2）

智慧社区是指充分借助移动互联网、物联网、云计算等技术整合区域的人、地、物、情、事等以综合信息服务平台为支撑，依托领先的基础设施建设，提升社区治理和小区管理现代化，促进公共服务和便民利民服务智能化。

过去需要通过人管
现在需要通过物管
将来需要通过服务
以人为核心
以技术核心
以技术为人服务的核心
人
技术
物联网
云计算
移动互联网
智能化便民利民服务

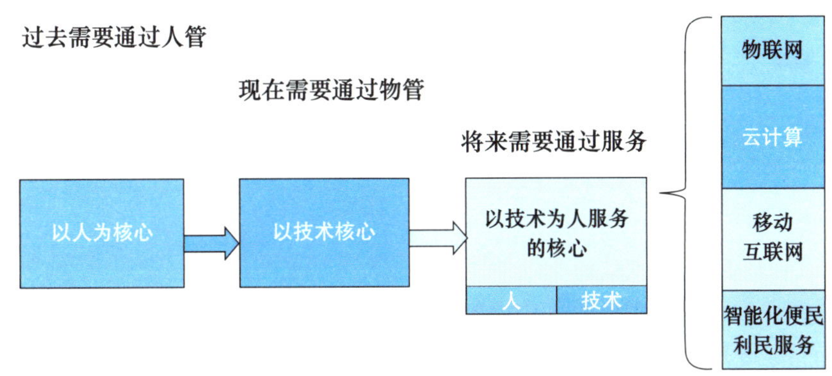

图 3-10-2　智慧社区架构

（2）Ideacube 技术革命重新定义智慧社区

Ideacube 技术革命重新定义智慧社区，产品 M2M 到 Ion (Intemet of things) 进而升级到 cube Ion，做全新生化方式的创造者，如图 3-10-3 所示。

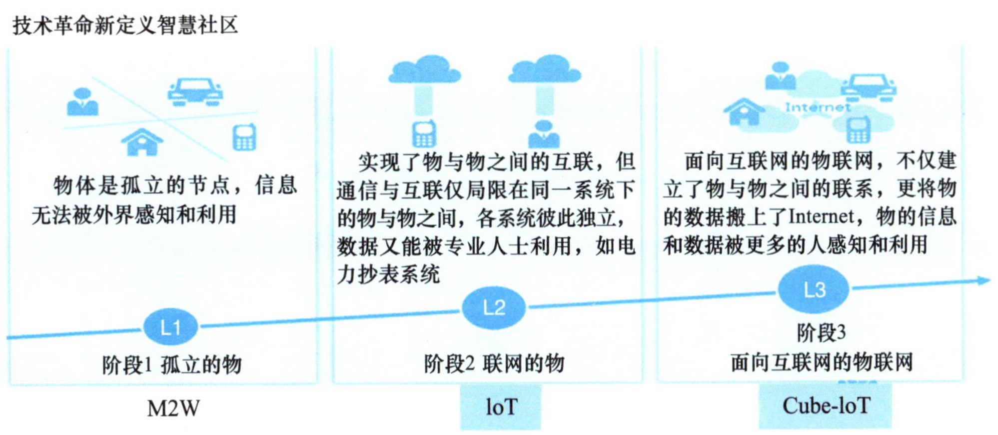

技术革命新定义智慧社区
物体是孤立的节点，信息无法被外界感知和利用
实现了物与物之间的互联，但通信与互联仅局限在同一系统下的物与物之间，各系统彼此独立，数据又能被专业人士利用，如电力抄表系统
Internet
面向互联网的物联网，不仅建立了物与物之间的联系，更将物的数据搬上了Internet，物的信息和数据被更多的人感知和利用
L1
L2
L3
阶段1 孤立的物
阶段2 联网的物
阶段3
面向互联网的物联网
M2W
IoT
Cube-IoT

图 3-10-3　Ideacube 技术下的智慧社区

（3）碎片化、个性化用户需求重新定义智慧社区

移动互联网、物联网、云计算、大数据时代，连接人与信息、人与消费、人与社交、人与服务的市场需求几何级数的爆发，个性化、碎片化的长尾需求及新技术革新带来的刚性需求同时并存，用衣食住行全时、全需求覆盖，如图 3-10-4 所示。

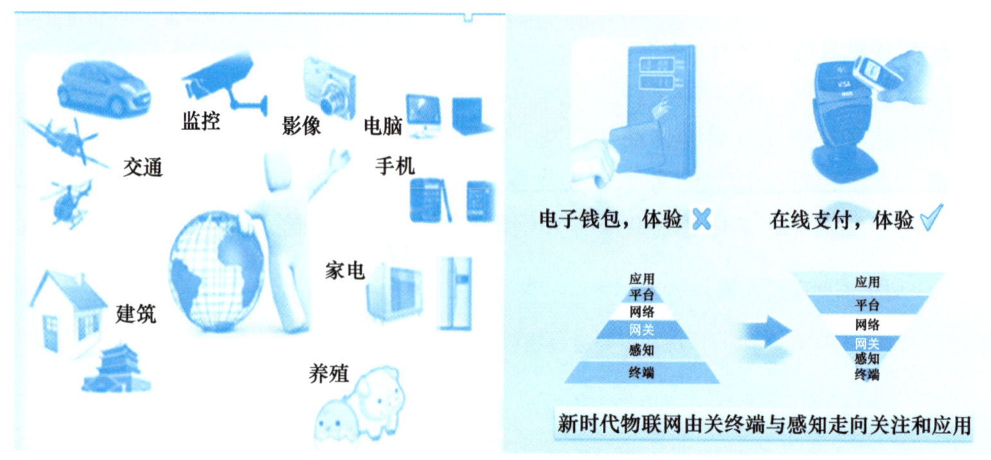

图 3-10-4　碎片化、个性化用户需求下的智慧社区

（4）客户需求升级需要重新定义智慧社区

Ideacube 重新定义智慧社区，既满足各个系统横向整合在一个网络平台的方案解决需要，又满足纵向全流程总包集成方案解决需要。软硬件结合、横向—纵深、前后一体化解决方案颠覆传统，引领行业发展，如图 3-10-5 所示。

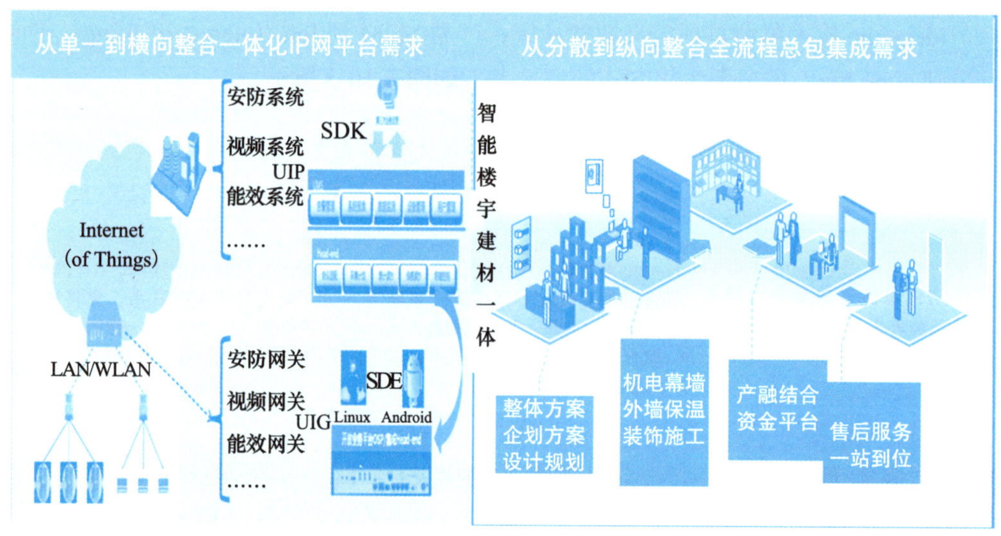

图 3-10-5　智能楼宇下的智能社区

（5）商业模式创新重新定义智慧社区（图 3-10-6）

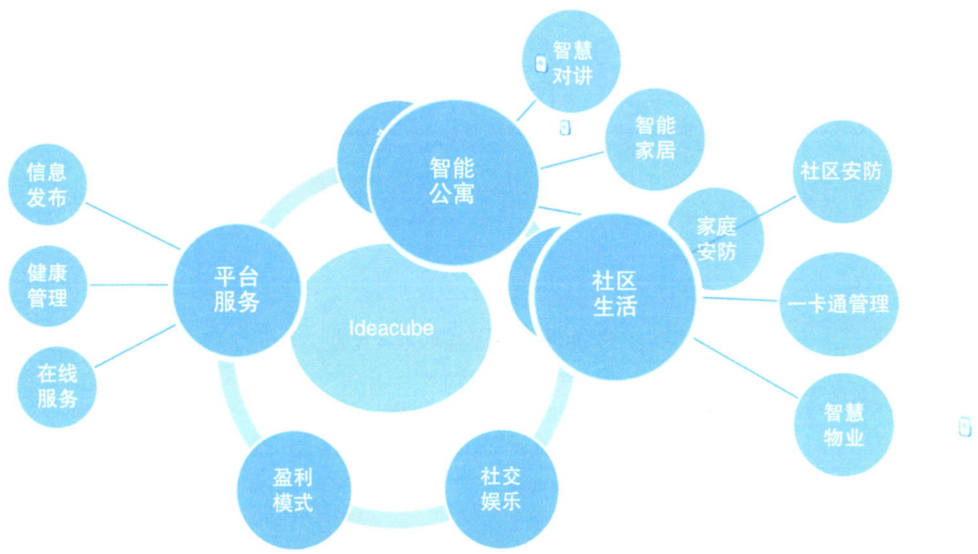

图 3-10-6　商业模式下的智慧社区

（6）Idea Cube 是传统智能社区的升级换代，服务模式——大不同（图 3-10-7）

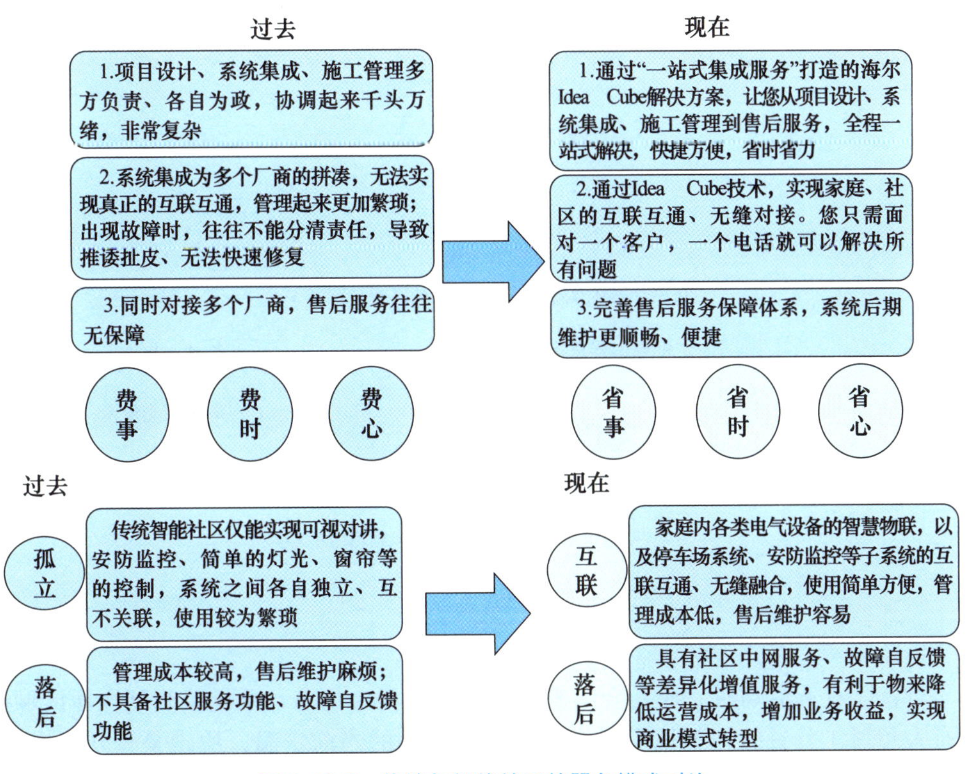

图 3-10-7　传统与智能社区的服务模式对比

五、智慧家庭解决方案（图 3-10-8、图 3-10-9）

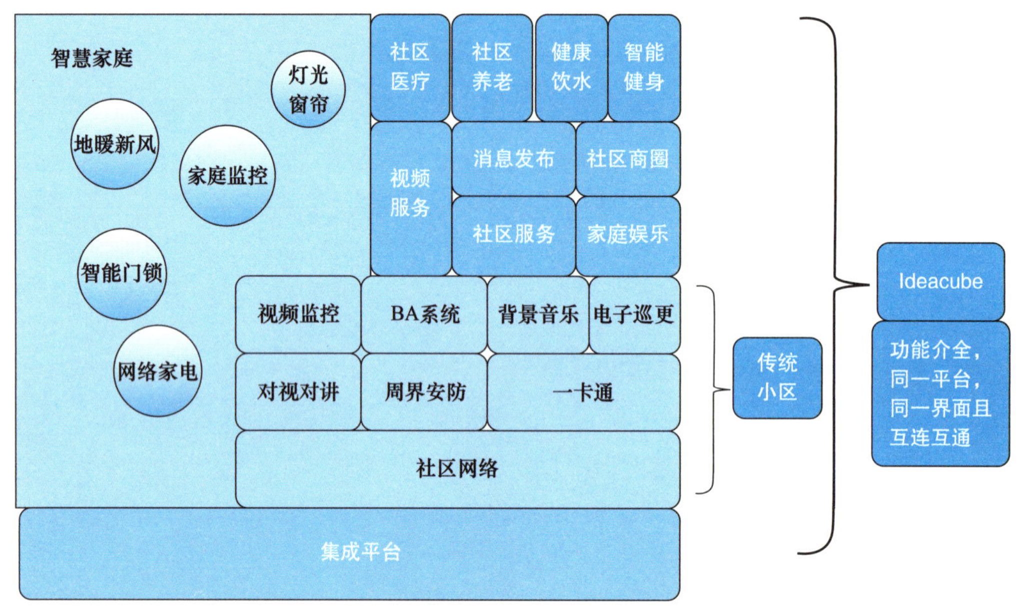

图 3-10-8　智慧家庭包括的内容

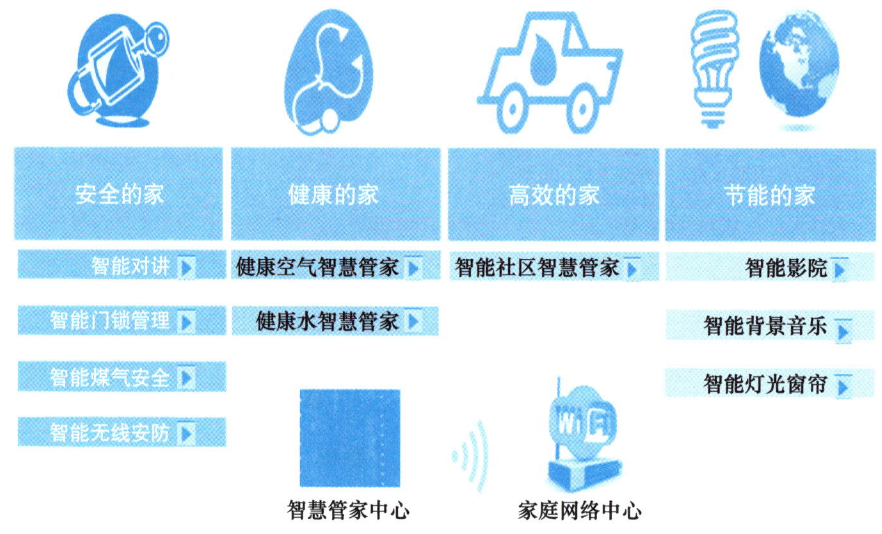

图 3-10-9　智慧家庭解决方案

1. 客厅

当客厅有人活动时，探头会向逻辑控制模块报告状态，系统检测到客厅区域持续有人超过 1 分钟时，再根据温度传感器探测到的当前室温，决定是否开启空调，进入制冷模式还是制暖模式。

若人离开客厅，忘记了关灯或关电视、空调、音响等家用电器，系统将会在半小时后自动将所有正在工作的电器转入待机状态，1 小时后切断电源。避免人为的疏忽造成的能源浪费。

2. 入户门面板

①离家模式：所有正开启的灯光自动关闭，家用电器进入待机状态，窗帘缓缓关闭，安防功能同时被激活，若系统计算离家时间超过 1 小时，将自动切断电器之电源。

②回家模式：窗帘自动打开、若是户外照度低或是晚上，系统将开启日常照明。

③布防：系统进入安防状态，家中所有红外探头中的任意一个探测到有人活动，将发出高音警报并向家人手机发送报警信息。

④撤防：系统撤消安防状态，进入正常工作模式。

3. 客厅多功能场景控制面板

①日常模式：调光开启日光灯管及微微点亮一些厅内的装饰灯具。

②会客模式：大厅主要灯光缓缓亮起，营造一种舒适的气氛，主人可与来访者愉快的交谈。

③休闲模式：关闭其他正打开的设备和多余的灯光，缓缓点亮装饰画的灯光和大厅茶几上的重点照明，背景音乐系统自动开启，主人可以在柔和的灯光下听着舒缓的音乐，品着自助的功夫茶，尽情的放松身心。

④电视模式：灯光渐渐熄灭，电视机、机顶盒自动打开，如果窗帘是打开着的，这时也将自动关闭。

⑤背景音乐控制：可以控制背景音乐系统的播放、暂停、上一曲、下一曲、音量大小等。

⑥电视控制：可对客厅的大屏幕电视及机顶盒进行开 / 关机、频道加减、音量大小等简单操作。而不必在台面上放置太多的摇控器，只需在必要时使用。

⑦空调控制：对客厅的空调进行开 / 关、温度调节、冷暖模式转换、风速调整等操作。

在客厅茶几桌上摆放 1 个 7 寸无线触摸屏（即家庭多媒体娱乐及控制中心），在不使用的时候可将其藏起来。该触摸屏具备影音播放、图片欣赏（可在电视大屏幕上显示）、场景控制、家电控制、安防、温度控制、音乐点播、DIY 自助娱乐等功能。

4. 餐厅

进入餐厅，装饰灯渐亮以做基本照明，系统检测到饭厅区域持续有人超过一分钟时，再根据温度传感器探测到的当前室温，决定是否开启空调，进入制冷模式还是制暖模式。

人离开餐厅超过 2 分钟，自动关闭正打开的照明，超过 3 分钟，自动关闭开启的空调，达到节能的目的。

在餐厅和厨房处设置 1 个 LCD 智能面板，分别设置“备餐模式”、“用餐模式”、

“厨房排气”和背景音乐播放控制。

该面板可控制的对象有：餐厅的灯光、厨房的灯光、厨房的油烟机及排气扇。该面板对背景音乐进行选歌曲类组、歌曲类型、音量大小、暂停、播放等功能。

5. 主卧室

主卧室的床为双人床，在床左右两边分别安装功能相似的控制面板，左右两边面板的公共控制部分如：电视、空调、背景乐，照明功能相同，左右两边的床头灯分别由两边的面板控制，还可对默认亮度进行调光操作。

可以控制香味，开启后的香味系统每隔一个小时自动喷晒。让人可以放松心情，伴着沁人心脾的芳香入睡。

可以对卧室的空调进行开/关、温度调节、冷暖模式转换、风速调整等操作。可对卧室的背景音乐进行控制。可对电视/机顶盒进行控制。可对电动窗帘进行控制。

夜起专用面板：面板采用大按键设计，夜起时，只需轻轻拍一下，房间的夜灯渐亮、洗手间的照明也微微点亮至不刺眼的亮度。入睡前再按一下就可关闭夜起照明，同时此按键的关闭状态还可关闭客厅的照明及家用电器。

在主卧室入口处设置1个多功能智能面板，分别设置照明模式、电视模式、阅读模式、空调控制模式。

该面板可控制的对象有：主卧室的灯光、空调、电视等。

在主卧室床头中间安装1个三按键智能面板，分别控制：电视、空调、照明。另外在床的左右两边分别安装1个夜起/休息专用面板：面板采用大按键设计，夜起时，只需轻轻拍一下，房间的夜灯渐亮、洗手间的照明也微微点亮至不刺眼的亮度。入睡前再按一下就可关所有和夜起照明。

主卧室的智能面板上还设置了关公共空间的模式，该模式可以对除了房间外，其他公共空间的照明、空调、家电等电源关闭。

6. 次卧室

在次卧室入口处设置1个一大按键面板，控制室内的照明灯具。

在次卧室床头安装1个二大按键面板，分别控制室内的照明和夜起夜明。

7. 阳台

在两个阳台分别设置1个红外感应探头和红外对射传感器，人来到阳台时，灯光自动开启，离开后自动延时关闭；在布防状态下，红外感应探头可以当做安防探头。

8. 厨房

在厨房设置1个煤气泄漏感应探头，当家中发生煤气泄漏事件时，客厅红色警报灯闪烁，系统会向家人手机发送警报信息，同时打开排气扇以降低煤气浓度。当报警解除后，家人手机会接到报警解除的信息。

另在厨房内设1个紧急求助面板：当家里有紧急情况发生时，如老人、小孩等独自在家，遇到紧急情况而又不便及时打电话或向外求助时，按下此按钮，家人手机将会收到求助信息，以通知及时处理。

9. 卫生间

在两个卫生间分别设置 1 个红外感应探头，人进入时灯光自动开启，离开后自动延时关闭；在布防状态下，红外感应探头可以当做安防探头。同时，卫生间的排气扇可以定时抽风。

另在卫生间内设 1 个紧急求助面板：当家里有紧急情况发生时，如老人、小孩等独自在家，遇到紧急情况而又不便及时打电话或向外求助时，按下此按钮，家人手机将会收到求助信息，以通知及时处理。

10. 走道

在走道安装 2 个可调光灯具和 2 个红外感应探头，人进入时灯光自动开启，离开后自动延时关闭（在夜晚可以当做夜起照明用）；在布防状态下，红外感应探头可以当做安防探头。

11. 窗户和大门

在房间、卫生间窗户旁边分别安装一个玻璃破碎传感器，和一个红外广角传感器（在白天可以将它屏蔽），用于周界安防。

在大门上还安装了一个门磁感应器，当有非常入侵时会启动灯光、报警器和短信报警。

12. CCTV 视频监控

在别墅外围、楼顶和大门外安装网络摄像机，通过无线触摸屏可以查看每个摄像头的周边情况，当有非法入侵触发安防探头时，可以自动进行视频记录。

如果有人在家时，当有非法入侵触发安防探头时，可将电视的视频强切至入侵的范围进行图像显示。

13. 手机短信远程控制与查询

利用手机短信通信方式，主人可以发送短信控制家中的任何家电进入工作状态。例如：炎炎夏日或寒冷冬季，主人可以在回家前，发送一条短信指令让空调提前进入工作状态。这样，回家后就可以享受清凉或感受温暖。若是夜间回家，可提前发送一条短信将照明开启。当然，还可以设置一些个性化的、实用的场景模式，在回家前提前将场景运行，一回到家就可以感受这种科技带来的温馨感觉。

通过手机短信，还可以开关家里的电脑启动或关机。远在他乡也可以通过互联网远程设置、控制家居系统，并能与家中的电脑相互传输文件。

六、智慧城市总体架构

1. 智能对讲

可视对讲功能：从别墅门口呼叫，智能终端和数字分机都收到信息，并振铃，同时显示发起呼叫的别墅门口机的视频情况；任一数字分机接听后，可实现可视对讲功能（图 3-10-10）。

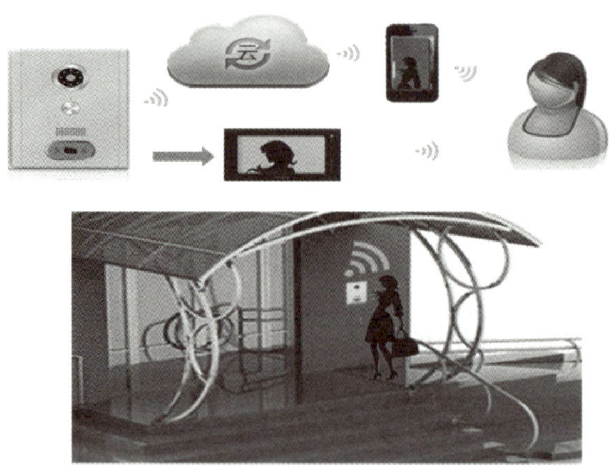

图 3-10-10　可视智能对讲

（1）不同数字分机均可以主动监控任一别墅门口机的视频图像；

（2）智能终端以及各个数字分机之间可以互相呼叫，实现非可视对讲功能；

（3）通过 U-home 客户端软件，手机、PAD 可以作为对讲终端使用，实现移动远程对讲功能。

2. 智能门锁

（1）亲情提示：孩子通过指纹开启家中智能门锁，家长手机自动收到亲情提示“您的孩子已经安全到家”；

（2）智能联动：家人通过指纹开启智能门锁，自动触发“回家场景”，对室内安防撤防，开启家中所需的家电设备，如图 3-10-11 所示。

图 3-10-11　智能门锁

3. 智能影院

通过 PAD、手机等可以实现场景一键操作，观看 1080p 高清大片，再也不用为各种遥控操作、各种电器设备而烦恼，娱乐就是这么简单（图 3-10-12）。

图 3-10-12　智能影院

4. 智能背景音乐

随时随地，尽享美妙的音乐；早晨在轻柔的音符中醒来，开始愉悦的一天（图 3-10-13）。

图 3-10-13　智能背景音乐

5. 智能煤气安防

（1）安防报警：家中一旦出现煤气泄漏，系统立即响应，通过手机的方式将警情发送给业主或者物业保安；

（2）智能安防：煤气意外泄漏时，煤气报警器检测到警情，系统自动关闭煤气阀，同时打开抽油烟机，打开窗户，将有害气体排出室外（图 3-10-14）。

图 3-10-14　智能煤气安防

6. 智能灯光窗帘

系统主要功能：

（1）早晨出门时一键就可以关闭家中所有灯光，无需每个房间跑动查看。

（2）在家中会客、用餐、看大片，多种灯光场景一键转换，无需逐一调整。

（3）孩子晚上起夜怕黑，您无需起床就可以帮他开启隔壁的灯。通过状态提示，你也可以随时了解隔壁的孩子是否已经睡下。

（4）通过智能触控面板或者手中的手机或 PAD，甚至手机轻轻一点，就可以开关窗帘，省时又省力（尤其适合落地窗的大窗帘），如图 3-10-15 所示。

图 3-10-15　智能灯光窗帘

7. 智能无线安防

（1）安防报警：布防状态下，家中一旦出现非法侵入或者漏气、高温等异常情况，系统立即响应，通过手机的方式将警情发送给业主或者物业保安；

（2）远程监护：无论身在何处，通过 iphone 手机联接安装在家中的无线安防设备，可以随时布控撤防（图 3-10-16）。

图 3-10-16　智能无线安防

8. 健康水智慧管家

（1）节能环保，多元水质；

（2）智能控制，稳定恒压；

（3）食品级滤芯材料，安全无忧；

（4）纯物理过滤，不改变水的物理性质，安全放心；

（5）纯水、净水、软水、中水，随心转换，按需自供；

（6）饮用、烹饪、洗浴、洗涤，不一样的用途，不一样的水质；

（7）净化过程中产生的中水还可得到充分利用，杜绝浪费，节能环保；

（8）幸福家庭，健康用水，分质供水，随你所愿；

（9）该系统能自动检测净水前水质和净水后水质，根据净水情况可判定是否需要更换滤网（图3-10-17）。

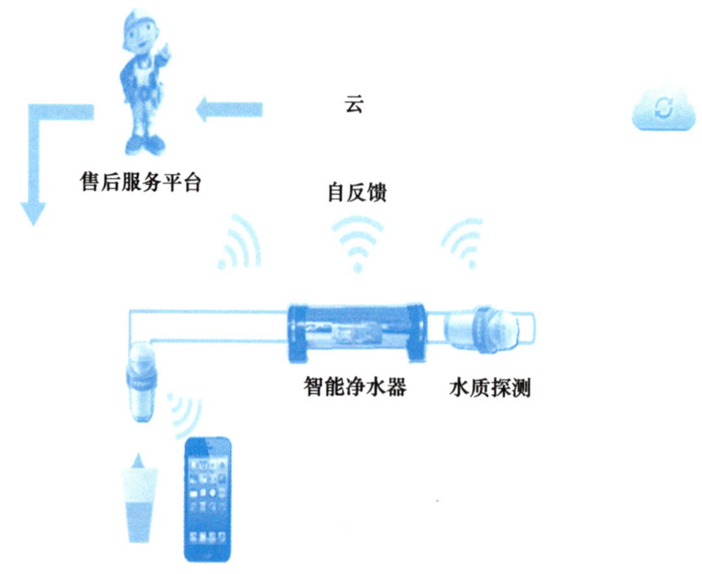

图3-10-17　健康水智慧管家

9. 智能社区智慧管家（图3-10-18）

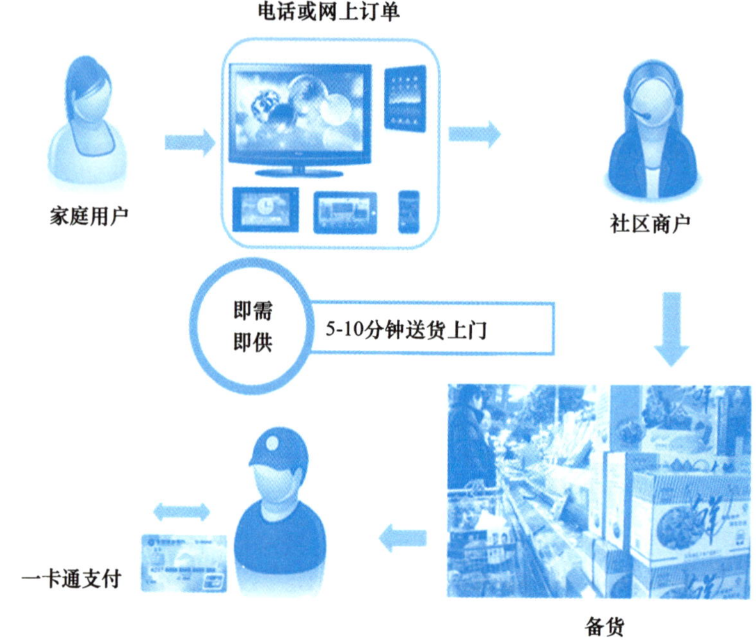

图3-10-18　智能社区智慧管家

（1）打造社区商圈，为用户提供 1km 生活圈，实现即需即供。包括社区购物、社区服务、社区托管等服务。

（2）建行 uhome 一卡通在你享受社区服务的同时得到安全的保障。

该一卡通处能够进行通常意义的门禁、停车场、考勤、电梯控制外，还可实现代扣水电、煤气费，以及在社区商圈进行的消费。

七、应用集成平台

应用集成平台如图 3-10-19 所示。

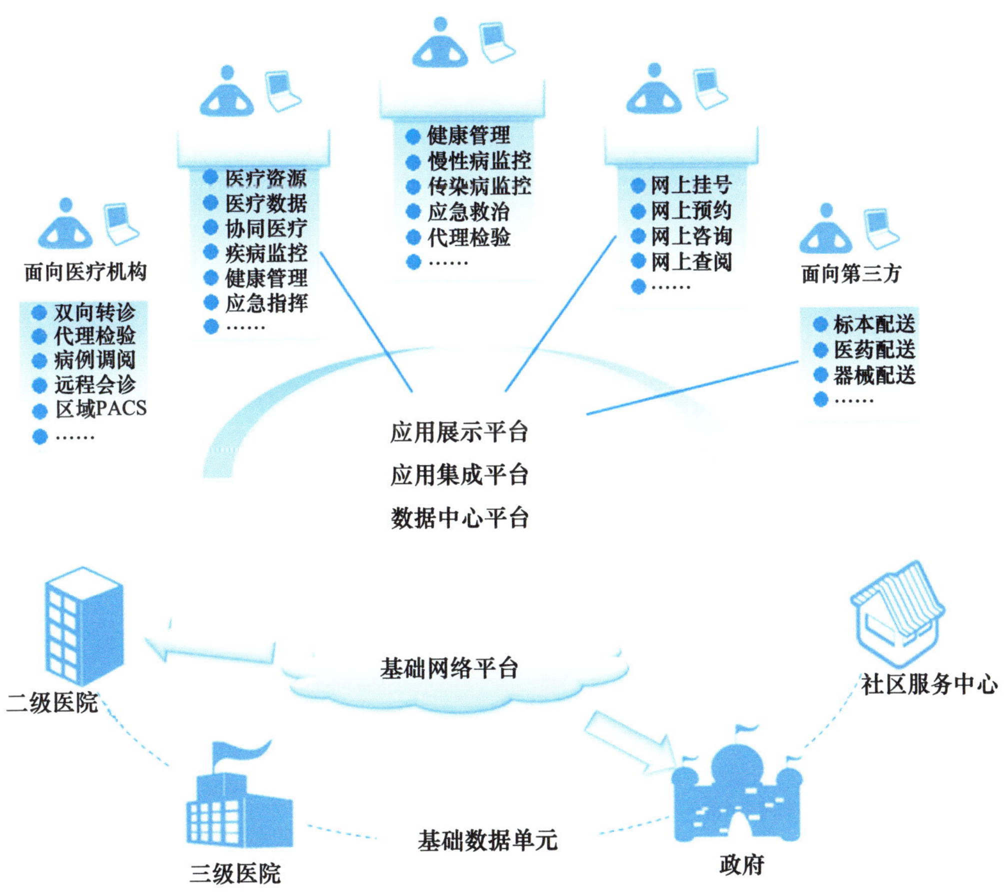

图 3-10-19　应用集成平台

八、智慧教育解决方案（图 3-10-20）

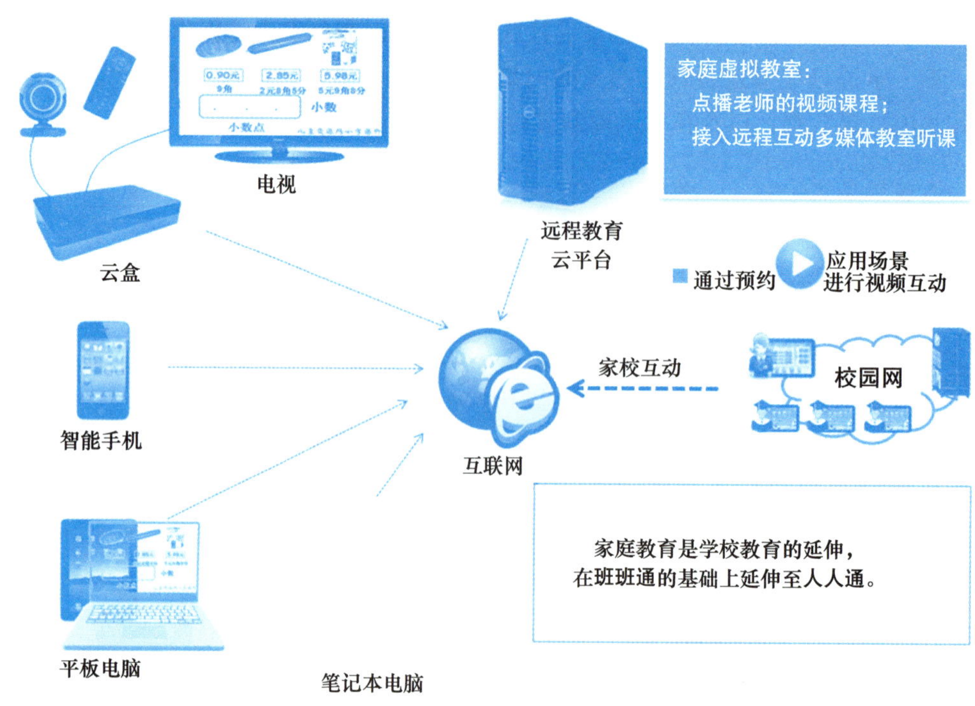

图 3-10-20　智慧教育解决方案

九、智慧旅游平台（图 3-10-21）

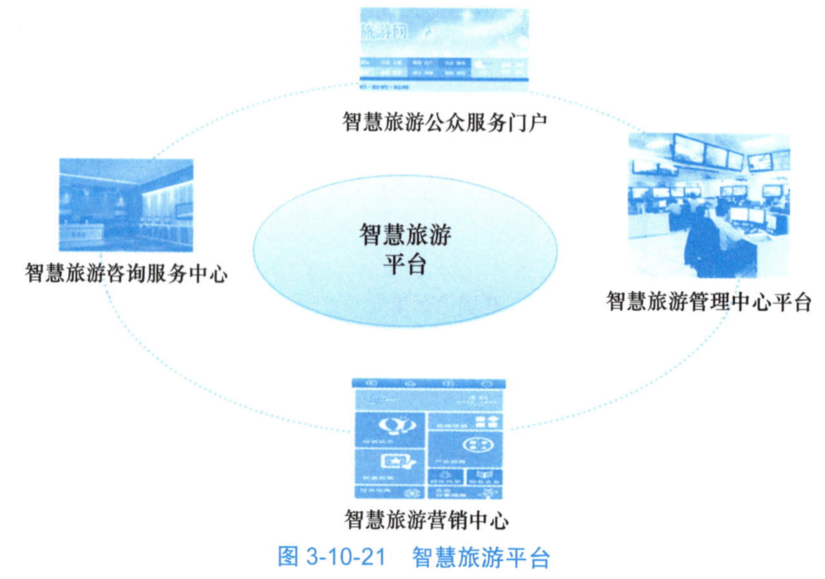

图 3-10-21　智慧旅游平台

十、创新的智慧产业模式（图 3-10-22）

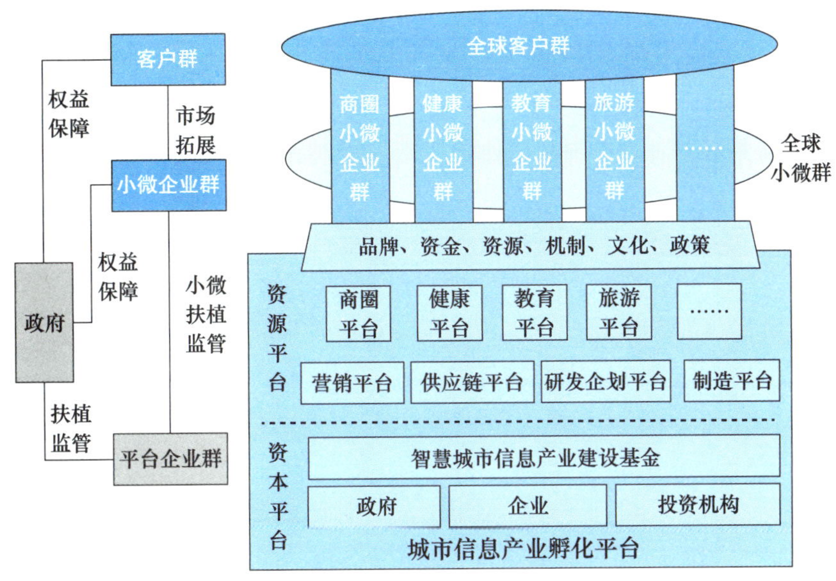

图 3-10-22　创新的智慧产业模式

十一、海尔的智慧系统（图 3-10-23）

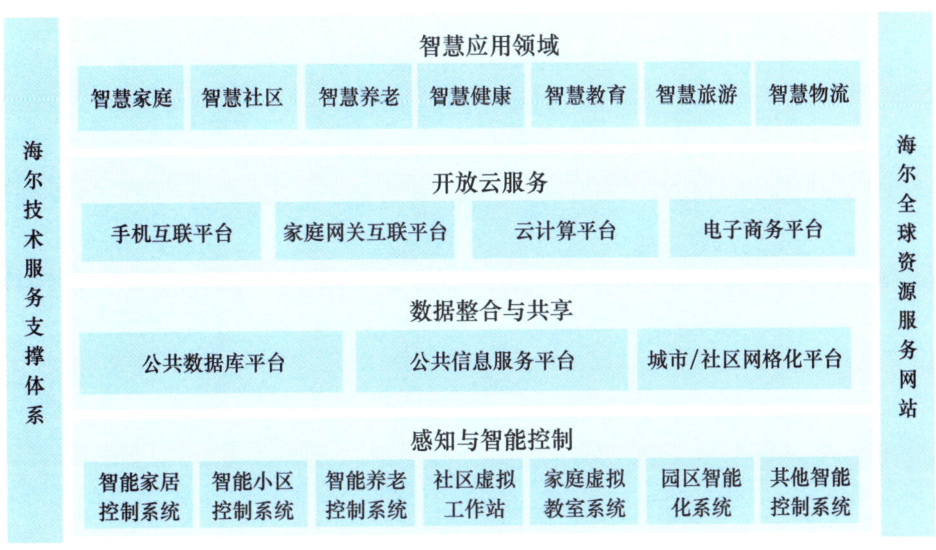

图 3-10-23　海尔的智慧系统

第四部分　2014年行业政策及大事记

一、2014 年建材家居行业法规

1. 3 月 15 日，新《中华人民共和国消费者权益保护法》实施，其中条款“经营者采用网络、电视、电话、邮购等方式销售商品，除了特殊情况，消费者有权自收到商品之日起七日内退货，且无需说明理由”、“对于耐用商品或者装饰装修的服务，消费者自接受商品或者服务之日起六个月内发现瑕疵，发生争议的，由经营者承担有关瑕疵的举证责任”等条款，对于家居企业网上销售店面、家装企业等经营规则，都有不同程度影响，对提升行业规范性，保障消费者权益形成诸多利好。

2. 4 月 24 日，由十二届全国人大常委会第八次会议表决通过的新《环境保护法》，将于 2015 年 1 月 1 日正式施行。新增条款中，最引人注目的一条是“按日计罚”制度，即对持续性的环境违法行为进行按日连续罚款。此外，行政拘留和查封、扣押权都是备受人们关注的修法亮点。在新《环保护》来临之际，各地政府不仅对家居企业开始进行了紧锣密鼓的“环保法培训”，还对家具进行了大规模的检测。新环保法的出台，即将掀起一场家具业的绿色革命。

3. 5 月 1 日，新《商标法》实施，规定生产、经营者如果还将“驰名商标”用于商品、商品包装或容器上或广告宣传、展览以及其他商业活动中，将处 10 万元罚款。

4. 5 月公告显示，国家标准《陶瓷片密封水嘴》(GB 18145—2014）于 12 月 1 日正式实施，最新修订的标准对水龙头的重金属析出量做出明确限量，还纳入了对锑、砷等 10 多种重金属物质的检测。

5. 5 月起，《家居力学性能测验》新国标正式实施，涉及桌类、椅凳类、柜类、单层床等家具的强度、耐久性和稳定性。

6. 5 月 28 日，为加快绿色建材推广应用，规范绿色建材评价标识管理，更好地支撑绿色建筑发展，工业和信息化部、住房和城乡建设部联合发布《绿色建材评价标识管理办法》，这不仅标志着我国建材工业管理体系日趋完善，也表明我国建材工业将迈上“绿色发展”的新台阶。

7. 6 月 29 日，由全国建筑卫生陶瓷标准化技术委员会举办的强制性国家标准《陶瓷片密封水嘴》(以下简称新国标）培训引起了卫浴业广泛关注。该标准 12 月 1 日实施，新国标除铅以外，新增了 16 种金属污染物（砷并非金属，但业内常将其称为半金属，所以 16 种金属污染物是模糊的表述）析出量限值，这是标准最重大的变化。

8. 新版《绿色建筑评价标准》（GB/T 50378—2014）推出，于 2015 年 1 月 1 日开始实施，比 2006 年的版本“要求更严、内容更广泛”。修订后的标准评价对象范围得到扩展，评价阶段更加明确，评价方法更加科学合理，评价指标体系更加完善，整体具有创新性。对促进我国绿色建筑发展、推进生态文明建设将发挥重要作用。

9.《2014 ~ 2015 年节能减排低碳发展行动方案》出台，要求推进建筑节能降碳，深入开展绿色建筑行动。以住宅为重点，以建筑工业化为核心，加大对建筑部品生产的扶持力度，推进建筑产业现代化。

10. 商务部、环境保护部、工信部联合发布了《企业绿色采购指南》（试行），以指导企业实施绿色采购，构建企业间绿色供应链，进而推进资源节约型、环境友好型社会建设，促进绿色流通和可持续发展。

《指南》的发布要求企业重视搭建绿色供应链，切实落实绿色采购相关措施，包括评估供应商、技术投入、人员培训、设备购买等。

11. 下半年，中国建筑装饰协会出台了《住宅装饰装修工程设计收费标准指导意见》（试行），对家装设计费用做出了指导性规定。设计师在完成全套设计图纸后，可依据最低限价标准收取设计费：设计师 100 元 /m^2 起；主任设计师 150 元 /m^2 起；高级设计师 300 元 /m^2 起；特邀有影响设计师 500 元 /m^2 起。家装设计收费一直是家装公司和消费者之间争议的问题，时隔 12 年，国家室内设计师收费新标准终于出炉。这一标准的出台，不管是对业主还是对设计师来说，都是一个“喜大普奔”的好消息。

二、2014 年建材家居行业大事记

1. 东易日盛成为家装第一股

2 月 19 日，东易日盛在深圳证券交易所正式敲钟上市。这意味中国家装行业第一股正式登陆 A 股市场。东易日盛的成功上市，为业内企业在资本市场打开一扇门，也为中国家装行业形成自己品牌化、规模化、标准化、规范化、社会责任化、国际化的领军企业树立了一个行业标杆。企业上市以后该如何经营，对于刚刚进入资本市场的企业而言也是一种挑战。上市只是一个门槛，在公布于大众之下，公众对于企业的服务、产品要求更高，也给予行业更多期待。

2. 红星美凯龙并购吉盛伟邦突然转向

2 月初，红星美凯龙与吉盛伟邦签署了《股权收购框架协议》，拟收购吉盛伟邦 100% 股权。然而在 5 月，红星美凯龙在其官方网站发布消息称，红星美凯龙拿下吉盛伟邦独家品牌使用权。这意味着，红星美凯龙与吉盛伟邦的“联姻”再生变化，从全资收购转为品牌战略合作。收购后将继续保留“吉盛伟邦”品牌，并利用其已经积累的品牌影响力和市场口碑推进“双品牌”战略，进一步扩大市场份额。作为家居流通建材行业的领军企业之一，红星美凯龙一直积极寻找业务拓展点，实施多品牌发展的战略。

3. 家居企业扎堆 IPO

4 月 18 日，证监会公布的《发行监管部首次公开发行股票审核工作流程及申报企业情况》显示，红星美凯龙家居集团、欧普照明、顾家家居、江苏恒康家居科技处于“已受理”阶段；浙江永艺家具、广州好莱客创意家居、湖南多喜爱家纺、三棵树涂料处于“已反馈”阶段。引发业内外关注。10 月，欧派家居也宣布加入 IPO 大军，其 IPO 申请已被证监会受理，且募资额达 23 亿元。家居企业扎堆儿上市，成

为了今年家居界最热门的话题之一。企业上市成功的确会为融资提供便利，但上市后并不代表资金运转不会出现问题。

4. 福丽特家居转型写字楼

福丽特家居作为北京三环内为数不多的老牌卖场，创立于1996年，国企背景，是北京最早的大型家居卖场之一。然而在今年8月，因受到政策、业态调整和租金收益的情况影响，福丽特大厦里的商户陆续撤租。腾退商户后，福丽特家居将进行较大规模的变动，向写字楼转型。对于企业来说，或许转型后将更有利发展。但一个老牌卖场的消失，也让消费者感到不小的遗憾。

5. 欧派启动大家居战略

欧派发布“欧派大家居战略”，通过“魔幻订制”解决方案，欧派衣柜从空间架构、造型设计、色彩风格搭配、内在收纳等功能上，为不同消费者带来不同的个性化产品。欧派是订制行业的新趋势的探索者和引领者，引领行业企业从“产品经营者”，转变为一体化的解决方案提供者。欧派衣柜“魔幻订制”解决方案作为其在订制领域的最新创举，在引领消费新理念的同时，必然会刺激行业在服务创新上谋求新发展，引发整个行业迈向发展新前景。

6. 高力、万隆汇洋获“古镇直销基地”称号

10月中旬，高力国际灯具港、万隆汇洋灯具灯饰时代广场成为京城首批被授予“中国灯饰之都（古镇）全国直销基地”的灯具专业市场。两家灯具市场将获得古镇厂家直接的授权，享受古镇直销基地完整的产品配套服务，为消费者提供更多物美价廉的灯饰产品和售后保障。直销基地形成以政策、渠道、资金、管理强力结合的坚强后盾；为消费者严把品牌质量关，从根源上杜绝灯具价格虚高的现象发生，切实为消费者和商家搭建了一个更加诚信、放心的终端购物平台。

7. 实创联手天猫试水成功

12月，实创装饰联手天猫家装启动了一场全国性的O2O落地活动——天猫家装博览会。活动期间，天猫将专题活动流量全部导入实创平台，而实创则可以全国分公司共享，依区域锁定客户，再通过落地活动汇聚客户、直接沟通，最终达成交易。仅北京一地，就实现了当日现场来访量4000余人，累计签约金额5000多万元。

实创公司的电商化转型，初显成效。

8. 北京溶剂型涂料2016年全部退出

10月28日，《北京市工业污染行业、生产工艺调整退出及设备淘汰目录》（2014年版）正式对外发布。其中，据北京市经信委一位负责人表示，根据《目录》，使用有机溶剂型涂料的家具制造、木制品加工工艺须在2016年前全部退出北京。由于“十面霾伏”持续加剧带来的环保压力，加上2015年1月1日“史上最严环保法”的实施，传统溶剂型涂料企业的日子已经越来越难过，各地政府相继亮出最后“杀手锏”，从“号召”到“强制”，以致各地接连上演涂料企业“出城记”，

湘江涂料（长沙）、红山涂料（乌鲁木齐）、红狮漆业（北京）、壮大真谛（北京），转型升级刻不容缓。

9. 进军电商

企业涉足电商的越来越多：曲美、华日、红苹果、芝华士、全友、顾家、百强等企业相继开设天猫店。“双 11”期间，天猫全类目销售额 TOP 10 中，林氏木业、罗莱家纺、全友家居占据三个席位，家具电商再次创造奇迹，大显身手。家装建材触网是一把双刃剑。一方面，家装建材商可通过线上渠道整合资源，塑造品牌形象，降低成本，并且可通过 O2O（线上线下结合）互动增强用户对品牌的忠诚度；另一方面，家装建材产品具有大额消费品属性，这正是其在网络渠道流通的最大制约因素。

10. 科技巨头布局智能家居

2014 年，苹果发布智能家居管理应用 Home Kit；谷歌 32 亿美元收购 NEST；三星公布了旗下智能家居平台；美的发布物联网智能空调；海尔发布全新 U+ 智慧生活操作系统，百度推出智能家居解决方案小度 family，小米发布承载智能家居平台功能的路由器，家电和互联网行业刮起了一阵“智能家居”的旋风。对于传统家居行业来说，这可能是一个突破的机会，也是未来资本可能布局的一个方向。

11. 金螳螂投 10 亿打造家装 E 站

4 月，金螳螂发布公告称，公司与家装 E 站（天津爱蜂潮）合资成立金螳螂电商公司，金螳螂电商设立后，家装 e 站成为金螳螂电商的全资子公司。6 月 5 日，金螳螂宣布投入 10 亿元布局家装电商，打造家装电商 O2O 平台，并整合全球材料商，实现产品 F2C，将实现去中介化，回归消费主权。截至年底，家装 e 站签约城市能达 400 个，2015 年目标是在全国的重点城市建设 50 个中心仓，让 F2C 的模式覆盖到家装 e 站所覆盖的每一个城市。

12. 华源轩、富之岛现资金危机

6 月，华源轩、富之岛忽然曝出资金危机——华源轩被曝资金链断裂，富之岛则被曝欠员工工资逾千万元，遭员工公开讨要。除华源轩、富之岛的资金危机之外，深圳多个知名家具企业也正遭遇着转型危机。在实木家具受青睐的今天，板式家具正逐步告别“黄金时代”。在家具行业竞争日趋加剧的时代，如果不能与时俱进地开发出适销对路的产品，迟早会被市场所淘汰，企业陷入危机乃至倒闭也不稀奇。

13. 雷士风波

8 月 8 日，雷士发布公告称 CEO 吴长江因为关联交易和利益输送被董事会罢免，公司董事长德豪润达负责人王冬雷任临时 CEO，雷士照明风波就此展开，3 个多月的“雷士风波”，最终以吴长江的“出局”而结束，被外界评价为一场王冬雷和吴长江因争夺控制权而引发的闹剧。不管这场内斗结果如何，损失最大的还是雷士本身。在雷士忙于内斗之时，勤上光电等竞争对手已开始挖角雷士经销商，欧普、三雄极光等雷士老牌竞争对手则在加速抢占市场。

14. 家纺电商试水“先睡后买”

8 月底，罗莱、富安娜、梦洁、水星等 40 多家国内家纺领军企业共同宣布与天猫联合发起“床上革命”，在网上推出新品首发、先睡后买等服务。虽然“先睡后买”有一定的权限，并非所有消费者都有资格参与，但此种销售模式却是新颖的，是家纺电商“迈”出的重要一步，改变了原有“只能看不能摸”的局面，让消费者网购时更有保障。

后　记

2014年，中国建筑装饰协会材料分会组织编写了我国首部《2013年中国建材家居产业发展报告》。这是一部针对建材家居产业权威、科学、全面的发展报告，客观反映了中国建材家居产业的发展现状和趋势，为政府有关部门制定产业政策及规划提供科学依据和理论支持，为行业和企业制定发展战略和市场开拓提供信息支持。报告发布后得到了社会各界强烈反响和普遍认同。藉此，经过半年多时间调研、分析、撰写，在广泛征求专家及业界人士意见的基础上，《2014年中国建材家居产业发展报告》已经完成，面向社会发布。

在此，向支持本报告编写工作的以下单位和个人表示感谢：

感谢中国建筑装饰协会综合部、行业发展部、中国建筑装饰协会百强办、中国建筑装饰协会厨卫分会及北京市建筑装饰协会、上海市建筑装饰装修行业协会、浙江省建筑装饰行业协会、江苏省建筑装饰装修行业协会、广东省建筑业协会建筑装饰分会、辽宁省装饰协会、深圳市装饰行业协会、山西建筑装饰协会、河南建筑装饰协会、石家庄建筑装饰协会、厦门市建筑装饰协会、成都市建筑装饰协会、重庆市建筑装饰协会、沈阳市建筑装饰协会、武汉建筑装饰协会等。

感谢国家统计局、海关总署、中国建材联合会、中国石材协会、中国建筑卫生陶瓷协会、中国木材与木制品流通协会、中国建材流通市场协会、中国建材联合会生态环境建材分会、中国建材检验认证集团、佛山陶瓷协会、顺德涂料协会、陶瓷信息、世界照明时报、海尔家居、山东金狮王陶瓷科技有限公司、圣象集团、北京云据网络科技、饰纪家居为报告编写提供支持；特别感谢辽宁省彰武县人民政府、中国建筑装饰材料（东北）产业园、山东省临沂市人民政府木业管理办公室、浙江省德清县人民政府、中山市工信局、福建南安市工信局、北京希凯世纪建材有限公司为本报告调研提供支持。

感谢中国建材工业出版社对本书出版所做的工作及付出的努力。

特别感谢北京中直采（供应链）企业管理有限公司、多彩饰家公益资助《发展报告》出版发行。

限于时间、条件和水平，报告难免存在不足之处，敬请各界批评指正。

编委会

2015年6月